贵州师范大学传媒学院
思雅传媒丛书
主编 黄葵

组织文化涵化研究

基于传媒组织的考察

李光庆 著

社会科学文献出版社
SOCIAL SCIENCES ACADEMIC PRESS (CHINA)

目 录

绪　论 ·· 1

第一章　仿习范本 ··· 20
第一节　范本概述及案例 ·· 20
第二节　相互采纳机制 ·· 36
第三节　风险控制 ·· 46

第二章　类范本效果的形成 ··································· 57
第一节　基本过程与要素 ·· 57
第二节　社会因素 ·· 71
第三节　组织因素 ·· 80

第三章　组织文化的独特性 ··································· 90
第一节　组织的结构要素和发展 ···························· 90
第二节　组织的治理与诉求平衡 ·························· 107
第三节　组织文化对整体文化的适应 ·················· 121

第四章　文化涵化中的个体 ································· 140
第一节　专业教育 ·· 140
第二节　专业实践与文化适应 ······························ 149

第五章 结论和讨论 ·················· 161
第一节 主要结论 ·················· 161
第二节 研究方法的讨论 ············· 169
第三节 研究不足 ·················· 182

附　录　全国传媒集团不完全统计表 ········ 185

参考文献 ·························· 191

后　　记 ·························· 202

绪　论

组织文化涵化研究是文化涵化研究的重要组成部分。文化涵化研究在人类学研究领域拥有一套较为成熟的研究流程、研究方法以及术语概念体系。人类学研究一般以族群文化作为研究对象，分析和描述族群适应社会环境变化的历史和现状。本书对组织文化涵化的研究借用了人类学研究的流程和方法。

一　研究背景

文化变化是人类适应环境变化的主要手段。为了适应环境变化，组织需要做出必要的反应和改变，组织成员也需要如此，于是导致了组织文化的变化或变迁。组织文化变化的前提是组织与环境中的新事物发生接触，或者说是组织与外界文化产生互动。

组织对外界文化的学习、模仿会引发组织体制、机制以及组织成员心理和行为不同程度的变化，这个过程就是"涵化"（acculturation）。目前，在这个意义上研究涵化现象的研究者集中在人类学学科。人类学家使用涵化一词，源于人们试图寻找一个含义丰富且能表达出不同文化在广泛和缓慢接触时产生的文化变化的术语。[1] 此外，"涵化"不仅指向不同文化因接触而产生的变化，也指向不同文化及其成员对新变化、新环境的适应，即"文化适应"。因此，acculturation 这一术语多数时候被翻译为"涵化"或"文化涵化"，有时也被翻译为"文化适应"。不同的翻译，反映了社会文化适应环境变化的不同方面。

组织文化的变化在宏观的整体环境变化与微观的个体变化中处于中间的位置。组织文化是沟通、联系社会环境与个体的中介，它是组织成员栖息的

---

[1]　拉尔斐·比尔斯等：《文化人类学》，骆继光等译，河北教育出版社，1993，第561页。

中观环境。组织通过变化来适应社会环境，又将这个变化传导给组织成员，引发一系列连锁变化。那么，组织如何既完成对社会环境的适应，又将变化传导至组织成员呢？这是一个令人感兴趣的话题。

二 概念界定

20世纪以来，社会科学、交叉学科发展迅速。组织文化涵化研究在管理学、人类学以及传播学领域都取得了大量的成果。这些成果是本书分析、阐述的起点和基础。

（一）组织文化

组织作为动词时，偏向组织过程（process）这一内涵，是指按照一定目的、任务和形式对做事的人进行安排并形成工作秩序。组织作为名词时，是指作为实体（entity）本身的组织或机构，这也是本书所指的"组织"。组织包括以工商企业为代表的营利性组织，也包括以政府、政党、学校、医院等为代表的非营利性组织。组织拥有既定目标、既定分工和既定秩序。

组织理论形成于20世纪初。根据斯科特的划分方法，组织理论可以分为古典组织理论和现代组织理论。古典组织理论的代表人物有被誉为"科学管理学之父"的美国管理学家泰勒、法国管理学家亨利·法约尔、德国社会学家马克斯·韦伯、英国管理学家厄威克等。现代组织理论又可以划分为社会系统学派组织理论、行为科学学派组织理论、经验主义学派组织理论、系统管理学学派组织理论、权变理论学派组织理论等。[①]

20世纪以来，组织文化研究在美国等地逐渐受到重视，成为组织理论的重要研究内容。组织文化（organizational culture）作为学术概念，出现在20世纪70年代。20世纪80年代，我国也兴起了对组织文化的研究，初期以翻译介绍国外的著作为主。由于研究者们在公司、企业文化的研究方面取得了不少进展和成果，因此组织文化又被称为公司文化或企业文化。本书分析的对象是传媒组织，鉴于我国传媒组织有其特殊性，不是一般意义上的商业公司或企业，因此，本书所称的组织文化主要是指类似传媒组织这类机构的组织成员共享的意义体系。

---

① 黄培伦编著《组织行为学》（第二版），华南理工大学出版社，2016，第155~159页。

由于组织的类型较多,要给组织文化下一个统一的定义较为困难。我们无意赘述有数百种之多的文化定义以及多种组织文化的定义,而是采用较为通俗的释义,认为组织文化是组织成员共享的一套能够将本组织与其他组织区分开来的意义体系。

(二) 涵化

"涵化"对应两个英文词,即 acculturation 和 cultivation。前者(acculturation)是人类学术语,后者(cultivation)是传播学术语。在传播效果研究中,cultivation 除了被翻译为"涵化"外,还被翻译为"培养"。培养理论(cultivation theory)又被称为培养分析或涵化分析(cultivation analysis)。本书所指的涵化是 acculturation,而非 cultivation,即人类学的涵化概念而非传播学的涵化概念。为了便于理解,我们先简要介绍传播学的涵化概念,再介绍人类学的涵化概念。

1. 传播学的涵化概念

在传播学的培养理论中,"涵化"一词与培养、教化同义。培养分析或涵化分析起源于20世纪60年代后期对电视暴力内容社会影响的研究。

20世纪60年代后期,乔治·格伯纳(George Gerbner)等人在美国暴力成因与防范委员会的资助下,开始进行文化指标研究(cultural index studies)并持续到90年代初。该研究包括制度分析、讯息系统分析和培养分析,三者之间有紧密的联系。该项研究的主要发现有:电视暴力水平在近20年内并没有明显的改变,暴力是电视讯息系统本质的、有弹性的组成要素;电视传达的"象征性现实"与客观的社会现实之间有很多差异;电视的接触量与人们对环境危险程度的判断之间有相关性,尽管在现实中人们卷入暴力事件的概率在1%以下,但人们认为这种可能性在10%以上,电视接触量越大,这种倾向就越明显。[1] 电视所呈现的"象征性现实"对人们认识和理解现实世界产生了影响,人们通过接触电视所描述的拟态环境(pseudo-environment)[2] 来认识和理解世界。电视描绘的世界("象征性现实")不是客观世界的镜式反

---

[1] George Gerbner & Larry Gross, "Living with Television: The Violence Profile," *Journal of Communication*, 1976, 26 (2): 193.

[2] pseudo-environment 的前缀为 pseudo,通常表示"假的、伪装的"之意,在传播学研究中,最早由李普曼(Lippmann)在20世纪20年代提出。

映，而是带有某种倾向性，与客观世界有较大的偏差。

培养分析是对大众传播内容生产的分析，揭示了大众传播内容生产的权力等级和社会秩序，被认为是美国土生土长的批判理论。它揭示了大众传播对社会的"培养"体现在当代"主流"社会观和现实观的形成上，电视媒介在"主流"形成过程中尤其发挥着强大的作用，可以超越不同的社会属性，在全社会范围内广泛"培养"人们关于社会的共同印象。①

总之，在传播学研究中，涵化与培养同义。大众传播媒介利用大量的符号和形象来描绘某种文化，就是在为受众描绘、营造拟态环境。由于长时间地浸濡其中，人们会在生活方式和价值观念等方面受其影响。

2. 人类学的涵化概念

首先，涵化是文化变迁的重要一面。文化涵化描述的是文化变迁的过程，即文化群体通过接触别的文化而发生的变化。1936年，赫斯科维茨等人就提出，涵化是"由个别分子所组成而具有不同文化的群体，发生持续的文化接触，导致一方或双方原有文化模式的变化现象"。② 这一观点得到了不少研究者的认同，他们将"文化接触"和"原有文化模式内部的变化"作为理解涵化的关键点。文化接触是涵化现象得以发生的前提。文化接触的过程也是文化传播、学习和吸收的过程。因而，文化涵化的结果也是学习、吸收其他文化内容的结果。

一般认为，文化变迁的途径包括进化、发明、发现、传播或借用等。其中，进化是由社会内部发展引起的，重大发明、发现会自行向四方传播，传播或借用是文化变迁不可缺少的要素。涵化应视为传播的结果，表达某个文化在变迁过程中对其他文化内容的采用和整合。在早期的研究中，鲍威尔发现，美国印第安人通过与白人接触，学到白人的工艺和生活方式，这是通过涵化而非教育的方式实现的。他认为一个发明被别人接受和使用就是涵化。③ 恩伯夫妇认为，因为在传播过程中新文化来源于其他社会，所以传播"专指

---

① 郭庆光：《传播学教程》（第二版），中国人民大学出版社，2011，第208页。
② 转引自黄淑娉、龚佩华《文化人类学理论方法研究》，广东高等教育出版社，2004，第218页。
③ 黄淑娉、龚佩华：《文化人类学理论方法研究》，广东高等教育出版社，2004，第218页。

文化要素的自愿借取"，涵化是"在外部压力之下的借取"。①

其次，涵化被许多人理解为现代化。人类学家在使用涵化这个词时往往描述的是"相互接触的多个社会中，有一个比其他社会要强大得多的这种情形，即不同社会处于支配—从属关系环境中"。② 因此，涵化又有现代化的含义。在早期阶段，伴随着西方殖民扩张对土著文化造成的影响，以及移民、种族等问题，涵化研究中的欧洲中心论较为突出。涵化研究在20世纪30年代迅速兴起，一些研究者把当时世界其他地区的变化解释为西方化甚至美国化的过程。拉尔斐·比尔斯等人认为，"大多数涵化的实例都含有殖民化的影响或工业化社会对较小的、工业化程度更低的（即传统的）社会的冲击"，这类涵化进程被称为现代化。③ 这反映了涵化研究中的进化论思想，这种涵化理论表明乡村向城市或传统向现代的转变是不可避免的。

随着人们对"先进"概念、民族优越观念以及欧洲文化中心论不断产生质疑，人们不再执着于文化进化与生物进化的相似性。不少研究者认为，尽管技术进化与生物进化有相似之处，但语言、宗教等文化现象与生物进化有较大差异。对于涵化和现代化在词义上的区别，可参考以下的观点：

> 严格地说，"现代化"可以指任何社会的现行变化，但它经常作为西方化和美国化的同义词使用。"涵化"一词的恰当含义应当指当前的一种世界性现象，即区域性文化或社区感受到某些更大的民族文化的各种难以抗拒的压力而进行迅速的文化变更。按照这个观点，区域性或传统文化也会对吞食它们的较大文化给予反影响，但这种反影响同较大文化对它们的影响相比的确相形见绌。在这个意义上，"现代化"一词能用以描述国家之间和亚文化之间的必然相互影响，也可以描述它们内部较小群体展示的多种生活类型间的必然相互影响……"现代化"一词也可以指新观念和新行为方式在世界范围内传播的过程，但是要切记，这种传播

---

① C. 恩伯、M. 恩伯：《文化的变异——现代文化人类学通论》，杜杉杉译，辽宁人民出版社，1988，第546页。
② C. 恩伯、M. 恩伯：《文化的变异——现代文化人类学通论》，杜杉杉译，辽宁人民出版社，1988，第546页。
③ 拉尔斐·比尔斯等：《文化人类学》，骆继光等译，河北教育出版社，1993，第561页。

过程相当复杂，决不仅仅是别人向我们学习的过程。人们逐渐认识到世界的大多数地区并没有走美国化或西方化的道路，并且也不希望这样。日本、中国和许多新独立的国家的发展提供了越来越多的令人信服的证据，说明高度工业化同样能在相对缺少西方化或美国化的情况下取得……我们可以把这类现代化看作是民族文化的成长和发展，而不是西方文化代替传统文化。鉴于这个原因，人们越来越爱用"发展"这一词描述现代国家新近的文化变更。[1]

简而言之，随着多元观念的兴起，人们越来越多用"发展"一词来替代"现代化"和"涵化"来描述文化变迁。

最后，涵化也被许多人理解为同化（assimilation）。在概念上，涵化与同化常常交替使用。同化被认为是涵化的一种功能。在对移民的相关研究中，同化解释了移民接触所在社会后逐渐适应和顺从新的生活方式的过程，即个人和群体从其他群体获得记忆、情感、态度，逐步形成共同文化生活的过程。同化过程是不同移民群体向所在社会文化靠拢并以其为终点的文化变迁。按照进化论的逻辑，若以西方文化或美国文化为中心，涵化是其他文化被西方文化或美国文化同化，或者说是其他文化向西方文化或美国文化看齐的、一体化的过程和结果。

以美国为例，其建国后的第一个同化阶段，以17世纪西方移民进入北美大陆时出现的强制性同化模式——"盎格鲁遵从论"（Anglo-conformity）为标志，主张以早期英美白人主体族群的文化为核心来同化其他族群。第二个同化阶段的标志是"熔炉论"，该理论由赫克托·克雷夫科尔（Hector Crevecoeur）于1782年提出，主张美国已经并且仍将继续将不同族群的个体熔化成一个新的人种即"美国人"。罗伯特·帕克将移民同化过程描述为接触、竞争、适应和同化四个阶段。[2]

不过，现代西方人类学家常常基于"公平与道德"的观念驳斥同化，在

---

[1] 拉尔斐·比尔斯等：《文化人类学》，骆继光等译，河北教育出版社，1993，第561~562页。
[2] 孙英春：《跨文化传播学》，北京大学出版社，2015，第325页。

人类学中文化融合的概念逐渐取代同化概念。① 研究者们发现不同族群的文化基因或"根基性情感"形成于族群文化深厚的历史积淀中，不容易被撼动。王淑英等人发现，文化涵化是在族群"根基性情感"文化的基础上对某种文化特质的增添、代换、混合、创新、抗拒等的过程和结果。② 在人类历史中，有许多族群在历史变迁中，要么被其他族群文化同化，要么走向消亡，但仍有一些族群在现代社会中找到了特殊的生存方式，保留了许多传统信仰和实践，并能有选择地控制涵化或现代化进程。

我们使用"涵化"一词来描述组织在适应环境过程中的变化，旨在表明组织文化不是静态的而是动态的，是不断变化的，同时表明组织与新观念、新行为模式发生接触并引发变化的结果就是组织文化涵化的结果。不少人类学研究者认为，涵化导致了多元社会的产生，但也有人认为涵化导致了社会文化的一体化。③ 我们倾向于认为文化涵化的结果是促进双方文化的共同发展，但也导致了文化一体化发展的加速。只有当文化可以各自自由地发展（没有支配和强制的关系）时，多元文化才会产生。④ 从总体上看，在某一区域性范围内，文化的一体化发展是必然的趋势。为了验证上述推论，我们以传媒组织为例来加以说明，意图表明文化涵化建立在多种合意的基础上。

综上所述，涵化是对文化变迁过程中文化接触、文化融合的表述，包含不同文化对某种价值、观念、生活等的共同向往与接近，以及对其他文化或强制性或非强制性的吸纳和采用。

---

① 龚佩华：《人类学文化变迁理论与黔东南民族文化变迁研究》，《中山大学学报》（社会科学版）1993年第1期，第87~93页。
② 王淑英、温蓉：《族群认同与涵化——对裕固族口头传统中"东迁"主题的再认识》，《青海民族研究》2008年第3期，第9~12页。
③ 拉尔斐·比尔斯等人所著的《文化人类学》列举了墨西哥文化涵化的例子，说明现代化过程导致了多元社会的产生。不过，罗伯特·墨菲在《文化与社会人类学引论》中认为，近一个多世纪以来，由政治上具有优势的群体、实用主义动机以及胁迫所推动的文化过程，是全球社会中最为显著的文化涵化现象。参见拉尔斐·比尔斯等《文化人类学》，骆继光等译，河北教育出版社，1993，第565~568页；罗伯特·墨菲《文化与社会人类学引论》，王卓君译，商务印书馆，2009，第260~262页。
④ 墨西哥的涵化实例表明，现代化过程导致了多元社会的产生。美拉尼西亚的实例表明，文化涵化未必是不愉快的或不自觉的过程。可见，文化涵化并非导致相同的结果。参见拉尔斐·比尔斯等《文化人类学》，骆继光等译，河北教育出版社，1993，第565~571页。

3. 涵化的动力

涵化是文化变迁的过程，意味着原有文化的变化，也意味着群体和个体在面对新的事物和形势时必须做出改变。当群体和个体要做出某种改变时，虽然希望这种改变是温和的、自愿的、积极的，但研究者们发现真实情况并非如此。吉登斯在20世纪70年代提出的结构化理论认为，除非在安全、生计等方面受到威胁，否则人们不会轻易改变或放弃自己的权益。吉登斯用辩证法讨论了上下级之间的关系，认为上下级之间存在制衡，下级会用手中控制的上级需要的资源来对抗上级。

一些研究者将涵化的动力归纳为外部压力。恩伯夫妇认为，"最直接的外部压力形式是征服或殖民化，支配群体动用武力或武力威胁给另一个群体带来文化变迁"，即便没有直接或间接的压力，从属社会也可能会适应支配社会的文化。究其原因在于被支配民族"为了在变迁了的世界中生存下去"或"察觉到支配社会的成员享受着更有保障的生活条件"。[1] 外部压力的形式多种多样，包括强制性的军事、殖民等，也包括温和的劝服、诱惑等。

例如，在现代法治社会中，组织成员一般是成年人。组织文化要完成对成年人的"培养"（cultivation），成年人要接受、适应组织文化。成年人基本已经形成了自己的价值观和行为模式，他们在社会政治、文化等方面都有了"既有的"倾向。这些倾向，不管是政治倾向、文化倾向还是行为倾向，都难以通过普通的社会教育和大众传媒宣传来实现改变。[2] 成年人在心智、文化教育程度、社会行动能力等方面都和儿童差异巨大。组织文化要完成对成年人的二次教育或培养，必须依靠强大的外部力量或者能够激发成年人内在动力的因素。

文化变动是多重因素影响的结果。操竹霞认为，涵化的外部原动力是经济、政治、文化变迁，涵化的内部原动力是生产方式的转变，涵化的核心力量则是竞争与选择。竞争与选择是文化进行自我生命力维持和提升的途径，

---

[1] C. 恩伯、M. 恩伯：《文化的变异——现代文化人类学通论》，杜杉杉译，辽宁人民出版社，1988，第546~547页。

[2] 拉扎斯菲尔德在调查1940年美国总统大选期间的竞选宣传后提出"既有政治倾向"假说。既有政治倾向指的是，人们在接触宣传之前已经有的政治态度。人们在对政治问题进行决策时基本上取决于他们的既有政治立场和态度，而不取决于政治宣传和大众传播。参见郭庆光《传播学教程》（第二版），中国人民大学出版社，2011，第178页。

是面对压力局势时做出的自觉反应。这种核心力量是来自自己文化内部的动力,是一种追求自身文化更优发展目标的最直接体现。①

总之,涵化的动力可归结为群体和个体因安全和生计受到威胁而做出的反应,以及外部的压力,但也不能排除源自群体和个体的内生动力,即他们对理想进一步逼近的向往和努力。

4. 涵化的结果

涵化涉及社会文化层面,也涉及个体心理层面。影响涵化效果的因素主要有四个:一是文化差异程度;二是接触的环境、强度、频率和友好程度;三是交流是双向的还是单向的;四是示范者的地位。此外,教育、城市化、政治参与、宗教、语言、社会关系等因素也会影响涵化的效果。因此,涵化在不同群体、不同个体以及不同地区所取得的效果并不相同,涵化的结果也是变动的。例如美国华人、华侨的涵化就经历了三个阶段:一是人口迁移形成唐人街模式;二是文化涵化形成土生族模式;三是新移民形成共生模式。②

涵化的结果主要有三种:一是文化的完全融合(文化各自原来的因素都消失);二是形成与原有文化不同的全新文化;三是两种文化各自的成分在新的文化体系中都得到保留。比尔斯等人将墨西哥和美拉尼西亚的涵化结果进行比较后发现,墨西哥的印第安人在被西班牙殖民者征服后迅速接受了欧洲文化,同时一部分印第安人保留了自己的特色文化,占主导地位的新文化是印第安文化成分与欧洲文化成分的混合物。墨西哥形成了一个多元社会。与此形成鲜明对比的是,美拉尼西亚的马努斯人因在二战中了解到了美军技术水平、生活方式和各种能力,战后他们在几乎所有方面都进行了合理的改革。③

现在,一些研究者使用"发展"一词来代替"涵化"。在称赞发展给世界带来的巨大变化之余,研究者发现并非所有的变化都是群体或个体发自内心自愿做出的,并非所有变化都是可预料的、正向积极的。恩伯夫妇这样

---

① 操竹霞:《皖江城市带回族文化涵化研究——以几个回族传统社区为例》,世界图书出版公司,2014,第166~170页。
② 李华兴、吴前进:《迁移·涵化·共生——美国华侨、华人文化变迁考察》,《上海社会科学院学术季刊》1993年第4期,第139~147页。
③ 拉尔斐·比尔斯等:《文化人类学》,骆继光等译,河北教育出版社,1993,第565~569页。

描述：

> 但是，仍有千百万人在与欧洲人接触之后就从来没有涵化的机会。他们都死了，有时是直接死于征服者手下，但很可能更多的是死于欧洲人带来的新疾病。由于诸如麻疹、天花和肺结核等新病而导致的人口锐减在南北美洲和太平洋地区尤为常见。这些地区从前一直与欧洲人以及我们称之为旧世界（欧洲、亚洲和非洲）的大陆块上的疾病相隔绝。①

涵化的现实实践比理论描述更为复杂，不仅包括复杂的社会政治经济关系，也包含各种复杂的、敏感的情感或情绪，未经历者恐怕很难体会其中的滋味。

暴风骤雨般的急剧变化对群体和个体的冲击自然不言而喻，然而即便细小的改变也可能产生深远的影响，引发系列连锁反应，导致人的思想和人生观发生重大转变。有研究者认为，涵化过程可能引起相当大的社会动乱，导致许多人的神经过敏行为。②

三　主要术语

组织必须适应环境的变化。组织文化随着社会的发展而变化，要么创新引领时代和社会的潮流，要么贯彻执行上级或处于支配地位组织的政策，要么用新的、流行的词汇更新现有的概念和提法。不管是主动调适，还是被动接受环境的改变，组织面对各种新任务和新形势总要付诸实实在在的行动，行动的结果就是涵化的结果。下面简要解释本书涉及的主要术语。

（一）仿习

一般来说，组织在谋划行动之前会将某一具体对象作为学习典型，通过仿习典型来推进相关工作的开展和目标的实现。仿习即模仿，是人类古老的思维本能。亚里士多德发现人类具有一种特殊的模仿本能，他在《诗学》中

---

① C. 恩伯、M. 恩伯：《文化的变异——现代文化人类学通论》，杜杉杉译，辽宁人民出版社，1988，第547页。
② 拉尔斐·比尔斯等：《文化人类学》，骆继光等译，河北教育出版社，1993，第569页。

指出，从孩提时代起人就有模仿的本能，并通过模仿获得知识。近年来，很多研究表明，社会行为能力是通过模仿的学习过程获得的，"为了能够'正确地'行为，人们需要一种实践性知识，这种感知的、身体参与的关于模仿过程的知识可以通过相关的行为领域获得"。[①] 模仿在人类的文化学习、社会行为能力养成、性别确认和审美体验等中都具有重要的意义。

组织在适应环境变化的过程中往往优先确保能够"正确地"行动，于是就会与已经存在的社会实践发生接触，进而进行模仿。这个已经存在的社会实践，本书称其为范本。模仿的行为和过程就是本书所称的仿习。尽管仿习与模仿在词义上有细微差别，但本书忽视了这些细微差别，认为二者大体是同义的。仿习的概念是模仿和学习的结合体。

（二）范本

涵化被理解为不同社会在支配—从属关系环境中的广泛的文化借取。[②] 处于从属地位的文化对处于支配地位的文化的学习，表明涵化是向强势文化看齐和靠拢的。因此，文化涵化就有了方向，即有了一个范本。

范本是组织制定行动方案或政策时仿习的对象，是学习、参考的典型。范本已经通过了实践的检验，并取得了一些众所周知的成效，因而其会有形无形地形成一种话语压力，甚至上升为一种区分标准。它是时代的产物，是一定思想、观念的承载者或载体。组织选择仿习范本能够降低风险，少走弯路，减少成本，甚至拥有后发优势。不过，范本本身也带有风险基因，人们往往以"某某经验""某某模式"来指称范本。范本是观念与政策之间的中介，既是观念的又是技术的，人们对范本的仿习，既有全部照搬，也有选择性模仿，还有防范性模仿（即模仿其技术性内容，而防范其他方面的内容）。范本的推广，或采用软硬兼施的手段，或源于学习者的自愿行为。

（三）类范本效果

类范本效果是仿习范本的一种结果。因仿习范本而产生的政策可以称之

[①] 克里斯托夫·武尔夫：《人类学：历史、文化与哲学》，张志坤译，人民出版社，2023，第190页。

[②] C.恩伯、M.恩伯：《文化的变异——现代文化人类学通论》，杜杉杉译，辽宁人民出版社，1988，第546页。

为类范本政策，或范本家族政策，或带有范本风格的政策。实行范本家族政策之后，事实上产生的是类范本效果。是否能成功移植范本经验，甚至超越范本的效果，取决于多种因素，影响范本移植的因素是复杂的。

（四）文化独特性

在社会实践中，组织文化必然有不可轻易撼动的文化基因，即本书所称的文化独特性，它在涵化过程中具有不容忽视的作用。它也是组织的社会功能和深层结构的另一种表述。

（五）生计弹性

涵化的基本面是变动或变迁。它对群体和个体产生的影响也包括生计方面的影响。生计弹性是指相同的实践所带来的影响对于不同群体和个体的生计有着不同的意义。生计弹性越低的群体和个体对于变动越敏感，也越会从生计的角度来感知和适应环境的变动。

四 研究思路

从宏观上看，本书将组织文化类比为生命体，考察它生长的环境及养成的"人格"。从微观上看，本书强调观念在文化涵化中的作用，在个案中考察文化持有者的看法，展开对涵化过程的分析。

（一）类比组织文化为生命体

本书在总体上采用弗洛伊德研究文化时所用的类比方法，把组织文化类比为一个生命体。在弗洛伊德看来，"人类文明的过程和个体发展的过程都是生命的过程——这就是说，它们必定具有生命的最普遍特征"。[1] 他把人类文明过程和个人发展过程进行了类比并加以扩展，认为不仅个人有超我，文明或文化也有超我。他说："社会也发展出了一个超我，文化发展就是在这种超我的影响下继续前行。"[2] 他认为，伦理的登场发生在文明的超我建立了它的理想和要求之后。弗洛伊德说：

---

[1] 弗洛伊德：《一种幻想的未来：文明及其不满》，严志军、张沫译，河北教育出版社，2003，第122页。
[2] 弗洛伊德：《一种幻想的未来：文明及其不满》，严志军、张沫译，河北教育出版社，2003，第124页。

在我看来，人类最重要的问题似乎在于，它们的文化发展是否可以，以及将在多大程度上成功地控制人类进攻本能和自我破坏性本能对其社会生活造成的干扰。[1]

弗洛伊德的这段话回答了一个重要的问题：文化是如何形成的？他认为，文化是控制人本能的结果。把组织类比为生命体，组织为了控制"进攻本能和自我破坏性本能对其社会生活造成的干扰"，进而形成自己的组织文化。

需要注意的是，这里并没有采用对待生命体常见的进化论观点，认为生命体的成长经历了某个进化序列，存在一个高级的进化阶段，而是把它看作适应环境变化的产物。但要承认的是，把组织文化类比为生命体仍然有进化论的影子。

把组织文化类比为生命体必然要求我们对它的成长做出分析，下面重点分析两个方面的内容。

一是文化的独特性。我们采用德里达提出的"解构规则"作为分析方法，来分析文化的独特性，描述文化历史发展逻辑和价值观。"解构规则"首先是回顾。德里达认为，回顾是"去了解我们所生活于其间的文化是从哪里来的，传统是从哪里来的，权威与公认的习俗是从哪里来的。……而解构的责任首先正是尽可能地去重建这种霸权的谱系：它从哪里来，而为什么是它获得了今日的霸权地位？""解构规则"的第二个内容是"解构的责任自然是尽可能地去转变场域"。[2] 站在历史的某个点进行回顾，由果溯因地思考会改变关于文化的建立具有某种任意性和历史偶然性的看法。

二是"人格"和行为模式。我们采用人类学家玛格丽特·米德和本尼迪克特的文化模式理论来进行分析。米德和本尼迪克特认为，儿童教育影响了成年人的人格，对特定文化观念的内在化使成年人在儿童时代就已经开始形成特有的群体人格和行为模式。本尼迪克特认为："任何文化，其道德规范总

---

[1] 弗洛伊德：《一种幻想的未来：文明及其不满》，严志军、张沫译，河北教育出版社，2003，第126页。
[2] 雅克·德里达：《法律的力量》，胡继华译，载于夏可君编《〈友爱的政治学〉及其他》，吉林人民出版社，2006，第15~16页。

要代代相传，不仅通过语言，而且通过长者对其子女的态度来传递。局外人如果不研究一国的育儿方式，就很难理解该国生活中的重大问题。"[1] 她在名著《菊与刀——日本文化的类型》中专门研究了日本儿童的成长经历与双重人格形成的关系。米德也在新几内亚研究了马努斯（Manus）儿童的教育与儿童人格形成的关系。

这两位人类学家都认为成年人的人格和行为模式从儿童时期起就开始形成。对于组织成员来说，他们进入组织必须接受组织文化、规范的洗礼。由于研究对象是成年人，所以两位人类学家研究讨论的重点不是儿童时期的教育如何影响他们的人格和行为模式，而是他们在组织中的文化适应、同化或反同化等问题。

讨论组织文化与成员之间的互动，要考察参与到互动中的具体因素。这就要求考察作为个体的行动者的习性，以及作为集体的行动者们的习性。习性（habitus，又翻译为"惯习"）这一概念来源于法国社会学家皮埃尔·布尔迪厄[2]的实践理论。布尔迪厄用这一术语来指称和解释行动者的行为模式和习惯方式，类似于米德和本尼迪克特的人格和文化模式。布尔迪厄所谓的习性，既是主观的又是客观的，既包括了个人的习性也包括了集体的、阶级的习性，习性是社会结构的结果。[3] 集体的习性是一种行之有效且被人承认、接受的惯例，它与组织的治理方式有密切的联系。

（二）强调观念在文化涵化中的作用

在文化模式的形成过程中，米德和本尼迪克特指出了儿童所接受的教育对人格培养和行为模式形成的重要性。在儿童教育阶段，儿童模仿父母和其他人的行为模式，并逐渐把成人的观念内化为自己的观念，此过程对儿童成长的意义是毋庸置疑的。进一步来说，观念具有多重意义和生命力。价值观念这一要素对于研究文化模式是不可或缺的，对于研究组织文化涵化来说也

---

[1] 鲁思·本尼迪克特：《菊与刀——日本文化的类型》，吕万和等译，商务印书馆，1990，第175页。
[2] 皮埃尔·布尔迪厄（Pierre Bourdieu，1930—2002年），又译作布迪厄、布尔迪尔等，本书行文中统一使用布尔迪厄，引文、文献则尊重原貌。
[3] 皮埃尔·布尔迪厄、罗杰·夏蒂埃：《社会学家与历史学家——布尔迪厄与夏蒂埃对话录》，马胜利译，北京大学出版社，2012，第82页。

是如此。

社会变革的动力源于人们对"提高效率、节约成本"的经济追求和对幸福生活的祈盼。尽管身在解构主义盛行的时代，但人们依然相信民主、富强、公正等价值观念是不可解构的。有趣的是，解构主义的代表人物德里达正是这种观点的倡导者。德里达以正义和法律为例证明了价值观念的不可解构性。他说：

> 法律在本质上是可以解构的，……法律可以解构，这并不是什么坏消息。……换句话说，我们现在正尝试接近的假设和命题要求附属的命名：正义就是解构的可能性，法权（droit）或法律结构，法律的基础或自我权威化就是实施解构的可能性。①

在德里达看来，法律本身并不是正义，它是有结构的（法律乃是人为制定的），因此是可以解构的，而正义是一种"绝境（aporia）的经验"，它没有结构，也就无法解构，但其是解构法律的依据和促成法律不断修订和完善的依据。正义之所以具有不可解构性乃是因为它是人类祈盼的一种价值观念。

价值观念是一种理想，不仅没有结构，不可解构，而且也是无法"达诂"的。仍然以正义为例，因为没有任何一种实践能够满足人类对"正义"的不懈追求，所以"正义"的实践可以被"更正义"的实践所取代。"正义"如此，富强、平等、自由等价值观念同样如此。富强、自由等同样源于人类的祈盼。近代以来，实现国家富强、民族独立是无数人共同追求的目标，从洋务运动、辛亥革命到新文化运动都能够看到无数仁人志士为实现这一目标而做出的大量努力和探索。

价值观念是可以接近的。黄克剑说："无论是'富强'、'正义'、'和谐'，还是'真'、'善'、'美'、'神圣'，这些价值都生发于人的意志的祈愿；不同的人可以对其有不同的理解和阐释，但种种不同的理解和阐释只是表明了经验中的生命局量永远不足以对人生这些元始而终极的价值作出理想中的达诂。"② 人们能够对价值观念或赋义和加以解释并认为能够接近它的真

---

① 雅克·德里达：《法律的力量》，胡继华译，载于夏可君编《〈友爱的政治学〉及其他》，吉林人民出版社，2006，第425~426页。
② 黄克剑：《名家琦辞疏解——惠施公孙龙研究》，中华书局，2010，第273页。

义。人们可以按照自己的理解直接解释它,而不必在乎他人,哪怕是权威的解释。这类发源于人的意志的祈愿,揭示了源源不断的行动和变革的可能。

组织文化的变动是在一定的观念下引发的,因此有必要考察观念与组织文化之间的关系。观念虽然是抽象的,但必然体现在具体的物、方案与行动中。研究者们注意到,观念比思想具有更明确的价值方向,它和社会行动的关系往往比思想更直接。例如,陆晔、潘忠党提出,要将理念(ideation)、话语(discourse)和实践(practice)放在相互推动的整体中来考察,并举例说社会学家罗伯特·伍斯诺(Robert Wuthnow)在 1989 年出版的 *Communities of Discourse*(《话语共同体》)中分析了西欧宗教改革、文艺复兴、空想社会主义这三大思潮的兴起与其所处历史时期的关系,福柯的《性史》和萨义德(Edward Said)的《东方主义》均在大的脉络上体现了这种分析取向。[①]

(三)在微观个案中考察文化持有者的看法

为了能够在微观上支撑起本书对宏观的分析,笔者考察了云南、山东等地的传媒组织。在考察中,通过访谈相关人士并获取他们撰写的资料,笔者不仅获得了鲜活的一手资料,还了解了他们作为"文化持有者"的看法。回顾历史,马林诺夫斯基曾对费孝通先生的《江村经济》大加赞赏,原因之一是,费孝通(江苏吴江人)对中国江南农村的研究正契合他提出的"以当地人的眼光看当地文化"或"土著研究土著文化"的研究理念。本书试图通过长时间观察和访谈相关人士,揭示传媒组织中"文化持有者的观点"(the native's point of view)[②],以"内部的眼光"为传媒组织文化涵化问题提供一个

[①] 陆晔、潘忠党:《成名的想象:中国社会转型过程中新闻从业者的专业主义话语建构》,《新闻学研究》(台北)2002 年总第 71 期,第 1~32 页。

[②] "the native's point of view",又译为"当地人的观点"、"土著人的观点"或"内部的观点"等。关于这种研究方法,马林诺夫斯基在《西太平洋上的航海者》中提出:"就是掌握土著人的观点,他与生活的关系,认识'他'对'他的'世界的看法。我们必须研究人,而且必须研究与他密切相关的是什么,也就是说,研究生活作用在他身上的着力点是什么。每种文化中,价值观念都有稍微的不同;人们渴望着不同的目标,为不同的冲动驱使,追求着不同形式的幸福。我们发现,在每一种文化中,都有不同的体制让人可以追求他一生的利益,都有不同习俗以达成其志向,都有不同的法典与道德规范以奖惩其美德与过失。研究这些体制、习俗、法典,或者研究土著人的行为与心灵,却没有想去感受这些人对其幸福实质之鲜活意识的主观愿望——按照我的观点,就会错过对人的研究中获得的最大报偿。"参见布罗尼斯拉夫·马林诺夫斯基《西太平洋上的航海者》,张云江译,九州出版社,2007,第 93 页。

学术的回答。

倘若要追问以"内部的眼光"与用"他者的眼光"来分析会有什么不同，我们认为重要的一点是，前者能够注意到文化变迁中的个体及其遭遇和感受。即便难以避免价值关联[①]，"内部的眼光"在一定程度上也可以弥补因宏大叙事而忽略个体所带来的不完整感的缺憾。依照历史主义[②]的观点，社会沿着一条规定好的轨迹发展，它被称为社会发展规律。在一些叙事中，个体在历史发展的长河中是微不足道的[③]，是渺小的，也是可以忽略不计的。历史主义忽略了社会变迁中的个体因素，机械地、形而上地推理出社会的发展面貌，不能深度地描述社会变迁过程，至少是不能很好地揭示人们的生活史。现实生活如同文学作品一样内蕴丰富，充满人性之美。在如此复杂的现实中仅仅提取数个变量来加以讨论，显然是不够的。

五 研究方法

对组织文化涵化的研究属于中观层面的研究，这一定位决定了相关研究既要宏观分析社会或环境，又要微观分析具体组织如何适应环境，包括对组织文化的历史考察、对变动事件的整体描述以及对个体遭遇的体察等。本书的研究方法是多种方法的组合，主要有文献分析法、访谈法、数据分析法。

（一）文献分析法

笔者在搜集国内外相关组织文化、文化涵化以及传媒组织的研究文献的同时，还搜集了大量与个案相关的第一手资料。笔者搜集到的云南个案资料

[①] 关于价值关联，韦伯认为，社会学的研究不能忽视意义问题，不能忽视社会行动者在现实中面对的价值问题，而且这种价值因素影响了研究者对研究对象的选择等，并从根本上决定了社会学研究者从事研究的内在动力。与之相对的是价值判断，价值判断是研究者不对"具体现实"进行经验研究（即不是以经验的方式来处理价值问题），却打着学术的旗号宣传抽象的社会哲学和空洞的政治口号，从而把学术变成了某种个人政治立场和价值取舍的讲坛。参见皮埃尔·布迪厄、华康德《实践与反思——反思社会学导引》，李猛、李康译，中央编译出版社，1998，第117页译注。

[②] 有关历史主义的阐释详见本书第三章。简单来说，它是指这样一种信念：存在一条决定社会发展轨迹的规律，历史规律的最终实现是不可避免的，人为的努力可以加速或延缓其实现，却不能创造或取消它。参见赵敦华《赵敦华讲波普尔》，北京大学出版社，2006，第10页。

[③] 卡尔·波普尔：《开放社会及其敌人》（第一卷），陆衡、张群群等译，中国社会科学出版社，1999，第25页。

主要有三类：一是《红河传媒》杂志（季刊），该杂志是红河传媒集团①内部的工作杂志，类似于机关刊物，保留了许多关于集团的资料，尤其是相关会议纪要、工作总结、讲话等，这些都是重要的一手资料；二是《红河》《改革开放三十年——中共红河州委重要文件集》《辉煌三十年》《红河政府工作报告汇编》《红河州年鉴》等资料，这些是政府部门编纂的权威资料；三是《红河日报》《云南日报》等刊登的相关文章，以及相关网站发布的资料。在考察其他相关组织案例时，也是通过类似的方式，多渠道搜集、获取相关文献资料。

（二）访谈法

公开发表的、能够接触到的资料是有限的。与内部人士的交流可以使研究从书本和个人狭隘的、有限的经验中走出来，吸收新的思想和智慧。访谈工作以滚雪球的方式开展，笔者通过各种途径联系了相关人士。全部访谈在云南和山东进行，访谈时间集中在 2014 年，此后还进行了一些补充访谈。表 0-1 列出了接受访谈的受访者的信息。笔者在调查过程中还向其他未列入表格的知情者咨询并讨论了相关情况。

表 0-1　受访者基本情况

序号	受访者	受访者情况介绍	地点
1	F 先生	当地传媒组织非在编人员，记者	云南红河
2	G 先生	当地传媒组织领导层成员	云南红河
3	MS 先生	曾是当地传媒组织领导层成员	云南红河
4	P 先生	当地传媒组织中层领导，编辑	云南红河
5	C 先生	曾是当地传媒组织非在编人员，后成为在编人员	云南红河
6	D 先生	曾是当地县级传媒组织领导层成员，后调离	云南红河
7	K 先生	当地传媒组织中层领导	云南红河
8	WJ 先生	曾在云南的两个县担任过县委书记	云南红河
9	M 先生	曾是当地传媒组织非在编人员，后成为中层领导	云南红河
10	W 先生	当地传媒组织领导层成员	云南红河
11	GJ 先生	当地传媒组织领导层成员	云南红河

---

① 红河传媒集团成立于 2006 年 7 月，后更名为红河新闻传媒集团，本书统称为红河传媒集团。

续表

序号	受访者	受访者情况介绍	地点
12	DJ 先生	当地传媒组织的记者兼编辑	云南德宏
13	LW 先生	当地传媒组织的记者兼编辑	云南德宏
14	X 女士	当地传媒组织领导层成员	云南德宏
15	Z 先生	当地传媒组织的记者兼编辑	云南德宏
16	ZG 先生	当地传媒组织领导层成员	山东滨州

(三) 数据分析法

笔者从多种渠道共搜集到全国 137 家传媒集团的相关数据（截至 2014 年，详见附录）。由于传媒集团组建和撤销或重组的情况较为复杂，而且没有权威的花名册，因此搜集的数据并不完整，但这些数据基本可以反映我国传媒集团发展的整体情况（见表 0-2）。

这些数据主要用于分析我国传媒集团成立的时间、地域、性质以及不同区域之间的差异等。目的是弄清我国传媒集团的基本面貌，为个案分析建立研究背景以及探索相关变量的关系。分析时以描述统计为主，也有少量的推断统计。

表 0-2 全国传媒集团基本情况

单位：家

类别	中央级	省级	地市级	县级	其他	总计
报业集团	3	31	51	0	0	85
广电集团	1	15	9	1	0	26
综合集团（即综合性传媒集团）	0	0	8	0	0	8
事业体制，经营资产重组为台属企业集团公司	0	8	0	0	0	8
媒体出版集团和信息服务企业	2	1	0	0	2	5
报刊或期刊集团	0	4	1	0	0	5
总计	6	59	69	1	2	137

注：表中数据截至 2014 年。
资料来源：童兵、陈绚主编《新闻传播学大辞典》，中国大百科全书出版社，2014，第 503～707 页；刘习良主编《中国广播电视改革发展十年回眸（2001 年～2010 年）》，中国国际广播出版社，2012，第 29～34 页；相关媒体的网站。

第一章　仿习范本

组织文化的涵化不是凭空形成的，必然以一系列的行动或政策的实施来实现。组织的政策也不可能是无源之水、无本之木，它是基于一定的机制和法则形成的。尽管政策的制定和执行过程中都有权力的影响，但政策显然也是组织内外互动的产物。上级、下级之间除了权力上的领导与服从关系外，还有沟通、协调等互动关系。非权力因素在政策的制定过程中也扮演了重要的角色。因此，分析政策的制定既要看到权力的运作，也要看到非权力因素的影响。缺乏这一认识，可能会产生过分相信权力的偏执。文化涵化离不开范本的扩散，以及组织或政策对范本的吸收、采纳。本章主要分析范本和仿习范本的案例、相互采纳机制、风险控制等内容。

第一节　范本概述及案例

就形成政策的机制和法则而言，范本在其中扮演了重要的角色。政策可以被视为仿习范本和扩散范本的结果。以提出李约瑟难题而闻名于世的英国学者李约瑟，曾就科技发展史断言："对于文化发展来说，传播的作用确实要比独立发明大得多，可是在证据的面前，偶然的独立发明是不能否认的。"[①]对于文化发展而言，李约瑟虽然承认"独立发明"的重要作用，但认为"传播"的作用更大。"传播"包括了学习、借鉴、模仿外来文化的活动。事实也证明，对于某项政策，我们总能在其他领域或某个历史时期找到它的影子，甚至能清楚地看出其继承和发展的脉络。因此，我们把范本视为政策形成机

---

① 李约瑟：《中国科学技术史》（第一卷第二分册），《中国科学技术史》翻译小组译，科学出版社，1975，第513页。

制的前提和基础。范本是沟通观念和政策之间的中介。观念、范本和政策之间的关系可以简化为"观念—范本—政策"模型。

一 范本概述

本书所论述的范本是从传播、扩散的角度提出的，指学习、借鉴的典范或榜样。就组织文化的研究而言，范本是抽象的观念与具体的组织政策之间的中介。观念通过范本得以具体化或具象化。政策通过对范本的学习、借鉴，使观念得以扩散和落地。范本和政策都是承载观念的具体之物。

（一）范本与观念

范本是观念与政策之间的中介，既是观念的，又是技术的。作为观念的一面，它不会真正被更替。按照先秦名家代表人物公孙龙的说法，观念更替的结果是导致观念"自藏"。"自藏"概念源自先秦诸子的"名实之辩"。所谓名实，墨子说："所以谓，名也；所谓，实也。"（《墨子·经说上》）

名与实是否相符合，在多大程度上相符合？老子看到了语言有界限的一面，他说："道可道非常道，名可名非常名。"（《老子·一章》）公孙龙更进一步指出，"物莫非指，而指非指"（《公孙龙子·指物论》），意思是说，被人所认识的事物，都是被概念指认的；用以指认物的概念，一旦出现在对物的具体指认中（即物指或与物之指），就不再是原来概念的那种抽象的"指"了。在公孙龙看来，"物"不能被语言所完全指认，尽显其本质，即他所说的"白马非马"。于是，"物"便"自藏"起来。

由此，公孙龙提出"正名实"。他提醒说，"古之明王"要"审其名实，慎其所谓"（《公孙龙子·名实论》）。与墨家的"以名举实"（《墨子·小取》）不同，公孙龙意在"控名责实"（《史记·太史公自序》），这其中暗含了"欲推是辩，以正名实，而化天下焉"（《公孙龙子·迹府》）的教化旨趣。公孙龙说："其正者，正其所实也；正其所实者，正其名也。"（《公孙龙子·名实论》）

简而言之，公孙龙认为，物不能为语言所指认，它不会因此而消失，只能归于"自藏"。观念的"自藏"并非观念的消失，社会环境的变化为观念找到新范本而结束"自藏"的状态创造了可能。

作为技术的一面来说，范本是观念的具体之物，是一种"名"，即由形而上的观念所指认的具体之物。现时所呈现的可称之为一种"名"，它是否就是它指认的物的本质，需要"正名实"，即用实际或实践来验证二者是否相符合，所谓"正其所实者，正其名也"。显然，范本难以与观念"名符其实"。当范本之"名"不能对应观念之"实"时，观念就会"自藏"，范本之"名"就会被放弃。范本被放弃，意味着与它联系的政策也遭到了放弃。

（二）范本与政策

毫无疑问，范本是时代的产物。尽管不同的范本可以共存，人们可以根据自己的需要和偏好选择不同的范本，但是，范本的选择余地是有限的。因为范本毕竟是一定思想、观念的承载者或载体。在一个社会或国家之中，组织观念和体制是相对稳定的，这也就决定了范本是有限的。

政策是上下级互动、协调的结果，整合了组织的权力和非权力的资源。若与时代联系起来看，政策实为时代发展潮流中的一朵朵浪花。政策既是时代观念使然，也是形塑时代的一步步具体举措。政策的形成过程离不开对"范本"的借鉴、仿习。究其原因在于，范本是人类模仿思维的产物，一方面社会通过树立"典型""楷模""模范"等来倡导、传播某种思想观念；另一方面人们通过学习、模仿范本"正确地"行动，融入时代发展的历史潮流，或为符合时代发展的需要，或为获得"后发优势"和降低风险。范本具有以下特点。

第一，范本具有可操作性。范本往往是通过具体的"做法""经验"等来呈现，这些"做法""经验"又往往是技术性的，并且具有某种先进性。我们在讨论中，把政策视为技术性的，即将政策看作为了落实某一种观念、思想而形成的行动计划。由于政策是指向实践的，而实践的多样性、复杂性又决定了政策需要不断地完善才能满足实践的要求。因而，政策是不稳定的、易变的。它反映了不同时代、制度之下的观念，以及观念与时代、制度的联系。

第二，范本是稳定的。其原因在于范本既然是学习和仿习的对象，就已经脱离原来的实践，而存在于话语之中。人们在话语中对范本有多种形式的解读、理解，以及不同的仿习、采纳重点。由于范本本身不会自辩或自我澄清，因此，其就只能客观地存在于话语之中，从而获得稳定性。既然范本稳定地存在于话语之中，那么，其也就往往成为一些观念、思想的化身和典范。不少观念和思想又是一个社会或国家具有不可解构性的价值观，借鉴和仿习范本的行为由此便意味着与范本相关的观念、思想的扩散。

第三，范本能够扩散。在政策的形成过程中，与其说是政策的推广，不如说是范本的扩散。既然范本是观念与政策之间的中介，那么范本的扩散就自然带有观念扩散和技术扩散的特征了。观念扩散与技术扩散有许多不同之处。观念扩散依靠强大的军事、政治和文化力量，往往会带来社会、文化等方面的变革。观念扩散离不开具体的技术扩散，即范本的扩散。

尽管范本有观念的一面，但范本技术的一面才是容易被借鉴和仿习的。例如，倘若我们了解过量化考核办法是如何扩散的话，就会发现尽管人们对考核标准、考核尺度等有诸多的诟病，但量化考核对从业者的考核是非常具体和直观的，以至于今天的许多组织都在实行。量化考核背后所蕴含的效率优先的观念，也在无形中被承认和接受。量化考核是管理机制上的创新，它本身是一种管理技术。

（三）范本与范式

提到范本，人们容易联想到范式、范例等概念，在此有必要作一些辨析。在汉语中，"范本"与"范式"之间仅有一字之差，也存在某些契合之处，但却是不同领域的术语。范本是具体的典范或榜样，范式则是较为抽象的学科共同体公认的理论以及规则。

范式（paradigm）最初是科学哲学的概念，常与范式联系在一起的是"范式转换"或"范式革命"。范式可以归纳为学科共同体公认的理论以及规则。托马斯·库恩认为，常规科学"是指坚实地建立在一种或多种过去科学成就基础上的研究，这些科学成就为某个学科共同体在一段时期内公认为是进一步实践的基础"。"它们的成就空前地吸引一批坚定的拥护者，使他们脱离科学活动的其他竞争模式。同时，这些成就又是以无限制地重新组成的一批实践者留下有待解决的种种问题。"[1] 此外，"范式是共有的范例"。范例

---

[1] 托马斯·库恩：《科学革命的结构》，金吾伦、胡新和译，北京大学出版社，2003，第9页。

则是"理论及若干应用范式的规则"。①

关于范式的转换,以科学范式的转换为例,波普尔的证伪主义认为,科学进步是遵循"问题—试探性理论—消除错误—新问题"的路线。库恩则采用危机论,认为科学理论陷入危机,要通过革命来解决。库恩用政治革命来类比,认为:"政治革命的目的,是要以现有政治制度本身所不允许的方式,来改变现有政治制度。"他说:

> 起初只是危机削弱着政治制度的功能,正如科学危机动摇了范式的支配地位一样。日益增多的个人开始疏离政治生活并逐渐偏离常规。随着危机深化,其中许多人就会献身于具体的改革行动,以期变换制度,重建社会。这时,社会不免分化为互相竞争的阵营和党派,有的主张维持旧制度,更多的则寻求建立新制度。②

新事物对旧事物的革命和代替,这样的革命观念根植于库恩的观念中。他认为自己"并非是一个相对主义者"而是"一个科学进步的真正信仰者"。③他从革命的角度认为,当一种范式陷入危机之后就会诞生一种新的范式来度过或解决危机。他说:"范式改变,这世界本身也随之改变了。科学家由一个新范式指引,去采用新工具,注意新领域。"④

范式转换为什么要用革命的方式呢?库恩提出了"不可通约性"的概念来解释其原因,即"对于两个处在同一条历史线索上的理论来说,这一术语意味着没有一种共同语言可以完全翻译这两个理论","不可通约性等同于不可翻译性"。⑤简而言之,理论与理论之间没有可以调和的共同语言,只能以非此即彼的方式来解决彼此的分歧,这就是范式的转换。

在库恩的观念中,理论具有排他性,在一个共同体中只能容纳一个理论的存在。这遭到了包括法伊尔阿本德在内的学者们的批评。法伊尔阿本德批

---

① 托马斯·库恩:《科学革命的结构》,金吾伦、胡新和译,北京大学出版社,2003,第168页。
② 托马斯·库恩:《科学革命的结构》,金吾伦、胡新和译,北京大学出版社,2003,第86页。
③ 托马斯·库恩:《科学革命的结构》,金吾伦、胡新和译,北京大学出版社,2003,第184页。
④ 托马斯·库恩:《科学革命的结构》,金吾伦、胡新和译,北京大学出版社,2003,第101页。
⑤ 托马斯·库恩:《结构之后的路》,邱慧译,北京大学出版社,2012,第52页。

评了波普尔的证伪主义和库恩的危机论,此外,他还批评了朴素的经验论、精致的经验论、约定主义、研究纲领论。他以"哥白尼革命"为例,认为哥白尼没有什么新的发现,哥白尼日心体系也不比托勒密体系精确或简单。"哥白尼革命"前后星表的平均误差和最大误差差不多一样,但它们是以不同的方式分布的,显示了不同的模式。哥白尼并没有批评托勒密,反而加以称赞。因而,也就不存在证伪主义者所认为的,当时的新观察反驳了旧天文学的某些决定性的假设,所以必须发展新的天文学。同样也不存在库恩危机论所说的,当时天文学陷入了危机,必须解决这场危机。① 法伊尔阿本德认为哥白尼的论证"只是对那些喜爱数学和谐胜过与自然界的性质保持一致的人,只是对那些倾向于柏拉图的自然解释而不是亚里士多德的自然解释的人,这一论证才是令人信服的"。②

法伊尔阿本德还指出,科学不是事实,而是思想。科学的要素只有通过对比,通过同新的异常的观点作比较才可知道。③

因此,法伊尔阿本德指出,科学是一个复杂的、多质杂合的历史过程,它既包含高度复杂的理论体系和种种古老的、僵硬的思想,又包含对未来思想体系的模糊的、不连贯的预期。④ 他认为,对于任何给定的法则,不管它对于科学来说多么"基本"或"必要",总会有一些情况,在那里不仅无视这些法则而且采取它的反面是明智的,而这种情况却是"知识增长所绝对必需的"。⑤ 法伊尔阿本德相信:唯一不禁止进步的原则便是怎么都行。按照他的说法可以推论出,不同的范式之间是可以共存的关系,而不是新与旧之间的替代与被替代关系。

可见,库恩与法伊尔阿本德的争论焦点并不在于范式和方法,而在于"范式革命"是否存在,以及不同的范式和方法能否共存于一体。法伊尔阿本

---

① 保罗·法伊尔阿本德:《自由社会中的科学》,兰征译,上海译文出版社,2005,第46~48页。
② 保罗·法伊尔阿本德:《自由社会中的科学》,兰征译,上海译文出版社,2005,第53页。
③ 保罗·法伊尔阿本德:《反对方法——无政府主义知识纲要》,周昌忠译,上海译文出版社,1992,第113页。
④ 保罗·法伊尔阿本德:《反对方法——无政府主义知识纲要》,周昌忠译,上海译文出版社,1992,第117页。
⑤ 保罗·法伊尔阿本德:《反对方法——无政府主义知识纲要》,周昌忠译,上海译文出版社,1992,第1页。

德否定了范式革命的存在,认为不同的范式能够共存。

综上所述,范式是讨论科学和科学进步时的重要概念。范式被当作一种观念和理论体系,这些观念和理论体系可以共存于一体。范本则是在文化传播过程中使用的概念,它是观念与行动实践之间的中介。范式和范本是不同领域的术语。若忽视领域的界限,范式与范本之间也存在某些契合。范本是具体的,是流通在实践中的可供选择的经验或一套可供学习、借鉴的实践方案,它可能是某种范式之下的方案。

二 范本案例

范本的形成是一个历史的过程。范本不是凭空出现的,而是有其原型。该原型在不同阶段呈现不同的具体样式。我们以中国传媒业集团化发展为例来说明这一点。

(一) 第一个报业集团的组建

20世纪70年代末,中国经济领域的改革深远地影响了中国社会的发展。1979年7月,《复旦学报》(社会科学版)第4期发表《重新评价王中新闻学理论》一文,为王中的新闻思想平反。[1] 这意味着新闻的商品属性在被批判20多年后重新被理论界所接受。这得益于大的时代背景以及国家工作重心的转变。

20世纪50年代初,商业性报纸逐渐退出、停办。以王中教授为代表的学者所主张的报纸商品论和读者需要论被批判。王中认为报纸具有两重性,"一种是政党拿来做宣传工具,还有一种是老百姓花5分钱买的一个商品,你不能强迫。人家花了5分钱买了去,不高兴人家就要提意见"。[2] 在此基础上,王中认为,报纸要根据读者需要来办。他说:"只把报纸当作党的宣传武器,不把它当成读者需要花5分钱购买的一种商品,报纸必然不会受读者欢迎的。"[3]

这样的观点不久就遭到了批判。王中的观点被定性为"右派反动言论"。

---

[1] 朱光明:《重新评价王中新闻学理论》,《复旦学报》(社会科学版)1979年第4期,第105~106页。
[2] 王中:《新闻学原理大纲》,载于赵凯主编《王中文集》,复旦大学出版社,2004,第80、97页。
[3] 王中:《办报人要有读者观念》,载于赵凯主编《王中文集》,复旦大学出版社,2004,第3页。

若把视线拉长，与 1964 年对孙冶方的经济学观点的批判联系起来，可以看到对"报纸是商品"的批判具有特定时代的特征。孙冶方先生对"大跃进"时期不计成本、不讲效益的做法公开提出质疑，反对社会主义建设不讲价值规律。

这些观念在被批判时具有时代特征，在被平反时同样具有时代特征。随着"文化大革命"的结束，党和国家的工作中心从阶级斗争转移到经济建设上来，孙冶方、王中等人及其学术观点得到了平反。新闻界通过刊登广告，恢复了传媒的商业功能。《天津日报》在 1979 年 1 月 4 日恢复了商业性广告，在时间上早于王中理论被平反的时间。之后，中国报业界逐步通过恢复晚报、办周末版等方式壮大自己。

1992 年是一个重要的年份。这一年，党的十四大提出要建立社会主义市场经济体制。这些国家层面的决策对传媒的市场化发展产生了很大影响。传媒的体制机制改革和产业化发展得到了管理部门的鼓励和支持。以广电系统的改革为例，在 1992 年以前，广电改革总体上是以宣传业务改革为主，而在此之后则是向综合改革迈进。有研究者在总结 1992 年广电改革时指出其有三大特点：一是产业意识的萌发和广播电视产业的崛起；二是宣传业务改革继续向广度深度推进；三是体制改革在探索中稳步前进。[①] 1992 年以后，传媒的发展探索围绕社会主义市场经济体制进行，经济领域的企业集团作为学习的榜样顺理成章地进入了传媒组织的视野。

企业集团是外来的概念，自 20 世纪 80 年代引入我国。理论界认为企业集团化有利于促进产业结构调整，取得规模经济效益；可以避免重复项目投资，带动一批中小企业，形成产业网络。从 1991 年起，我国开始推行企业集团化战略。[②] 1993 年 1 月，有报社提出要"建设社会主义现代化报业集团"，推动报业经营走向市场，按照市场经济规律建设社会主义报业集团。

1996 年，广州日报报业集团成立，成为我国首家组建报业集团的试点单位。显然，传媒集团在当时还属于新鲜事物，学习、借鉴经济领域的企业集团是必然的。但传媒组织毕竟有别于经济领域的企业集团，有其特殊之处。

---

① 黄勇：《广播影视发展改革宏观思考》，中国传媒大学出版社，2005，第 39~48 页。
② 乔均：《关于大企业集团化战略发展的若干问题研究》，《理论与改革》1998 年第 4 期，第 73~75 页。

广州日报报业集团在组建时特别谨慎。"新闻出版署与广州日报社约法三章：报业集团必须坚持有利于加强和巩固党对新闻舆论阵地的领导，有利于党的声音在群众中的影响，有利于国有资产的保值增值，并且确保党对报业集团的绝对领导，配合中央和省市党委的中心工作。"[1]

对于要成立传媒集团的地方或组织来说，广州日报报业集团的成立为它们提供了范本，成立传媒集团只是时间的问题。但当时不同地区、部门对成立传媒集团仍有不同看法，尤其是在集团的组建模式、运行方式等具体问题上有不同的态度。

1997年，党的十五大报告提出："以资本为纽带，通过市场形成具有较强竞争力的跨地区、跨行业、跨所有制和跨国经营的大企业集团。"[2] 为了贯彻这一精神，报业、广电系统等均有行动，组建传媒集团成为传媒发展的亮点。集团化发展成为中国传媒市场化发展的新阶段。进入21世纪，传媒被纳入文化产业的范围，组建传媒集团成为许多传媒组织发展的目标。

总之，传媒集团既是学习、借鉴经济领域企业集团的产物，也是党报、广电行业原有市场行为发展到一定阶段的产物。新组建的集团涉及现代企业制度、现代企业管理运营等实际问题，给传媒组织带来了新的研究课题并影响了中国传媒业的发展。

（二）传媒集团组建的量化分析

为了在总体上描绘中国传媒集团发展的情况，笔者收集、分析了中国传媒集团数据[3]，设置了成立时间、所属地区和省份、集团性质、级别等变量。数据的主要来源有：一是童兵、陈绚主编的《新闻传播学大辞典》[4]，该辞典资料截止时间为2013年5月；二是刘习良主编的《中国广播电视改革发展十年回眸（2001年~2010年）》[5]，该书只收录了部分传媒集团的资料，并不完

---

[1] 詹新惠：《党报集团资本运营研究：现状·问题·路径》，中国传媒大学出版社，2009，第32页。
[2] 江泽民：《论社会主义市场经济》，中央文献出版社，2006，第348页。
[3] 由于没有权威的传媒集团名册，本书只能从多种渠道获取相关数据。这些数据应理解为一种不完全统计数据。
[4] 童兵、陈绚主编《新闻传播学大辞典》，中国大百科全书出版社，2014，第503~707页。
[5] 刘习良主编《中国广播电视改革发展十年回眸（2001年~2010年）》，中国国际广播出版社，2012，第29~34页。

整；三是相关媒体的网站。对于采集到的数据，本书用统计软件 SPSS 进行了处理和分析，主要有以下两点发现。

1. 传媒集团并没有在全国全面铺开，不同地区对组建传媒集团的敏感程度不同，不同类型传媒集团的组建、运行难度不同，发展不平衡

从宏观的社会环境来说，组建传媒集团既是建设社会主义市场经济体制的重要内容，也是传媒组织落实国家重大战略方针的实际举措。但组建传媒集团面临的困难和问题多，涉及的事项领域面广。当下，传媒集团主要有四类：一是报业集团；二是广电集团；三是集报纸、广电等于一体的综合性传媒集团；四是报刊或期刊集团。从组建和运行的难度上说，单一媒介集团的组建和运行难度要小于整合了多种媒介的综合性传媒集团。总体而言，组建、运行报业集团的难度要小于组建、运行广电集团和综合性传媒集团的难度。

批准传媒集团成立的既有行业主管部门（当时的新闻出版署、广电总局），也有地方党委、政府。在中央和省级层面基本按照媒介属性组建报业集团和广电集团，地市一级除了报业集团和广电集团外，有的地方也组建了综合性传媒集团。不同的行业主管部门、地方党委、地方政府在组建传媒集团上的态度不尽相同，不同地区组建传媒集团的积极性也不一样。在 2006 年以前，东部地区领跑中西部地区[①]，东部地区组建的集团数量超过了其他地区的总和。接下来分三点来详细说明。

（1）组建报业集团的过程相对平顺，超过 2/3 的省（区、市）组建了省级报业集团。1997 年 12 月，组建报业集团座谈会召开，这次座谈会由新闻出版署和中国报业协会发起，探讨了报业集团的组建原则、组建条件、集团的性质、组织结构、运作模式等。1998 年 3 月，新闻出版署提出，要扶持有影响的党报实行兼并、重组，建立以党报为龙头的报业集团。这一年，羊城晚

---

① 我国"七五"计划将全国划分为三大经济地带，东部地区为发达地区，中部地区为次发达地区，西部地区为欠发达地区。2000 年以后，东部地区包括北京、天津、河北、上海、江苏、浙江、福建、山东、广东、海南、辽宁 11 个省（市）；中部地区包括山西、安徽、江西、河南、湖北、湖南、吉林、黑龙江 8 个省；西部地区包括内蒙古、广西、重庆、四川、贵州、云南、西藏、陕西、甘肃、青海、宁夏、新疆 12 个省（区、市）。"十一五"规划提出了坚持实施推进西部大开发，振兴东北地区等老工业基地，促进中部地区崛起，鼓励东部地区率先发展的区域发展总体战略。此后，国家统计局把辽宁、吉林、黑龙江 3 个省单独划分为"东北地区"，经济地带由 3 个变为 4 个。本书依然按照传统的三大经济地带划分，进行数据的统计。

报社、光明日报社等组建了报业集团,在全国掀起了组建报业集团的热潮。到 2005 年,全国共组建了 49 家报业集团,其中,中央级 2 家,省级 23 家,地市级 24 家(见表 1-1)。

表 1-1 不同级别报业集团成立的数量及占比(1996~2005 年)

级别	数量(家)	占比(%)
中央级	2	4.1
省级	23	46.9
地市级	24	49.0
总计	49	100.0

2 家中央级报业集团分别是光明日报报业集团和经济日报报业集团;省级报业集团 23 家,说明全国 31 个省级行政区[①]中,有 74.2%组建了报业集团;地市级报业集团 24 家,说明全国 333 个[②]地市级行政区中,成立报业集团的只占 7.2%。这些数据表明,当时多数省级行政区完成了组建省级报业集团的工作,地市级组建报业集团的还只是少数,所占比例不足 10%。

从地区分布来看,东部地区领跑中部和西部地区(见表 1-2)。这与中国经济发展水平是一致的。东部发达地区对组建报业集团更积极,中部地区次之。

表 1-2 不同地区报业集团成立的数量(1996~2005 年)

单位:家

级别	所属地区 东部	所属地区 中部	所属地区 西部	总计
中央级	2	0	0	2
省级	11	7	5	23
地市级	15	8	1	24
总计	28	15	6	49

① 没有包括香港、澳门两个特别行政区以及台湾地区。
② 数据参见《中国统计年鉴—2006》。

（2）在广电集团方面，经历了从鼓励组建到不再批准组建的过程。率先成立广电集团的是地市级城市江苏省无锡市，1999年6月江苏省无锡广播电视集团成立。但这并没有立即引发其他地方的效仿，直到两年之后才有较多广电集团组建（见表1-3）。

表1-3 成立广电集团的时间分布、数量及占比（1996~2005年）

年份	数量（家）	占比（%）
1999	1	4.3
2000	1	4.3
2001	7	30.4
2002	3	13.0
2003	3	13.0
2004	6	26.1
2005	2	8.7
总计	23	100.0

在前期，广电集团的组建得到了主管部门的支持。在2000年8月召开的全国广播影视局长座谈会暨"村村通"广播电视现场会上，广电总局认为，"媒体集团化发展已成为一种大趋势、大方向"，提出"争取用三年左右的时间在全国形成几个比较大的广播影视传媒集团"。[1] 这意味着管理部门开始推广组建广电集团。这次会议结束4个月后，第一家省级广电集团——湖南广播影视集团成立。2001年，山东、北京、上海、江苏等省市相继成立广电集团。2001年12月，有传媒"联合舰队""航空母舰"之称的中国广播影视集团（简称"中广集团"）成立。它把中央电视台、中央人民广播电台、中国国际广播电台和中国电影集团公司等整合在一起。到2001年，广电集团的数量从2000年的1家增加到7家，此后数量不断增加，这与广电总局的支持是

---

[1] 徐光春：《以"三个代表"为指针，以"三个创新"为动力加快中国广播影视事业的改革和发展——在全国广播影视局长座谈会暨"村村通"广播电视现场会上的讲话》，载于徐光春《新世纪广播影视散论》，安徽教育出版社，2003，第14~36页。

分不开的。

不久，广电总局对组建广电集团的态度和方向发生了变化。一般而言，广电集团包括广播和电视两大块，有的地方还包括电影等，广电集团整合的媒介越多，运营难度也越大。2004年，广电总局对集团化过程中的困难作了回应。[①] 此时，广电总局已经决定不再审批事业性广电集团，认为其"不符合经济工作的运行规律，负面效应很多"，而且对集团化发展的方向有了新的认识，即"集团化改革的方向是整合组建广播电视台或总台，台和总台剥离的经营主体组建企业性公司或企业性集团公司"。[②] 同年，中央24号文件《关于在文化体制改革综合性试点地区建立文化市场综合执法机构的意见》要求副省级、地市级、县（市）级文化、广电、新闻出版"三局合并"。

从时间上看，事业性广电集团和广电总台集中在2001年、2002年、2003年和2004年成立，2005年以后就减少了。显然，这与广电总局不再审批事业性广电集团的决定是分不开的。2006年，广电总局决定不再批准成立省一级的广电集团和总台，已经批准成立的要加大改革力度。同年7月印发的《广播影视体制改革工作实施方案》要求地方广播电视机构实行"两台合并"。简而言之，在2006年之前，组建事业性广电集团是广电行业改革的方向，但在此之后，改革方向转为把广电播出机构整合，统称为广播电视台，并向地市级城市推广。2009年，四川、上海、湖南进行了广电体制的深化改革，撤销了广电集团，把广播电台和电视台合并为广播电视台。

到2005年，全国共成立了23家广电集团（见表1-4）。与报业集团相比，广电集团的组建不仅在时间上要晚一些，而且在数量上也要少一些（广电集团23家，报业集团49家）。与有七成多的省级行政单位组建有省级报业

---

① 2004年6月召开的广播影视体制改革试点工作座谈会上，徐光春发表了《在广播影视体制改革试点工作座谈会上的讲话》。同年7月召开的全国广播影视局长座谈会上，徐光春作了《统一思想，狠抓落实，大力推进广播影视改革发展》的讲话，载于徐光春《中国广播影视的改革与创新》，作家出版社，2006。

② 徐光春：《中国广播影视的改革与创新》，作家出版社，2006，第171、188页。

集团相比，只有不到一半（13个）的省级行政单位组建了省级广电集团。此外，省级广电集团是广电集团的主力军，占总数的56.5%。

表1-4　不同级别广电集团成立的数量及占比（1996~2005年）

级别	数量（家）	占比（%）
中央级	1	4.3
省级	13	56.5
地市级	8	34.8
县级	1	4.3
总计	23	100.0

注：未包括2003年组建的广东省佛山传媒集团和2004年组建的黑龙江省牡丹江新闻传媒集团这两家综合性传媒集团。

从已经组建的广电集团所属地区来看，东部地区的数量仍然领先（见表1-5）。

表1-5　不同地区成立广电集团的数量及占比（1996~2005年）

地区	数量（家）	占比（%）
东部	16	69.6
中部	3	13.0
西部	4	17.4
总计	23	100.0

（3）综合性传媒集团组建数量较少。到2005年底，全国只有2家综合性传媒集团，分别是2003年组建的广东省佛山传媒集团和2004年组建的黑龙江省牡丹江新闻传媒集团。组建综合性传媒集团的这两个城市都是地市级城市。一个现实的原因是整合广播、电视、报纸等不同媒介为一个集团的难度远超组建报业集团和广电集团。从行业管理上来说，因为广播、电视和报纸分属不同部门管理，若没有相关方面的协调，广播、电视与报纸整合为一体是很困难的。综合性传媒集团组建的数量较少，反映了组建综合性传媒集团只是少数地方政府的尝试，还没有成为主流。

除上述三种类型的传媒集团外，各地还组建有其他类型的传媒集团。到2005年底，全国还有4个报刊或期刊集团，分别是中国体育报业总社、北青传媒、四川党建期刊集团和今古传奇报刊集团。这类传媒集团数量也不多，媒介形式也较单一，大多是在原有的组织基础上升级而来的。

2. 传媒集团的组建经历了由东部地区向中西部地区推进的过程

经过10年的发展，传媒集团化发展完成了第一阶段的探索和示范。这为其他地区跟进组建传媒集团树立了典范。对于其他地区来说，传媒集团的范本已经成形。下面分三点来详细说明。

（1）党报和广电系统组建传媒集团的实践经过多年的探索，已初具规模。东部地区传媒组织对市场化发展更敏感、更积极。依据喻国明教授主编的《中国传媒发展指数报告2014》，传媒发展指数排在前十位的省份，除了湖北和四川外，其余的省份都属于东部地区。排在后十位省份中，除了海南之外，其余的省份都属于中西部地区，其中，西部地区的省份占了7席。[1] 显然，东部地区经济相对发达，为传媒集团提供了较好的发展环境。分析发现，各省份的传媒发展指数与组建传媒集团的数量呈正相关。[2] 可见，传媒集团是经济发展和传媒发展的结果。然而，东部地区在组建综合性传媒集团方面并未表现出积极性，说明东部地区认识到了组建、运行综合性传媒集团的难度。

（2）尽管人们认识到了组建、运行传媒集团面临诸多困难，但由于已经有了组建传媒集团的思想动员和示范，全国也出现了几轮组建传媒集团的热潮。从时间上来说，2006年，全国组建了9家传媒集团，2009年和2010年组建的数量分别达到了14家和11家（见表1-6）。

---

[1] 各省份传媒发展指数，排前十位的省份分别是北京、广东、上海、江苏、浙江、山东、天津、湖北、辽宁、四川，排后十位的省份分别是吉林、江西、广西、新疆、海南、甘肃、宁夏、青海、贵州、西藏。参见喻国明主编《中国传媒发展指数报告2014》，中国人民大学出版社，2014。

[2] 截至2014年，还有8个省级行政区没有成立省级广电集团，因此，在排除广电集团后，以纸媒集团作为变量来考察它与各省级行政区传媒发展指数的相关系数。在排除没有成立省级报业集团的新疆和青海之后，考察各省份纸媒集团数量与各省份传媒发展指数之间的关联，经计算发现，p值接近于零，相关系数为0.713，在置信度（双侧）为0.01时，相关性是显著的。

表 1-6 组建传媒集团的时间分布、数量及占比（2006~2013 年）

年份	数量（家）	占比（%）
2006	9	15.8
2007	3	5.3
2008	4	7.0
2009	14	24.6
2010	11	19.3
2011	8	14.0
2012	6	10.5
2013	2	3.5
总计	57	100.0

在 2006 年以前，东部地区组建传媒集团的数量领跑中西部地区，但 2006 年以后，形势发生变化，中西部地区组建的数量迅速赶上，东部地区不再领先（见表 1-7）。

表 1-7 组建传媒集团的地区分布、数量及占比（2006~2013 年）

地区	数量（家）	占比（%）
东部	21	36.8
中部	21	36.8
西部	15	26.3
总计	57	100.0

广电总局在 2004 年决定不再批准组建事业性质的广电集团，这一决定得到了较好的贯彻。在新组建的传媒集团中，报业集团占 63.2%，广电集团只占 5.3%（见表 1-8）。

表 1-8　组建传媒集团的类别分布、数量及占比（2006~2013 年）

类别	数量（家）	占比（%）
报业集团	36	63.2
广电集团	3	5.3
综合性传媒集团	7	12.3
事业体制，经营资产重组为台属企业集团公司	8	14.0
媒体出版集团和信息服务企业	1	1.8
报刊或期刊集团	2	3.5
总计	57	100.0

2006 年以后，传媒集团化发展呈现的局面是，报业集团独大，广电集团零星组建，综合性传媒集团数量持续增长。这表明，在这一时期，不同类型传媒集团朝向了不同的发展方向。报业继续朝集团化方向发展，广电则转向探索其他道路，综合性传媒集团只在地市级城市有吸引力。中国传媒集团化发展进入了新的阶段。

（3）综合性传媒集团主要组建在中西部地区。由于整合难度大，传媒发展指数高，组建传媒集团走在前列的东部地区并没有大量组建综合性传媒集团。相反，综合性传媒集团大多数组建在中西部地区，并且集中在地市一级，总数也只有个位数。虽然组建综合性传媒集团体现了勇于改革探索的精神，但把报纸、广播、电视整合为传媒集团，不得不直面诸多困难和问题，让大多数地区望而却步。

综上所述，组建传媒集团需要审时度势的智慧和抓住历史机遇的勇气。如前所述，20 世纪 70 年代末以来，中国传媒业借鉴了经济领域改革的经验，走上了市场化发展的道路。在建设社会主义市场经济体制的历史潮流中，国家的鼓励和支持为组建传媒集团提供了必要的保障条件和社会环境。

第二节　相互采纳机制

范本是观念的操作化或技术性呈现，经过选择后成为制定政策的基础。在政策制定阶段，人们如何处理、运用包括范本在内的各种资源形成政策呢？

这背后有相互采纳机制在发挥作用。

一 采纳的基础

在众多的资源中，范本资源无疑是重要的。如何控制范本，并把范本资源利用好，有两个问题很关键：一是争取对范本的提名权，使范本能够进入讨论的视野；二是形成一套有力的范本话语解释体系，为形成话语压力创造条件。在微观上，对范本的把控是通过采纳和反向采纳机制来实现的。采纳和反向采纳机制可以理解为一种整合手段。

（一）解读策略

相互采纳机制之所以可能，在于其可助力参与者的行动赢得政策的正当性，即获得政策的合法性和有效性。其前提是拥有范本的话语权和解释权，即对范本的选择和解读拥有主导话语权。范本显然不会只存在一种解读。除非经过某种机制的选择和筛选，否则就会出现"一人一义，十人十义""有一千个人就有一千个哈姆雷特"的局面。

在实践中，每一个参与者都会依据自己的位置和角色，寻找最适合自己身份和利益的话语体系和解释表达。要追问个中的原因，乃是范本的话语形成与解读之间不存在必然的一致性，即霍尔所谓的编码和解码之间没有必然的一致性。[①]

霍尔提出了编码的三种假设性地位。

第一种是主导—霸权的地位（dominant-hegemonic position）。编码者（例如职业的新闻工作者）在主导符码的"霸权"内部发挥作用，通过刮除主导符码的"霸权"本质，代之以被置换的职业符码，从而再生产主导的话语意义。它通过不明显的、偏爱主导方向的操作来再生产霸权性的话语意义。如此，意识形态的再生产"背地里"不经意地、无意识地发生了。

第二种是协调的符码（negotiated code）或地位。解码者在宏观或宏大的层面（例如把问题与民族利益或地缘政治相联系）使用主导的、霸权性的观点，但在其他（有限的、情境性的）层面协调地使用适合于"局部条件"的

[①] 斯图亚特·霍尔：《编码，解码》，王广州译，载于罗钢、刘象愚主编《文化研究读本》，中国社会科学出版社，2000，第362~364页。

观点。

第三种是对抗的符码（oppositional code）或地位。解码者（观众）有可能完全理解话语赋予的字面和内涵意义的曲折变化，但以一种全然相反的方式去解码信息。霍尔认为，开始对抗式地解读原本以协调的方式进行正常指涉和解码的事件，是一个重要的政治环节。这时，"话语斗争"加入了进来。[①]

由这三种地位，自然可引申出三种不同的解读（解码）方式：一是顺从式解读，即在"主导的"范围内进行解读；二是（以我为主的）协调式解读，即依据自己的目的选择性地使用"主导的"内容，使之适合自己的"局部条件"；三是对抗式解读，即采用完全相反的方向来解读。霍尔提出的解码的三种假设性地位解释了造成"误解"的原因。这些误解有的是无意为之，有的则是蓄谋已久。

由此可知，参与者会根据具体的情况灵活运用解码策略，选择不同的策略组合，以便制定出适合行动的策略。时代潮流、外来经验、其他行业的经验，以及上级的意图、决定和下级的尝试、经验等都可以视为资源，将其灵活运用，使之"为我所用"。

（二）采纳主体

如何分析相互采纳机制呢？首先要确定采纳主体。从纵向的权力关系出发，可以把采纳与反向采纳的主体分为抽象的上级和下级。上级泛指处于上位的参与者，下级泛指处于下位的参与者。

政策既是组织发展过程中的一环，也是组织管理中的一环，是实现管理的具体行为。政策可以分为上级的政策（上位政策）和下级的政策（下位政策）。在法理上，下位政策要服从上位政策。不过，上位政策为了能够获得有效性，必须重视下级的实践和反馈；下位政策为了获得合法性，又必须争取到上级的认可。上位政策和下位政策都可以作为资源纳入不同的解码策略中。

（三）正当性与有效性

组织在制定政策的过程中，面临多种范本的选择。如何选择范本就成了一个重要的问题，其实，这也是组织文化整合的话题。文化整合包含了选择

---

① 斯图亚特·霍尔：《编码，解码》，王广州译，载于罗钢、刘象愚主编《文化研究读本》，中国社会科学出版社，2000，第362~364页。

行为，本尼迪克特在研究文化模式时说：

> 任何文明的文化模式都利用了所有潜在的人类意图和动机的大弧形上的某个片断……所有可能的人类行为都分布在其上的这个大弧形对于任何一个文化来说，都太大、太充满矛盾了，以至于其中相当大的一部分是不能利用的。首先要的是选择。没有选择，就没有什么文化是可以理解的。[1]

文化整合中的选择行为有不同的意图和动机，也有共同的、一致的选择喜好和选择方式。回答什么因素深刻影响了人们对范本的选择行为，影响了政策的形成，乃至影响了人们对范本和政策的态度这一问题，就必须回答范本、政策的正当性问题。

1. 正当性包含了有效性

从常识来看，在组织中上级或领导（层）拥有选择范本的权力，只要上级作出了选择的决定就获得了法理上的正当性。

在马克斯·韦伯看来，权力的目的是贯彻权力拥有者的意志。他说："权力就是在一种社会关系内部某个行动者将会处在一个能够不顾他人的反对去贯彻自身意志的地位上的概率，不管这种概率的基础是什么。"[2] 权力的目的是达到支配的目的。韦伯对支配的定义是："支配就是某项包含了特定明确内容的命令将会得到某个特定群体服从的概率。"[3]

不过，仅从权力的视角来考察范本的正当性显然是片面的。老子有言："民不畏死，奈何以死惧之。"（《老子·七十四章》）对于滥用权力的君主，孟子直呼其为"一夫"（《孟子·梁惠王下》）。倘若君主成为"一夫"，那么就不再是圣君。在孟子看来，"君若没有圣君必备的道德条件，人民在道德上就有革命的权利。在这种情况下，即使杀了君，也不算弑君之罪"[4]。孟子认为，君主要施行王道，而不是霸道。王道以德服人，霸道以力服人。孟子说：

---

[1] 露丝·本尼迪克特：《文化模式》，王炜等译，社会科学文献出版社，2009，第183页。
[2] 马克斯·韦伯：《经济与社会》（第一卷），阎克译，上海人民出版社，2010，第147页。
[3] 马克斯·韦伯：《经济与社会》（第一卷），阎克译，上海人民出版社，2010，第147页。
[4] 冯友兰：《中国哲学简史》，涂又光译，北京大学出版社，2013，第63页。

"以力服人者,非心服也,力不赡也;以德服人者,中心悦而诚服也。"(《孟子·公孙丑上》)

韦伯认为,服从上司的成员必定是"出于习俗、情感纽带、纯粹物质上的利益情结、理想动机"。对此,他解释说:

> 如果纯粹的物质利益和利益计算成了首脑及其行政班子之间达成团结一致的基础,结果也会像在其他背景下一样出现相对不稳定的局面。通常会有其他的要素——情感和理想要素——来补充这种利害关系。在某些特殊情况下,情感和理想可能会成为惟一决定性的要素。在日常生活中,和其他关系一样,这些关系也会受制于习俗和物质上的利益计算。但是,达成团结一致的习俗、个人利益、纯粹的情感或理想动机,对于一种支配来说,并不能构成足够可靠的基础。除了这些以外,通常还需要一个更深层的要素——对正当性的信仰。[①]

总而言之,权力是正当性的重要来源,但正当性并非只建立在权力的基础上,人们还要通过其他方式来保障正当性。正因为如此,韦伯把权力视为一种"概率"并且屈从于正当性,社会需要建立并培育人们对正当性的信仰。

正当性需要基础,人们常常追问某种行为的正当性,追求"名正言顺"以及做它的依据是什么。中国古代将"天理、人情、国法"视为行为的依据。正当性要求的效力可能会建立在哪些基础上呢?韦伯提出了三个基础:一是理性基础——基于对已制定的规则的合法性的信仰,以及对享有权威根据这些规则发号施令者的权力(合法权威)的信仰;二是传统基础——基于对悠久传统的神圣性以及根据这些传统行使权威者的正当性(传统权威)的牢固信仰;三是超凡魅力基础——基于对某个个人的罕见神性、英雄品质或者典范特性以及对其所启示或创立的规范模式或秩序(超凡魅力型权威)的忠诚。[②]

理性基础、传统基础、超凡魅力基础旨在表明,人们对正当性的信仰并

[①] 马克斯·韦伯:《经济与社会》(第一卷),阎克文译,上海人民出版社,2010,第318~319页。
[②] 马克斯·韦伯:《经济与社会》(第一卷),阎克文译,上海人民出版社,2010,第322页。

非仅对权力的信仰。一种秩序的正当性可以通过纯粹主观的和对利益格局的预期来获得保障。① 韦伯肯定了纯粹主观因素（即感情投入、价值理性以及宗教的救赎）在正当性中的地位，它们都与人的习性、信念等相关。韦伯把"利益格局"作为正当性的第二个保障，充分肯定了人追求利益的天性。

正当性信仰及其建立的基础中包含了有效性的概念。就范本选择而言，如果说正当性是指选择范本和仿习范本行为本身的合法性和合理性，那么有效性主要是指向仿习范本的行为是否能够有效地运行。有效性正是韦伯所谓的"纯粹主观的和对利益格局的预期"的概括。

选择仿习某种范本的目的是形成或调整某种秩序。有效性效果如何，会影响人们对正当性的判断。因此，在范本的选择问题上，尽管上级或领导层的决定性权力得到了承认，但范本的有效性问题也必须被重视，因为它与范本的正当性密切相关。

虽然正当性是人们选择范本时要考虑的前提，然而，很多人在选择范本时并未过多考虑范本的正当性。一般来说，人们默认了只要是上级或领导（层）的选择决定，那么范本的选择行为就具备了正当性。不过，这只是表象，人们对包含在正当性中的有效性的判断延后了，因为范本的有效性需要经过一定时间的实践才能显现。人们实际上是把正当性分为合法性和有效性两个部分，虽然它们原本应该是一体的。

2. 有效性是正当性内部的制衡力量

毫无疑问，我们可以把正当性的概念理解为两个要素相互联系又相互制衡的概念，一个是合法性，另一个是有效性。正当性可以被视为一套话语系统，既有对合法性的争夺，又有对有效性的争夺。

就合法性而言，没有谁比占支配地位的上级拥有更强有力的话语权。这是权力的自然属性之一。因此，在范本选择的"把关人"中，上级或领导层是至关重要的"把关人"，即便他们不是自上而下地直接推动范本的选择，在

---

① 韦伯认为一种秩序的正当性表现如下。一是这种保障可能是纯粹主观的，即情绪的——产生于情感投入；价值理性的——信奉秩序的绝对效力，把秩序作为一种伦理的、美学的或者任何其他类型的终极价值；宗教的——相信服从这种秩序即可得到救赎。二是一种秩序的正当性也能（或者仅仅）通过对特定外部影响的预期——通过利益格局——而得到保障。参见马克斯·韦伯《经济与社会》（第一卷），阎克文译，上海人民出版社，2010，第124页。

由下级推动的自下而上的范本选择过程中,也需要得到他们的认同或默许。

在正当性内部除了有效性之外,似乎没有什么力量能够与权力制衡。虽然权力能够让范本选择或实施获得合法性的保障,但并不能保障范本能够有效地运行。因为能检验范本有效性的是实践。实践是不同地位、不同特征主体间互动交往的过程。

理论上,有效性是组织内部不同位置、地位和权力的参与者共同的追求目的。然而,即便所有参与者都心往一处想,劲往一处使,也不能保证某种秩序能够有效地运行,因为相比合法性,决定有效性的主客观因素更为复杂,合法性也并不能保障有效性的获得。

组织内部不同位置和诉求的参与者在范本问题上呈现某些态度和策略上的差异。这些差异导致的分歧,分离了合法性和有效性。尽管上级能够合法地选择某一范本,甚至形成强大的话语压力迫使组织内部保持沉默或达成默契,但范本在与组织文化、环境整合的过程中,能取得什么效果,则不是上级所能完全掌控的。此外,组织内部的分歧发展到一定程度时,内部的部分成员会采用包括詹姆斯·斯科特所言的"弱者武器"在内的手段(行动策略)来应对,降低范本与组织文化、环境等的整合有效性,从而达到制衡的目的。如果有效性不够理想,就会影响人们对此行为的正当性的判断,进而影响整个整合的方向和进程。

因此,在范本的选择和政策的制定、施行过程中,组织内部的心理建设十分重要。组织内部的心理建设能够为有效性提供有效的保障。即便如此,有效性仍不只取决于组织内部的心理、精神状态,心理建设可以归为"人和"的因素,决定有效性的还有"天时"和"地利"等因素。简而言之,有效性还受组织环境、社会环境等的制约。

既然有效性能对正当性产生重要的影响,那么有效性就成了不同参与者争夺话语权的焦点,对有效性的解读也会有多种,甚至出现针尖对麦芒般对立的解读。总之,有效性是正当性内部的制衡力量,能够在正当性内部对合法性加以制衡。

二 正向采纳和反向采纳

虽然政策是多种意图的整合,包含了特定的行政和商业等意图的整合,但这些意图根植于实践，不管是上级还是下级，都希望政策在实践中能够行之有效，以保障其行为获得正当性的概率。相互的采纳机制普遍存在于此过程中。

一般而言，采纳通常是行为主体接受下级和对等地位者的意见、建议，是自上而下的行为。处于下位的主体（下级）对上位主体（上级）意见、指令也存在类似的接受行为。

在仿习范本的过程中，正向采纳不仅是指对范本的选择和采用，还指在政策形成过程中纵向的上级对下级的经验、反馈等的吸纳和采用。反向采纳是指在政策形成的实践中，下级对上级政策、意见和建议的吸纳和采用。

正向采纳和反向采纳是一种"相互的采纳"，体现了上级和下级的互动关系和不同的行为方式。抛开纵向的上下级关系而言，相互采纳的实质是吸收、借鉴来自他人的实践经验，纳入自己的政策中。正向采纳和反向采纳是重要的社会交流机制，是保障政策能被各方接受的重要手段。

（一）正向采纳

对于上级而言，政策需要有群众基础，吸收下级经验是必要的。上级的有效管理离不开来自下级的认可与有效配合。"水能载舟，亦能覆舟。"某项政策若得不到下级的认可和支持，失去了群众基础，就会面临难以有效落地的风险。为此，上级通常希望能够从下级的经验中提取出合理的要素，并将其吸纳进自己制定的政策中。

首先，倘若上级的政策得不到下级的认可，就难以推广实行。这就为下级的经验、做法能够被上级采纳奠定了基础。下级的经验、做法若是行之有效，就可以被树为一个成功的典型，方便被其他的下级所学习和模仿。下面的例子就反映了这点。

1995～1996年，时任《人民日报》总编辑的范敬宜在"总编辑手记"中写下"贴近群众""反映了群众的呼声，为老百姓说话"等话语。不过，这一时期，新闻界对此还没有形成共识，甚至还有反对的声音。1995年2月5日，范敬宜在"总编辑手记"中说："有的同志总是认为，如果《人民日报》在贴近群众方面下功夫，有失党中央机关报的身份，是'用办小报的方法办中央大报'。"针对这种观点，他明确提出："这种观点是错误的。一张党报如果办得脱离群众，群众不爱看，看不懂，才是真正的有失'身份'。"①

这表明，在1995年前后，新闻界对"贴近群众"的提法还没有形成共识。当时，以普通市民为服务对象的都市生活类报纸崛起，发展势头很猛，对党报的办报理念造成了冲击。范敬宜强调，"贴近群众"既是党报"为老百姓说话"的一种自觉，也是为应对报业环境的变化而倡导的一种办报理念。"贴近群众"的观念和实践源于新闻生产一线，在2003年前后上升为我国新闻工作的指导原则之一。②

在这个例子中，首先进行的是小范围内的探索，并伴随着争论。当探索被认可，成为上级政策后，就完成了自下而上的传递过程。可见，下级的实践经验得到上级的认可后，就会成为上级制定政策和方针的重要参考。

其次，上级既是监督者又是推广者。下级根据形势探索形成经验，如果经验符合上级的需要就会获得上级的认可和推广。上级有作为社会行动者的一面，拥有自己的职责。按照布尔迪厄的实践理论，社会行动者要维护或反对现有的资本分配形式，最终实现资本的增值。

布尔迪厄把资本与权力联系在一起。他认为，资本的不平等分布是经济资本、社会资本、文化资本、象征资本等能产生特殊效果的根源。社会行动者是资本的承载者，"她"所采取的每一步行动，都取决于"她"拥有的资本的数量和结构。"她"可以通过参加游戏（此处布尔迪厄以游戏比喻社会实践）来增加或维持"她"的资本，也可以部分或彻底地改变游戏的固有规则。③

这意味着上级拥有甄别、选择和采纳下级经验的动力，同时意味着上级的政策也存在试错空间。倘若我们像波普尔一样认为，科学的进步离不开证伪，认同试错是科学乃至任何事业不可缺少的部分的话，那么，就能客观地正视试错空间。上级作为监督者一直在场，能够决定是否认可并推广来自实践一线的各种尝试。在认可并决定推广来自一线的经验后，上级的身份不再仅是一个监督者，而且是一个推广者。试错空间的形成正是这两个角色转换

---

① 《范敬宜文集 总编辑手记》，清华大学出版社，2010，第166页。
② 郑保卫主编《中国共产党新闻思想史》，福建人民出版社，2004，第495页。
③ 皮埃尔·布迪厄、华康德：《实践与反思——反思社会学导引》，李猛、李康译，中央编译出版社，1998，第135~136页。

的结果。因为，推广实践一线的经验，面临有效性的检验，即便是上级实施的行动也不会例外。

（二）反向采纳

从下级的视角来看，下级必须让自己的行为符合上级的精神和要求，并且能够发挥有效性。

上级提出的战略发展目标、方向，下级要贯彻执行，这是权力关系使然。由于上级不可能顾及每一个下级的具体情况，上级的政策在原则性、方向性等问题上是明确的，但在具体的操作环节免不了留有空间。这就让下级在执行过程中有了一定的灵活性。

下级在执行上级政策的过程中可以根据自己的情况、因地制宜地加以适当的改造，把上级的政策反向采纳到自己的行动之中，让上级资源为我所用。下级通过灵活运用不同的解码（解读）策略，以及延缓、变通等办法来获取与上级沟通、协调甚至谈判的筹码。出于实事求是的原则，上级也不得不认真考虑下级的情况。

积极地看，下级把上级的指令和政策等视为资源，通过反向采纳机制，使之融入自己的政策中，发挥了主观能动性和自主性。然而，下级的反向采纳行为带有一定的不可控制风险，因为它可以理解为是对上级的某种形式的消极态度。

当下级陷入徘徊在上级和"无形的手"（规律与现实）之间的境地时，下级大体上有两种选择：一是一致的方法，保持与上级一致，在思想认识和行动上与上级保持一致；二是回归的方法，回归到规律与现实，如果既想主观上与上级保持一致，又不得不面对规律与现实，那么，下级就必须把有效性作为重要的考量。

不管是哪一种策略，最终都要回到上级监督者的判断仲裁上来。在可控制的范围内，上级可以通过常规的甚至纠偏的方法来管理约束下级的行为；在不可控制的范围内，则可以通过采纳或追认的方法使下级相关行为合法化。由此，下级依靠实践有效性来争取合法性的地位就成为可能，这为下级的反向采纳打下了基础。

在这种可能性之下，反向采纳的真正含义就在于通过强有力的有效性来争取合法性，进而向正当性过渡，以获得相应的地位。在此情况下，下级的政策就会上升为上级的政策，从而完成下位政策向上位政策的过渡。

综上所述，不同位置的参与者吸取、借用他人的经验和方案拥有成熟的机制，即正向采纳和反向采纳机制。在权力关系内，上级或以试点、经验模式的名义或以追认的方式把下级的政策纳入权威体系。在争取正当性时，正向采纳拥有权力关系带来的合法性，反向采纳有时需要依靠有效性来争取合法性。总之，相互的采纳机制解释了参与者对包括范本在内的各种资源的灵活处理、运用，以及正当性的获取，也说明了上级和下级都有范本的选择权。

第三节 风险控制

政策的命运与它的风险大小密切相关。我们假设：越是渐进式的改革方式，① 遇到的障碍越少。那么，组织在制定政策时，必定会致力于降低风险，着眼于风险控制。

新政策意味着变革原有的工作方式、运行方式，也意味着有风险的存在空间。那么，如何把风险控制在可控的范围内呢？认识风险控制有利于认识政策制定的内在逻辑。对风险来源的分析是控制风险的前提，范本、相容性以及默契等都是可能的风险来源。

一 风险的来源

（一）范本的风险

范本依存于一定的土壤、环境和语境。当范本成为话语（文本）进入流通和传播阶段之后，遭到去语境化的解读就不可避免。范本本身难以克服的矛盾和蕴含的潜在风险，一旦没有得到良好的控制，就会为政策的失效和失败埋下伏笔。那些生搬硬套、只得其形式不得其精髓的范本仿习行为更是在仿制范本的同时也移植了范本的固有矛盾。

---

① 林毅夫等人的研究表明，"中国改革成功的一个重要保障是采取了一条代价低、风险小，又能及时带来收益的渐进道路"，"中国改革的经验是具有普遍意义的，而不是独特的"。参见林毅夫、蔡昉、李周《中国的奇迹：发展战略与经济改革》（增订版），格致出版社、上海三联书店、上海人民出版社，2012，第292页。

范本总会有缺陷和不完善之处。范本之所以被当成范本，是因为它能弥补仿习者的某些不足或缺陷，被其所需要。范本在被仿习之后，会慢慢显露出自身的矛盾。在有的情况下，范本在其生长的原生环境和语境中就很难称得上完善，范本可能先天地、带着缺陷地被提升至话语层面。在这个过程中，可能也有美化宣传和选择性解读的贡献。再加上仿习者自身的以及所处环境的实际情况等因素，多重风险叠加成为可能。

评估范本的矛盾和潜在风险是认识范本必不可少的环节。然而，范本的矛盾和潜在风险需要一定时间才会在实践中暴露出来，并与来自组织内外的风险交织、叠加才会转化为危机。对范本的矛盾和潜在风险的评估是理论和话语层面的，也是评估者主观认识层面的。

对范本本身风险的科学评估和分析将有助于行动者清晰地认识范本的风险，也有助于其找到适合的方法来应对和控制风险。这个过程也是一个实践的过程和试错过程。我们从中国传媒业集团化发展的例子中能清晰地看到这一点。20世纪90年代，经济领域市场经济建设的经验、国外传媒巨头以及东部地区先行组建传媒集团的示范等，推动了传媒业集团化的发展。殊不知，嵌入市场和市场经济因素后，传媒组织原有组织文化也会面临较大的挑战。因为传媒组织毕竟不同于传统企业，人们在实践中才逐步认识到了集团化的弊端。不少地方通过尽量减少市场竞争的方法来应对这些挑战，例如通过组建弱势的集团总部，形成各媒体间的松散联盟，以维持各媒体的运行机制、保持人员身份等基本不变。

（二）相容性的风险

当范本被仿习，形成政策之后，文化整合实际就已经发生，风险也就蕴藏在其中。此时的风险存在于组织内部，取决于它与组织原有文化的相容性，表现为组织内部是否接纳它。在这里，接纳和相容性是两个重要的概念，也是理解组织内部的文化整合风险的关键概念。

接纳主要是指行动者对范本、政策的接受并转化为行动的概率。接纳是组织内部实现控制的一种途径。接纳的反面是拒绝，有抵制或反抗的意思。接纳既受权力因素的控制，也受非权力因素的影响；既可以是心甘情愿的主动接纳，也可以是心不甘情不愿的被动接纳。

接纳范本是形成政策的重要一步。不过，范本能否被整合到组织内部文化中，还要看政策在多大程度上被接纳。对政策来说，若被执行则意味着它被接纳，同时其所指向的行为或观念将被整合到组织文化中。从整合的视角来看，范本是否被接纳、政策是否被施行，除了取决于其自身的魅力——包括范本、政策的相对优势等内容以外，其与当地文化的相容性如何也很重要。

相容性是创新扩散理论的概念。它是影响社会成员接纳创新的五个因素之一，其余四个因素是相对优势、复杂性、可观察性、可试验性。[①] 相容性可以理解为一项创新与现有的各种价值观、以往的各种实践经验以及潜在接纳者的需求相一致的程度。倘若一项创新具备了相对优势，与潜在接纳者的价值观、经验等有良好的相容性，而且不复杂、可观察，也可试验的话，就容易被传播和被接纳。即便它只具备上述五个因素的其中几个，也是如此。

政策的相容性有两个重要观察项：一是与组织文化独特性的相容情况，二是与组织内部成员习性的相容情况。即便采取相同的范本，若在这两项风险指标上的表现不同，也可能会产生不同的效果。

1. 与组织文化独特性的相容性风险

理论上说，政策与组织文化的独特性相容得越好，对原有的组织运行秩序改变得越小，政策的风险也就越小。新政策意味着组织运行秩序的调整或改变，会触发一系列的连锁反应，因此，在这方面人们一般都较为谨慎。这里有两点需要说明。

第一，政策越是偏技术，其相容性越好，越容易被接纳。因为专业观念或理念本身是抽象的、无感的东西，虽然可以在组织的实践中找到影子，甚至与组织实践的某些观念建立起联系，但受到的把关和控制也更严格，扩散的范围和速度因此受限。一般而言，涉及业务的、技术性的内容和落实上级统一部署的工作更容易开展。

第二，从风险的角度来说，相容性越高，政策的风险越小，反之风险越大。越是偏向业务方面的政策，风险越小，越是涉及体制等的政策，风险越

---

① 埃弗雷特·M. 罗杰斯：《创新的扩散》（第4版），辛欣译，中央编译出版社，2002，第194~272页。

大。因为，业务性政策出现错误容易更正，风险可控性强。组织在业务范围内拥有较大的自主权，业务性变革容易获得上级的支持。若变革涉及的面较广，例如事关整个地区或行业，需要的工作量和调用的资源就会较多，需要进行大范围的动员和善后安置等工作。

2. 与组织内部成员习性的相容性风险

习性是人的第二天性，既包括个人的习性，也包括集体的习性。习性中既有利益计算，又有信念、理想等非利益计算。新政策意味着某种新秩序，在某些情况下，新秩序也意味着利益调整。若这种调整不是遵循增量（即利益整体上升）调整，那么就会造成部分成员或团体的利益受损。

基于"沉默的螺旋"理论，利益受损者大多数会选择沉默，但也不排除奋起抗争的少数"例外"。随着社会和行业的发展，大多数组织成员能调整自己的心态和工作方式以适应新的环境，但也会有不少成员难以适应或不愿意适应。组织成员的习性是制定政策过程中不可忽略的因素。

从渐进式发展的实践来看，政策越是与上级的政策一致，对从业者习性和行业惯例的改变越小，各方的收益改变越小，风险也就越小。需要指出的是，这种低风险更多的是指行政层面和执行层面的低风险，没有涉及政策的实际效果，即没有考虑这种低风险是否会带来组织和社会的高回报，或低风险是否意味着高回报。

（三）达成默契的风险

在形成政策以及执行政策过程中，风险无处不在。如何控制风险，除了提前作出评估外，还需各方参与者（行动者）的互动。特别是在执行高风险的政策时，组织内成员的"同意"和默契尤其重要，即组织内部不同位置关系的成员之间需要达成某种默契。不管是范本固有的风险还是政策相容性的风险，都汇聚于此，组织内部成员需要能够达成某种默契，形成某种一致。

在政策形成阶段，人们可以对可能的风险进行评估和控制。然而，这种评估只是通过语言和逻辑的推理进行。政策实施阶段，不可控的因素增多，政策的风险系数也增大。一些意想不到的因素会影响政策的实施，甚至影响政策本身的命运。对这些因素的预测和把握是个难题，正如古人有"谋事在人，成事在天"之叹。

政策的实际效果事关人们对政策有效性的判断。在政策实施阶段，从理性人的假设出发，组织成员必定选择理性计算而抛弃任性而为。他们的生计、荣誉等相关利益与政策的施行效果密切关联。在理性计算的基础上，组织成员倾向于形成合意和达成默契，也只有在形成合意和达成默契的基础上，政策才能顺利实施。这就要求他们要"成功地控制人类进攻本能和自我破坏性本能对其社会生活造成的干扰"。[①]

组织成员们进行理性计算的基础不是一致的，他们的利益诉求或利益出发点是多元的。在具体的政策实施过程中，形成合意或达成默契的过程是复杂的，涉及不同位置的成员之间的协调、谈判等互动过程。虽然政策制定者拥有影响政策走向的资源，但若政策与组织成员的习性和组织的惯例差距很大，就很可能失去普通组织成员的支持，政策的有效性就会遭到削弱。

若组织内部形不成合意或达不成默契，那么政策就会陷入危机，政策的正当性就会受到质疑。可见，尽管实践效果在理论上是客观的，但人们对效果的判断也有主观的一面，会有以不同诉求为基础的话语逻辑和观念指向。因此，在判断实践效果时，解释者同样会把实践效果作为一种资源，在霍尔所言的三个解码策略中灵活切换。

二 高风险政策的形成

政策的低风险虽然能够保障政策实施的顺畅，但在某些情况下低风险政策并不能达成组织及其成员的意图或预期。因此，一些高风险政策总是存在。考察高风险政策形成的一般原因，可以反向了解到低风险政策的某些特征。

（一）意志与赶超战略

政策的形成需要意志和意图的共同参与，坚强的意志保障了意图向政策的转化（意图政策化）。按照马克斯·韦伯对权力的理解，这种保障是一种权力性的保障。尽管政策的形成是多方努力的结果，但不能否认"关键人"及其意志作用。

[①] 弗洛伊德：《一种幻想的未来：文明及其不满》，严志军、张沫译，河北教育出版社，2003，第126页。

坚强的意志能为实现意图提供有力的保障，并能够容纳和控制一定程度的高风险。这一点可以从另一个角度理解为，坚强的意志也促成了在形成政策时选择高风险的选项。例如选择高风险的范本，制定与组织文化结构以及参与者们的习性差异较大的政策，选择超前的方案，等等。倘若意志不够坚定，这种保障就可能失去基础，高风险状态就会失控。

当然，这种高风险的选择并不总是意志的任性使然，也是特定时期发展战略尤其是赶超战略实施的结果。发展中国家容易选择赶超战略。经济学家林毅夫等人发现，发展中国家选择赶超发展战略是一种普遍的现象。他们认为，包括中国在内，世界上许多发展中国家普遍选择类似的发展战略，这受发展中国家政府的强烈赶超愿望、激进主义的积极经济发展主张、政府干预主义倾向等因素的影响。[1] 林毅夫等人主张，发展中国家要根据自己的资源禀赋、比较优势来选择发展战略。

不同地区、级别、职能的组织拥有的资源禀赋和比较优势是不一样的。然而，社会对范本的选择往往是趋于一体的，再加上组织强烈的赶超愿望，不顾资源禀赋而选择某种范本并制定相关的政策的现象也不少见。不可否认，赶超愿望具有的强大感染力和动员能力，它在政策形成过程中能够发挥积极的推动作用，但它的负面作用也不能被忽视。

（二）地方的因地制宜

在国家治理体制中，地方拥有一定自主权，可以根据实际情况制定相关的政策。这既是职权所在，也是地方因地制宜探索发展之路的必然。对于上级的战略部署，地方能在一定的自主权力范围内根据多种情况自主决定如何执行，这就可能出现认识理解和行动上的差异。这种差异可以理解为是多样性的表现。理论上，消除这种差异，不仅需要来自上级的监督、检查、督促，也需要一定的时间和精力来达成认识和行动上的统一。短时间内，这种差异是难以消除的。

我们以地市级传媒业为例来予以说明。对于地市级传媒业而言，"小、弱、散"的特征明显，这就决定了在某些时期它的发展赶超意愿较强。赶超

---

[1] 林毅夫、蔡昉、李周：《中国的奇迹：发展战略与经济改革》（增订版），格致出版社、上海三联书店、上海人民出版社，2012，第55~61页。

意愿源于以下几点。一是在中国的传媒格局中，地市级传媒组织的级别低，拥有的市场和资源相比中央级、省级媒体要小得多、少得多。如何改变地市级传媒组织规模小、经济弱、影响小的局面是迫切的、现实的问题。二是经过一段时期的发展，尤其是组织内部经过一系列业务改革实践后，它们通过学习、模仿其他地方媒体的经验，积累了一些经验。三是改革与发展是当代中国社会的主题，各行各业都在倡导改革或深化改革，一些锐意改革的地方官员脱颖而出。四是地市级传媒对全局的影响较小，其影响范围能够得到有效控制。

基于上述原因，地市级传媒业往往能出人意料地走在时代的前列。正如我们看到的，在党的十四大提出建设社会主义市场经济体制之后，地市级城市成为传媒集团化发展的先驱。当然，并非所有地市级城市都如此，出现了两种情况：一是有些地市级城市在成立传媒集团上并不积极，寻求低风险政策；二是部分地市级城市在报纸、广播、电视、网站等媒介融合方面往往能走在中央、省的前面，显示积极、开拓的一面。

三 组织内部的风险控制

政策的高风险并不意味着政策指向失败或失去正当性，相反某些被证明行之有效的政策恰恰含有高风险的因素。改革开放以来，我国在一直努力走一条风险低、摩擦小的渐进式道路，在这条道路中也不乏一些高风险的政策。通过试点、边缘突破等审慎的方法，高风险的政策要么被消化，要么被抛弃。因此，一般而言，只要组织内部能够达成默契，形成合意，就能很好地控制各种风险，使政策发挥应有的作用。

相反，如果组织内部缺乏坚强意志，组织成员之间低效甚至无效协调和沟通，就会增加政策风险转化为危机的概率。因此，组织内部不仅需要拥有坚定的意志，也需要把控组织内部的风险。在组织内部，成员们能达成默契自然是理想之事，但也存在一定的概率达不成默契。

一方面，政策一旦进入实施阶段，组织就需要投入人力、物力和财力以实现预期的目标。政策的实施或多或少会调整组织成员的习性和组织的惯例，甚至会产生广泛的社会影响，为了顺利达成政策设定的目标，组织通常会运用惩罚与奖励机制，或作出前景承诺等来进行动员和营造声势。组织内部成员之间的默契达成，离不开组织对成员利益的维护。

另一方面，在组织中职权有分工，在组织内部需要进行诸多方面的统一、协调。倘若组织内部在资源调动、行动协调、意见统一方面做得不好，政策的实施效果将受到影响。组织内部尤其是决策层出现意见分歧和不配合等情况，将增大政策陷于危机之中的概率，政策实施方向、广度和深度将受到不利影响。如果决策层内部的分歧蔓延，组织对风险的把控力将被削弱，甚至引发一系列的连锁反应。

四 风险转化为危机的过程

随着现代社会的发展和利益诉求日趋多元化，业务管理、危机管理、利益平衡、话语解释、心理建设等在组织内部形成默契的过程中发挥越来越重要的作用。其中的任意一个环节发生偏差，都有可能引发危机。风险转化为危机会经历话语权争夺、协调、化解对抗式危机等不同的阶段。

（一）话语权争夺阶段

话语权争夺是指争夺对政策实施效果（有效性）作出解释，并通过各自的渠道传播这种解释的权力。虽然政策实施的效果客观地摆在那里，但它本身不会说话，还需要人们对它进行解读和评判，形成语言或文字，进入话语系统。对政策执行效果的解读和定性，以及争夺解读的话语权是可以左右政策的关键前提，其目的在于形成一种话语压力。因此，一旦政策付诸实践，对实施效果的评估和解读就成为各方争夺话语权的焦点。

基于不同的利益诉求，组织内部（有时也包括外部）的不同群体会采用不同的解释策略来解读政策的实施效果。顺从式解读、协调式解读、对抗式解读三种解读策略在此时会被人们灵活运用。在解读的过程中存在两种基本的解释话语。一是"关键人"的解读话语，其在政策实施效果评估方面拥有巨大的影响力，这毋庸置疑。二是普通成员的解读话语。他们在组织中处于非支配地位，同样能够对政策实施效果进行解读，有时候他们的声音通过正式渠道能被听到，有时候他们的意见、偏好或只能通过非官方、非正式的渠道进行传播。"关键人"与普通成员因地位、意图等的差异，难以避免在解读的原则、角度、词汇运用等方面存在差异。在某些极端的情况下，他们各自会有一套解读方案和解读策略，以及不同的传播渠道。

尽管"关键人"声称他们的解读能够代表总体的意见，但这在有的传播语境下并不被认可。普通成员一般不会过多地把政策的实际效果与政治、经济等宏观因素联系在一起，而更关心政策实行后能够给自己带来的收益。虽然他们的意见可能局限在微观层面，甚至"格调不高""目光短浅"，但却是源于与他们切身利益直接相关的观察与体会，往往能够赢得共鸣，从而形成一股民意的涓流。

（二）协调阶段

所谓协调是指通过沟通和互动，对政策进行适当的调整，照顾各方的利益。虽然这种调整是一种变通行为（即对政策的变通），但只要大家能够接受，就会继续保持默契。这是十分常见的化解危机的方式，通过协调、照顾各方的利益等方式实现风险控制和危机化解。

（三）化解对抗式危机阶段

当分歧发展到话语的对抗式解读，就意味着危机已转化为事件。除了继续施加话语压力外，组织内部需要坚定的意志和适合的策略来化解危机。倘若危机无法在非权力关系范围内得到解决，就只能诉诸权力和权威。

组织成员需要审势，权衡时局和可能付出的代价。在某些特殊时候，他们可能采用各种方法借势和造势，进行动员，以争取支持和形成民意的洪流。甚至他们会敏锐地发现和利用决策层出现的分歧，通过与同情者或分歧者建立联盟，利用人事变动或环境变化等来实现政策的转型。环境的变化和人事的更换能够增加政策转向甚至停止的概率和希望。

五 政策的再生产

政策会随着观念、范本的变化而调整，也会因执行过程中风险变化情况以及危机的化解情况等而调整。这种调整会以一种适当的方式进入新的政策制定的环节，即政策的再生产环节。

（一）范本的更替

当风险转换为危机后，为应对危机，组织就需要做出政策调整，重新审视范本，形成新的政策。范本有适用的范围和条件，带有时代的特征，具有一定的功利性。一旦达成目的或未能达成目的，就意味着使命完成。范本的更替意味着范本的功用已尽或不能发挥其功用，必须寻找适合的新范本来替代它。

如何找到适合的范本，是一个老而常新的问题。它可以表述为如何找到一条适合某某地区、行业或单位情况的发展道路。然而这并非本书讨论的问题，故不赘述。

范本的更替，也是时代观念更替的反映。国家发展战略的选择以及组织的结构、治理方式等因素都会影响范本的更替。范本遭放弃即意味着它和政策都难以在实践中获得有效性。在实践中，完全抛弃一种范本是小概率事件，因为经过一番借鉴和模仿之后，多多少少会留下范本的影子。在完成范本更替之后，文化整合的选择环节也就完成了。

（二）再生产环节

在再生产环节，政策制定者的意图，政策与组织文化的独特性、组织成员习性等的相容性，以及组织内部成员之间的默契等，都将再次被整合。政策在经过实践检验之后，那些符合政策制定者意图、相容性较好、在组织内能达成默契的部分会进入再生产环节。影响政策制定和有效性发挥的要素也会进入再生产环节。政策执行的结果也会被组织文化所整合，沉淀为组织文化的一部分。如此，就形成了政策制定的基本模式，其影响如下。

首先，具有相似性的政策被制定出来。这种相似性表现为政策承载的观念、目标的相似，乃至于政策的逻辑和指向等也具有相似性。在某些情况下，范本更换了，政策的制定者以及执行者也已经不再是同一群人，但仍会制定出与以前相似的政策，或者把以前政策的部分内容吸收进来。尽管这可能是一种历史巧合，但如果把制定政策的再生产环节考虑进去，就会发现也有一些必然的因素。尽管时过境迁，因为沿用了一定的政策制定模式，进入政策制定环节和再生产环节的要素会具有一定的相似性，于是，相似的政策就形成了。这种相似性反映了政策制定的基本模式，也是组织文化的一部分。

其次，对形成集体习性产生影响。组织成员在围绕政策的互动中彼此熟悉，并倾向于达成某种默契，由此形成了一种集体习性，并以惯例或不成文的规定的形式，有形无形地规范着组织成员的行为。这也是构成人们对秩序正当性信仰的基础之一。组织内部会按照这种基本模式和惯例来选择范本并制定政策,以及实现政策的修订和调整,并为下一次政策再生产作准备。

最后,随着政策进入再生产环节,与之相伴的问题和矛盾也会被带进再生产环节。例如围绕效率与公平、客观与真实等而产生的矛盾,经过再生产环节,与组织文化的关系越来越密切。总而言之,政策的再生产机制与组织行为模式密切相关,也是形成组织文化和进行文化整合的重要机制之一。

综上所述,由于实践的无止境,所需要的行动也是无止境的,相应地就要求不断制定出新的政策。政策可以看作指向观念的一步步具体行动,其中有的行动必然具有探索和试错性质。既然如此,组织的发展目标就不是通过制定和执行一两次政策就能实现的,而是一系列政策的制定和执行的结果。政策的再生产机制保障了组织所需要的政策供应。

第二章 类范本效果的形成

类范本效果是仿习范本的结果。从某个范本发展而来的具体政策,通过执行的再次变通或与当地当时的具体情况相结合,其结果就是形成类范本效果,即组织行为和组织文化向范本靠拢,把范本的观念、行为方式等整合到组织中来。这实际上也是以范本为统领和目标的一体化进程。本章将分析类范本效果形成的基本过程及其影响因素。

第一节 基本过程与要素

类范本效果的形成是复杂的组织管理和社会心理的过程,并非简单的模仿和复制行为所导致的结果。本节将追溯并辨析模仿、仿习等概念,探讨仿习的社会功能、模式以及形成类范本效果的基本要素。

一 基本过程

一旦组织决定仿习范本,就意味着组织文化的涵化过程进入了实质性阶段。选定范本本身已是一个复杂的过程,但与后续的实施阶段相比,这仍是相对容易的环节。因为在实施阶段,具体的仿习政策、措施将直接与组织文化既有的惯例发生接触,伴随着适应、竞争、融合等情况的发生。这一阶段理想的状况是对范本创造性地复制,但也可能出现举步维艰的仿习过程。我们可能会自然而然地认为,仿习范本的结果必然是产生一个与原范本具有家族相似性的新范本——类范本。显然,这样的认识低估了这个阶段的复杂性。

首先,仿习范本并不必然形成类范本。只有成功的范本仿习行为,才能使范本在不同行业或组织间实现有效复制和移植,形成类范本。社会常常只会关注这类成功的案例，遗忘那些失败的案例。类范本有三个显著的特征：①受范本的影响，其影响程度取决于政策制定的具体环境、目标以及对效果（或结果）的预期等；②它与范本及其家族中的其他范本共享相似的观念模式和思维方式；③如果理解了一个类范本，哪怕不是原始的范本，那么理解其他类范本就变得容易了。这说明范本具有强大的可复制性。类范本相对于范本，不仅有类似的地方，也有对其修正的地方，甚至有差异之处。有时候，这些差异具有决定性意义。

其次，仿习范本会产生类范本效果。类范本效果有强弱之分。强类范本效果指的是高度还原范本的仿习结果，它的反面是弱范本效果。即便是被认定为失败的仿习行为，其产生的效果也并非完全为零。相反，有不少被宣布为失败的仿习行为，在改弦更张之后，其政策措施并没有因仿习行为的失败而全面废止。

再次，类范本效果的强弱程度反映了组织文化的涵化情况。纸面上的类范本效果可能与实际的类范本效果不一致，或高估或低估。类范本效果有生命周期，或长或短。从长远来看，组织文化的涵化是一个包含认知新事物、学习和模仿范本的持续过程。因此，类范本效果的历史性使得人们对它的评价带有价值性的维度。

最后，类范本效果的累积形成了组织文化的混杂状态。混杂状态反映了组织文化涵化的历史性或阶段性结果。类范本效果被吸纳成组织文化的一部分。在某一历史阶段，多个范本和多次仿习行为会加剧组织文化混杂的趋势。因此，组织文化的涵化具有某种文化混杂的特征。

在不考虑社会、管理、心理等因素的情况下，这个过程可以简化为一个线性模式，如图 2-1 所示。

图 2-1 仿习活动的结果

在图 2-1 中，仿习处于整个线性过程的核心位置，以虚线框表示类（新）范本。理论上，若仿习活动产生的效果不是零，就会有类范本效果。不过，只有当效果达到一定程度，才能被人们感知，否则就会因为影响和价值过小，而被人们忽视。只有那些经过实践检验且满足特定需求的仿习实践，才会被确立为典范，即类范本或新范本。

二 基本要素

（一）模仿

古希腊的哲学家对模仿概念进行了系统深入的研究，并影响了艺术学、社会学、心理学等学科的研究。表达模仿概念的常见术语包括 mimesis、imitation 和 mimicry 等，这些词与仿习在本质上都指向复制行为，具有诸多相似之处。

首先，柏拉图和亚里士多德使用的希腊文 mimesis（米美西斯）在中文中通常译为"摹仿"，有时也译作"模仿"。[①] 柏拉图在《理想国》中讨论了摹仿的概念。他认为绘画、诗歌、戏剧等是对现实世界的摹仿，而现实世界又是理念世界的摹仿。因此，摹仿之物与真理存有差距，"摹仿术之无智识"[②]，"离真理甚远"[③]。

在柏拉图看来，画家、诗人等"皆仅能摹仿而不知真理者。彼所道及之善德。不过为善德之影像耳"[④]。所以，柏拉图认为，"专事摹仿之诗人"，其"才力"不能服从心中高尚之意旨，"故彼徒从事于情感之一部"。[⑤] 这些摹仿行为又有"摇惑"之嫌，成了"诗歌之害"。柏拉图相信理想国中的人应当"始终不忘公道与善德"，然而，诗歌却与荣誉、权力、金钱等一道"动摇"人的此种追求。因此，他认为，画家、诗人等专事摹仿之徒，"此辈诚不可许其存在完善之国家"。[⑥]

相较于柏拉图，亚里士多德对摹仿概念的使用要狭窄得多。柏拉图不仅

[①] 《现代汉语词典》（第7版）中推荐使用"模仿"，不推荐使用"摹仿"，参见中国社会科学院语言研究所词典编辑室编《现代汉语词典》（第7版），商务印书馆，2016，第918页。因此，本书形文中使用"模仿"一词。此前，有些学者曾使用"摹仿"，为了尊重原貌，本书引用时没有把"摹仿"改为"模仿"。
[②] 柏拉图：《理想国》，吴献书译，上海三联书店，2009，第289页。
[③] 柏拉图：《理想国》，吴献书译，上海三联书店，2009，第295页。
[④] 柏拉图：《理想国》，吴献书译，上海三联书店，2009，第289页。
[⑤] 柏拉图：《理想国》，吴献书译，上海三联书店，2009，第295页。
[⑥] 柏拉图：《理想国》，吴献书译，上海三联书店，2009，第295页。

把摹仿概念运用在艺术领域，而且运用在哲学领域，但亚里士多德主要把它使用在艺术领域。在讨论摹仿概念时，他们两人都举了画家（绘画）的例子。不过，他们对摹仿的理解不同。

柏拉图在谈论画家时说："画家能绘一屦人。而实则绝无制屦之智识。其所绘者可以欺智识不在彼上之徒。盖此辈之观图。徒以彩色笔画之佳否为标准也。"① 在柏拉图看来，画家摹仿活动的结果是摹仿之物，与真理有"三级之隔"。因此，观众只能依靠绘画技术而不是善德或真理来判断他们作品的优劣。

亚里士多德在论述画家时，却是另一种语气。他称赞画家高超的技艺。他说："既然悲剧是对比我们好的人的摹仿，因此我们必须学习优秀的画家，因为他们能够勾勒出人物所特有的形态，并且十分逼真，又比原型美。"② 亚里士多德称赞的画家的技艺，在柏拉图看来（如果可以这样比较的话）恰恰是制成"善德的影像"的工具，并不足为道。柏拉图认为，摹仿者对所摹仿之物缺乏"用此物之人"的经验，所以对所摹仿之物的优劣茫然无知。③ 因此，摹仿者不仅要具备摹仿对象的经验、知识，还要"知真理"，甚至还须达到类似两人合一的状态，否则摹仿之物"不过为善德之影像耳"。亚里士多德在《诗学》中摒弃了这一点。

其次，亚里士多德将摹仿视为一种积极的艺术活动，并认为摹仿是有目的性和规律性的。他在《诗学》中说："悲剧不仅摹仿完整的行动，而且摹仿能引发悲痛和恐惧的行动。"④ 创作悲剧要借助一些手段，摹仿才能完成。

亚里士多德认为，摹仿以及来自摹仿的快感是诗（即艺术）起源的两个原因。在他看来，摹仿是人的一种禀赋，人可以从摹仿中获得快感。⑤ 他使用的摹仿概念与柏拉图是类似的，都是再现、描写或描述行为或对象的一种能力或技能。这与18世纪"模仿"概念的含义是不同的。

大多数研究者认为，摹仿主要是艺术领域的专业术语。"摹仿"一词的含

---

① 柏拉图：《理想国》，吴献书译，上海三联书店，2009，第289页。
② 苗力田主编《亚里士多德全集》（第十卷），中国人民大学出版社，1997，第663~664页。
③ 柏拉图：《理想国》，吴献书译，上海三联书店，2009，第290~291页。
④ 苗力田主编《亚里士多德全集》（第十卷），中国人民大学出版社，1997，第655页。
⑤ 苗力田主编《亚里士多德全集》（第十卷），中国人民大学出版社，1997，第645页。

义类似再现、表现、描写、描述等现代艺术术语，应该被理解为是艺术创作的手段或方法。不过，柏拉图对这一词的运用范围更为广泛，也揭示了它有imitation（模仿）的某些含义。例如，在《理想国》中，他说："摹仿者摹仿人之动作。不论其作为自愿或不得已的。有动作自必有善或不善之结果。有结果自必有欢乐与悲苦。"① 这里讨论的摹仿所引发的结果，不仅可以解释艺术欣赏的效果，还可以阐释模仿（imitation）对社会产生的影响。

再次，在18世纪和19世纪的美学和教育理论中，imitation得到了广泛讨论。imitation通常被翻译为模仿，来源于拉丁文imitatio，它的动词形式为imitari，指的是模仿或效仿的行为或能力。在文学和艺术领域，imitatio指通过模仿古代作品或现实生活来创作新作品。这一点在温克尔曼的《希腊美术模仿论》中也有所涉及。

模仿概念在社会学领域也有大量的研究。法国社会学家塔尔德（Tarde）在专著《模仿律》（1880年出版）中将模仿视为社会生活的基本原则，对社会结构和变迁起着关键作用。他认为，模仿是一切社会相似性的原因。② 他强调人与人之间的心有灵犀，认为模仿就是类似于"心际之间的照相术"，"无论这个过程是有意的还是无意的，是被动的还是主动的"。他说："模仿有风俗的模仿或时尚的模仿，同感模仿或服从模仿，感知模仿或教育模仿，不知不觉的模仿或有意识的模仿，等等。"③

模仿是人类学习和社会文化传承的基本方式，也是人的本性。塔尔德进一步指出，就社会性质而言，一切东西都是发明或模仿。他说："首创性会产生新的欲念，同时又产生新的满足。通过自发而无意识的模仿，或者通过人为而有意识的模仿，新的欲念和新的满足就能得到或快或慢的传播。"④

塔尔德还揭示了模仿在社会发展中的重要作用。他认为，新发明越是接近社会中已经被模仿与制度化的发明，越是接近最先进的技术属性，越是满

---

① 柏拉图：《理想国》，吴献书译，上海三联书店，2009，第293页。
② 加布里埃尔·塔尔德：《模仿律》，埃尔希·克鲁斯·帕森斯英译，何道宽汉译，中信出版社，2020，第49页。
③ 加布里埃尔·塔尔德：《模仿律》，埃尔希·克鲁斯·帕森斯英译，何道宽汉译，中信出版社，2020，第18页。
④ 加布里埃尔·塔尔德：《模仿律》，埃尔希·克鲁斯·帕森斯英译，何道宽汉译，中信出版社，2020，第4~5页。

足文化中的主导性需求，就越可能被社会模仿。[①] 他断言"社会即是模仿"。这些观点影响了后来的创新扩散论、社会学习理论。美国社会学家米德、库利、杜威、帕克等人都受到了塔尔德的影响。塔尔德的贵族立场使他承认高地位者有可能模仿低地位者，不过他认为这是例外。后来的社会学家们认为，模仿是相互的，具有双重性。

此外，心理学家也对人类的模仿活动进行了大量研究。例如皮亚杰研究了原型与激发儿童的模仿反应的联系。阿尔伯特·班杜拉在《社会学习理论》中详尽分析了模仿行为在儿童观察学习（尤其是示范作用）中的具有重要的作用。[②] 研究者们还发现了新生儿惊人的模仿能力，以及人类独特的模仿学习能力是文化积累和传承的基础。魏斯（Weiss）等学者将社会学习理论引入组织管理研究领域。

总体来说，模仿在心理学、社会学、管理学和教育学等学科中都是重要概念，强调行为的学习和传播。它的内涵也更偏向人类的学习行为，因此又被解释为"模仿学习"。这也是中文"仿习"概念的含义。艺术领域使用的模仿通常指"创造性模仿"。

（二）模仿/拟态

mimicry 原本是生物学术语，后来也应用于社会学等领域，通常被翻译为模仿或拟态。在社会学、心理学文献中常见的翻译是模仿。生物学家使用它来描述某些物种模仿其他物种外观以获得生存优势的现象。例如，无毒蝴蝶有时会模仿有毒蝴蝶的翅膀图案和颜色，以迷惑它们的天敌。伪装（dissimulation）和模拟（simulation）构成了模仿的关键特征。一些学者将生物学和社会学、心理学的视角结合，为理解模仿行为的适应性价值提供了新的思路。

霍米·巴巴（Homi K. Bhabha）在 1984 年的论文"Of Mimicry and Man: The Ambivalence of Colonial Discourse"中把"mimicry"概念引入了后殖民理论（Postcolonial Theory）。他认为殖民者的主体建构依赖于被殖民者"他者"

[①] 加布里埃尔·塔尔德：《模仿律》，埃尔希·克鲁斯·帕森斯英译，何道宽汉译，中信出版社，2020，第451页。

[②] 阿尔伯特·班杜拉：《社会学习理论》，陈欣银、李伯黍译，中国人民大学出版社，2015，第23~27页。

第二章 类范本效果的形成

的存在，由此陷入"自恋"与"侵略"的矛盾之中。同时，被殖民者并非消极被动的，霍米·巴巴认为被殖民者对殖民者的模仿是一种变形模仿，即"几乎相同却又不一样"。在某些语境中，模仿可以被视为被殖民者的一种抵抗策略。[①]

除了上面介绍的三个表示模仿的词 mimesis、imitation、mimicry 外，在学术讨论中还有一些广泛使用的表示模仿的词语。例如，emulation 通常指努力匹敌或超越某人或某物，常用于教育学和心理学领域；simulation 指模拟或复制某种情况或过程，广泛用于计算机科学、工程学和社会科学研究中；replication 指精确地复制或重现某事物，常用于科学研究中，特别是在实验的重复方面；mirroring 指镜像式地反映或复制，常用于心理学和社会学中描述人际互动；copying 在学术讨论中也经常被使用，特别是在讨论知识产权和学术诚信问题时。由此可见，模仿学习他人的行为和经验是人的天性。尽管这些行为在许多方面相似，但仍存在一些细微差别。这些差别也反映在学术研究中使用概念的不同。

当代的一些学者试图融合这些概念，对模仿进行跨学科研究。例如，霍米·巴巴就是这方面的代表，他把生物学的拟态概念引入后殖民理论中。迈克尔·托马塞洛认为，动作模仿、角色互换模仿、社会模仿在人类合作沟通的演化中扮演了重要的角色。[②] 模仿技能让人类可以从他人身上习得图像手势。行为模仿，最初是从人类使用、制造工具的行为中演化出来的；共同意图与共同关注，最初则在人类的合作活动中演化出来。"人类的沟通惯例，兴起于共同目标的情境中，这些共同目标，以人类角色互换模仿与合作动机的技能为基础，并经由人的社会模仿技能而传递。"[③] 这种融合为我们理解人类行为、文化传承和艺术创作提供了更全面、更深入的视角。

（三）仿习

仿习是人的禀赋，也是组织管理和组织社会学习的重要环节。讨论组织文化的涵化问题必然涉及类范本的形成过程，那么就需要先对仿习概念有所

[①] H. K. Bhabha, "Of Mimicry and Man: The Ambivalence of Colonial Discourse," *Discipleship: A Special Issue on Psychoanalysis*, 1984 (28): 125-133.
[②] 迈克尔·托马塞洛:《人类沟通的起源》，蔡雅菁译，商务印书馆，2012，第168页。
[③] 迈克尔·托马塞洛:《人类沟通的起源》，蔡雅菁译，商务印书馆，2012，第239~240页。

解释。

仿习是"模仿学习"的简称。"仿习"一词源自古代汉语,其同义词包括"法(效法)""仿效""神似""形似"等。明代大儒王阳明被贬贵州龙场时,为解决粮食问题,曾向当地农民学习种地。他在《谪居粮绝请学于农将田南山咏言寄怀》一诗中写道:"山荒聊可田,钱镈还易办。夷俗多火耕,仿习亦颇便。"其中,便使用了"仿习"一词。①

仿习也是跨学科研究模仿的产物,反映了学术界对模仿研究的融合趋势。这并不是简单指词义上的融合,或者用某一个术语(不管是仿习,还是模仿)来统摄其他概念,而是指在研究中,看到模仿行为和模仿现象的复杂性和多样性。

仿习行为属于塔尔德所述的模仿范畴,是一种社会文化的传播行为,但仿习也是对相关理念的创造性模仿,以及在实践中所采取的微妙的服从策略或抵御策略。为了能够简明地理解仿习概念,我们可以把仿习分为两个部分:一是对外来观念的仿照实践,二是对实例的复制。前者体现了创造性模仿的含义,后者表明模仿学习的含义。此外,拟态的含义则体现在发挥仿习行为的社会功能之中。

1. 仿习的功能

从古希腊研究模仿的悠久历史这一点来看,人们很早就认识到模仿(即仿习)对社会文明的发展具有重大的作用。塔尔德把模仿视为社会生活的基本原则,甚至说社会即是模仿。从社会宏观效果的角度来说,的确如此。不过,社会文化是多种因素共同作用的产物,不能简单地归因于单一的因素。模仿本身也要依靠社会因素、心理因素等才能发挥作用。

我们是不是高估了模仿对个体发展的作用?托马塞洛在解释猿类如何学习改变意图的手势时提出,尽管最具竞争力的解释认为是靠模仿,但基本上没有证据能支持或推翻这个论点。他说:"改变意图手势的产生,是因为两个互动的个体有所期待,所以通过反复的交流互动,互相塑造彼此的行为。"②

---

① 《谪居粮绝请学于农将田南山咏言寄怀》全文:谪居履在陈,从者有温见。山荒聊可田,钱镈还易办。夷俗多火耕,仿习亦颇便。及兹春未深,数亩犹足佃。岂徒实口腹?且以理荒宴。遗穗及鸟雀,贫寡发余羡。出来在明晨,山寒易霜霰。

② 迈克尔·托马塞洛:《人类沟通的起源》,蔡雅菁译,商务印书馆,2012,第17~18页。

显然，这种情况也并非猿类所独有的。语言符号不能提供也不可能提供交流活动的全部意义，交流的所得，有相当一部分来自语境、代码和接触手段。[①] 至少可以说，虽然模仿在个体和社会文化发展中扮演了重要角色，但它并不是唯一的因素。虽然在某些情况下通过模仿能够实现文化的复制，但效果可能并不像我们想象的那样理想。

马克斯·韦伯也否认了模仿在社会实际革新中的强大作用。他举例说：

> 比如人类最悠久的伙伴——狗，尽管它的行为会从人那里得到"灵感"，但这显然不能说成是"狗对人的模仿"。在相当多的情况下，人对他人的影响和受他人的影响之间就正是这样的关系。在某些情况下，它可能接近于"移情"，在另一些情况下则像"模仿"，这要看它所需要的条件是理性的目的还是"大众心理"的表现方式。[②]

在韦伯看来，尽管模仿很重要，但"实际革新得以实现的主要源泉"是移情而非模仿。移情（或认同）和灵感是黑尔帕赫提出的解释"革新之源"的两种极端类型。根据韦伯等人的观点，社会文化变迁的结果不全是模仿的功劳，移情发挥的作用也很大。移情是指"发挥影响者的态度使一人或多人通过移情作用接受了其影响"。移情所产生的行动类型变化多端，"最常见的则是引发一种以发挥影响者及其经验为取向的集体行动（massenhaftes Gemeinschaftshandeln），由此又会发展出具有相应内容的某些共识"。[③] 此外，技术、技能乃至一些观念的相似或相近，也并不总是按照"甲模仿乙"的模式扩散。在面临相同的挑战、类似的环境以及同样急迫的任务时，人们作出相似的回应并不足为奇。这也是黑尔帕赫说"灵感"是"革新之源"的两个模式之一的原因。

虽然一些动物拥有模仿学习技能，但文化学习与模仿技能的社会功能是人类特有的。托马塞洛提醒说："类人猿虽然跟人类一样，具有社交上从其他伙伴学会使用工具的能力，有时甚至是通过模仿学得，但是模仿的社会功能，

---

① 特伦斯·霍克斯：《结构主义和符号学》，瞿铁鹏译，上海译文出版社，1987，第83页。
② 马克斯·韦伯：《经济与社会》（第一卷），阎克文译，上海人民出版社，2010，第441页。
③ 马克斯·韦伯：《经济与社会》（第一卷），阎克文译，上海人民出版社，2010，第440页。

以及它所带来的服从团体规范的压力,却是人类所独有的。"① 显然,考察模仿的功能要与社会文化(包括组织文化)的独特性联系起来。

那么,从组织文化的独特性视角来理解模仿的社会功能,是不能回避的事实。韦伯按照群体中是否存在管理主体或机构,把群体分为组织(verband)和一般群体(schar)。他说:"一个封闭的或者限制局外人准入的社会关系,如果是由一些特定的个人——一个首脑,可能还有一个行政班子,他们通常也会拥有代表的权力——来确保秩序得到遵守,它就可以称为一个组织"。②

组织不仅具有共同目标,其成员还在统一意志下开展协作。韦伯认为:"一个联合体的法定秩序可以按照以下两种方式之一建立起来:或者经过自愿的同意,或者强加于人并得到默认。一个组织的领导层可以要求拥有强加新秩序的正当权利。"不仅如此,"一个组织的秩序不仅可以强加给它的成员,而且在特定情况下可以强加给某些非成员"。③

韦伯对组织的理解,给"意志"留有重要的位置。切斯特·巴纳德、彼得·德鲁克、沙因(E. H. Schein)、弗里曼(R. E. Freeman)等学者也持有类似的观点。例如,彼得·德鲁克认为,"组织是由持有共同目的而进行活动的专家组成的人类团体。与社会、社区和家庭等传统社会团体不同,组织的创建带有目的性","组织的法则超越了社区。当组织的法则与社区的价值发生冲突时,组织的法则就占了优势。否则,组织就无法为社会做贡献"。④

对于组织文化来说,组织特有的共同目标、意志或协作行动等让组织文化接纳新事物的规则变得有迹可循。这是理解仿习范本与获得类范本效果之间的关系的前提。个人和群体(包括组织)的仿习行为贯穿了其社会活动的全过程。不断的仿习行为形成了类似运动训练中"肌肉记忆"的文化记忆。文化记忆的形成过程,同时也是行为风格、选择偏好和认知结构的形成过程。当接触到外界的新事物时,这种认知结构会发挥作用。个人和群体通过动员和组织原有的知识和经验来对新事物进行判断,预测其结果,最终确定对新

---

① 迈克尔·托马塞洛:《人类沟通的起源》,蔡雅菁译,商务印书馆,2012,第149~150页。
② 马克斯·韦伯:《经济与社会》(第一卷),阎克文译,上海人民出版社,2010,第141页。
③ 马克斯·韦伯:《经济与社会》(第一卷),阎克文译,上海人民出版社,2010,第144页。
④ 彼得·德鲁克:《卓有成效的社会管理》,杨剑译,机械工业出版社,2014,第42~49页。

事物的反应。

虽然仿习范本并不是引起组织文化涵化的唯一因素，但仿习范本仍是组织发展的重要手段和组织行为的日常策略。从组织管理的视角来看，仿习范本让组织的意志得到了贯彻，提升了组织的行动协作和信息沟通效率。从社会的视角来看，仿习往往混杂了顺从策略和保护策略。具体来说，组织的范本仿习行为具有以下社会功能。

第一，帮助组织快速适应环境。社会组织需要与社会保持物质和精神交流联系，包括监测环境的变化、选择适当的范本、移植范本内容等。仿习范本有利于使组织迅速地对周围环境变化作出反应，展现某种姿态，是一种适应环境变化的高效方式。仿习范本主要着眼于当下的短期行为，其产生预期结果和非预期结果的概率不能一概而论。但如果只考虑适应整体的社会环境和行业环境，仿习范本的方式比"发明""灵感"等方式，更节约时间成本和决策成本。

第二，保障行业协作和认同。行业内部或组织上下级之间通过塑造或建立范本能够把抽象的观念具象化，提供形成行业共同体和归属感的内容。范本不只是由上级流向下级，行业内部的机制使得范本可以双向流通。通过仿习，这些内容被内化在组织的日常之中，保障行业内部包括上级与下级之间的协作和认同。

第三，保护自我意识。在某些语境下，组织需要在顺从"他者"经验和维护"自我"意识之间找到平衡。尤其是在形势和大方向还没有明朗的情况下，仿习范本就类似生物学意义上的伪装，目的是发出某种态度声明的信号，即通俗而言的"装装样子"。当组织处于自我意识觉醒的状态下时，不管是出于团结考虑还是出于安全目的，仿习范本都是灵活有效的策略。仿习能为自我意识穿上保护外套，也为未来可能的行动和话语转变留有余地。

2. 仿习的四种模式

仿习过程的复杂性决定了仿习具有多种类型，例如可以根据仿习的动机、参与程度等来划分不同的类型。就组织的仿习行为而言，我们根据范本的来源划分不同类型。

范本的来源可以从两个维度进行观察。其一，来源于行业内部和行业外部。组织可以依据其性质归为某种行业，例如传媒行业、教育行业、通信行业等。相对而言，来自行业内部的范本有更好的适配性。其二，来源于行政管理内部和行政管理外部。在行政管理内部，组织存在上下级关系，而在行政管理外部，组织与组织之间没有上下级关系。是否存在上下级关系，对于组织的仿习行为影响很大。这两个维度有重叠影响关系，如图 2-2 所示。

	行业内部	行业外部
行政管理内部	服从式仿习	跟随式仿习
行政管理外部	探索式仿习	挑战式仿习

图 2-2 仿习的四种模式

根据图 2-2 所示的两个维度间的关系，得到四种仿习模式，也是仿习的四种类型。

第一，服从式仿习。如果范本既来自组织所属的行业内部，又来自行政管理内部，那么推动组织仿习范本的动力会十分强大。一方面，来自行业内部的范本在可操作性、适配性上更能满足组织的需要。另一方面，来自行政管理内部的范本天然地带有权力的推动力。服从式仿习是组织仿习行为中最为常见的类型，可操作性强、容易推进。常见的服从式仿习方式包括贯彻上级的政策、落实上级的指示等。由于组织文化与范本之间的相容性较强，又有来自行政权力的推动，组织能迅速适应行业和上级的要求，从而使得组织（单位）间的文化差异逐渐缩小，朝向一体化方向发展。

第二，跟随式仿习。这个类型的典型情况是，某地的传媒组织模仿学习该地教育行业的某种经验。范本虽然来自行业外，但在同一个行政管理体系内。组织要仿来自行业外部的、专业性很强的范本，将面临一定的困难和挑战。因而适合这类仿习行为的范本，专业性通常不能太强，多为通用领域。

第三，探索式仿习。探索式仿习模式中，范本来自行业内部，但与组织并不同属于一个行政管理体系，组织在选择范本时体现出了更多的积极性和探索性。探索式仿习的动力并非来自行政管理体系内部的权力关系，而是来自范本自身的魅力。但由于缺乏行政管理体系的权力支持，这种仿习行为的正当性会面临潜在的质疑，因为它在一定程度上挑战了行政管理体系之下社会运行的全局性。在此种情况下，质疑者和被质疑者都可以为自己的观念和行为的正当性找到充分、有力的理由。当双方争执不下时，需要一个权威力量来裁决。

第四，挑战式仿习。组织要仿习一个来自行业外部且没有行政权力支持的范本，其难度是不小的。为什么要仿习这类范本？有什么必要性和正当性？这些是绕不开的、需要回答的问题。如果这个范本是技术性的，则容易被当作先进经验来看待；如果是通用领域的，则更多地被当作某种观念的化身。相较于高级别组织，低级别组织仿习这类范本的动力较弱，因为缺乏足够的人力、物力、财力的保障，抵御风险的能力较弱。

不同仿习模式具有不同含义。服从式仿习和跟随式仿习都是在行政管理体系内部进行的。在行政权力介入下，这两种仿习模式的目的是融入主流的文化或推进一体化发展。在此场景下，仿习的概念偏向于模仿和拟态的含义。

探索式仿习和挑战式仿习是以"以我为主"的姿态自主地进行仿习，组织保持着较强的自我意识。因此，这两种仿习模式偏向于创造性模仿的含义。

不管哪种仿习模式，组织都可能采用不同的行动路径。根据范本与组织关切的联系程度，组织通常会采用两种不同的行动路径。一种是核心路径。如果范本与组织关切的联系紧密，组织通常以主动的姿态和周密的方式来实施仿习。在这种情况下，组织对仿习范本的效果有较高的期待，投入的资源也更多。另一种是边缘路径。如果组织判断范本与组织关切联系不紧密，就会倾向于选择表面化的仿习行为，对仿习效果的期待也不大。在某些情况下，组织还会选择以某种消极的甚至是对抗的姿态来对待范本。

3. 仿习与类范本效果形成的影响因素

不少研究者非常关心仿习给社会、群体和个体带来的影响及其过程，并提出了一系列观点。例如，罗伯特·帕克在20世纪20年代出版的《社会学引论》中提出，移民与当地居民之间相互渗透和融合的过程（即同化过程）分为四个阶段：接触（contact）、竞争（competition）、适应（accommodation）和同化（assimilation）。"在这一过程中，个人和集团得到了其他集团的记忆、情感与态度，同时，他们的经历和历史也被其他人分享，由此他们汇入一种共同的文化生活。"① 帕克在《移民报刊及其控制》中延续了这一观点,他认为:"正是参与,而不是屈服或遵从,将外国出生的各民族移民变为美国人。"②

此后,不少学者又衍生出了多种模型,如"接触—容纳—同化""接触—冲突—竞争—容纳—融合"等。卡尔·戴格勒提出"剥洋葱"的比喻,认为一种文化的人进入另一种文化时,要剥掉一层又一层的旧习惯。虽然多数人在不断适应新的文化,但同时也会保持原有文化的主要观念和生活方式。③ 组织的范本仿习过程同样经历了多方参与的接触、冲突、融合等阶段。尤其在服从式仿习和跟随式仿习这两种仿习模式中,组织有迫切想要融合主流文化的意愿,因此其仿习的过程与同化理论所分析的过程类似。

但是,上述研究主要分析的对象是没有管理主体的群体,而组织是从属于一定的行政管理体系的实体。这些理论对于另外两种仿习模式——探索式仿习和挑战式仿习的解释力就不足了。在这两种仿习模式中,组织的仿习并非在行政管理体系中进行,它能在仿习中持"以我为主"的态度,拥有较强的自主意识。在保持自我意识的情况下,组织在仿习行为上拥有了更多的自主选择权,并且由于没有来自行政权力的介入,其仿习的紧迫性或急迫性通常不强,甚至缺乏动力。

类范本效果从时间维度可分为长期效果和短期效果,从预期性来看可分为预期效果和非预期效果。分析类范本效果的形成过程,可以从时间维度来考察类范本效果的历史形成过程,也可以考察类范本效果形成的要素和环节。历史维度有助于人们了解范本仿习的过程和类范本形成的各种细节,缺点是相关内容太过于零散、琐碎,要经一番梳理和描述才能完成。显然,把两种视角结合起来,才能够更好地描述类范本效果的形成。

我们假设对范本的仿习是有意识、有目的的社会行为,那么仿习行为应该能满足组织的某方面的需求。从"需求与满足"的视角来看,影响类范本效果形成的基本要素有两个:社会因素和组织因素。

首先,社会因素是仿习行为发生的大环境,主要包括社会传统、行为规

---

① 孙英春:《跨文化传播学》,北京大学出版社,2015,第325页。
② 罗伯特·E. 帕克:《移民报刊及其控制》,陈静静、展江译,中国人民大学出版社,2011,第77页。
③ 孙英春:《跨文化传播学》,北京大学出版社,2015,第326~327页。

范因素等。其次，相对社会因素而言，组织因素更为直接地影响类范本效果的形成，包括管理和心理、需求满足两个方面。前者包括范本接触的可能性、组织的管理方式、范本印象等。后者主要包括仿习前的效果期待，以及仿习后的效果评估两个方面（见图2-3）。不管组织的仿习行为是主动的还是被动的，都涉及这两个方面的内容。

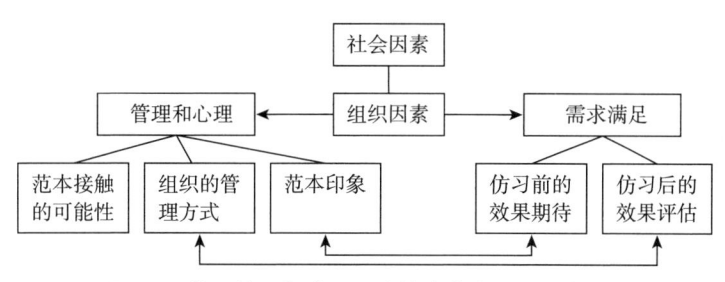

图2-3 基于使用与满足理论的类范本效果形成过程

图2-3给出了两个主要因素以及组织因素中各因子之间的关联。首先，社会因素是整个过程中回避不了的要素，对整个过程有着直接或间接的影响。其次，在组织因素中，组织的管理方式被摆到了显著位置。因为组织的管理方式密切联系着组织内外的诸多心理因素，也就是说组织的管理和心理因素会直接（至少在短期）影响仿习的进度，及其推进的深度和广度。最后，仿习后的效果评估也被置于显著的位置，因为不管范本具有多么大的魅力，被什么力量推广（扩散），仿习范本之后获得什么样的效果是大家关心和关注的焦点，这会影响人们对范本的印象。虽然范本效果客观存在，但对它的评估有主观的一面，也会存在不同评估观点之间的差异。

为了更形象地描述这一过程，接下来我们将通过具体案例来进行阐释。要描述案例的完整历史过程存在诸多困难，但按照上述两个因素模型进行分析，基本能够完成对类范本效果形成过程的描述。

第二节 社会因素

组织的发展，一方面不能脱离时代潮流，另一方面也不能脱离当地社会整体发展环境。在发展的探索过程中，组织享有一定的自主权。对组织而言，顺应时代潮流是一个方面，融入当地社会的整体发展环境也是重要的一个方面。时代潮流、当地社会整体发展环境等社会因素构成的大背景,是组织仿习活动发生的社会环境,其影响是巨大的。

一 时代潮流

组织依据范本来制定自己的政策,原封不动或生搬硬套的做法被证明是高风险的行为,因此,在恰当的时候,选择恰当的范本并加以必要改造或变通就显得十分必要和关键。在恰当的时候是指组织在仿习范本时审时度势,选择恰当的范本是指组织对范本是否适用进行判断以及对有效性进行预期。进入21世纪,在"大力发展文化事业和文化产业"的背景下,传媒业迎来了新的机遇。报刊、电台电视台以及出版社、文艺院团等被纳入了发展文化事业和文化产业之列。[1]

首先,中央明确了"党报党刊、电台电视台意识形态属性最强,一般报刊、出版社和文艺院团次之"[2]的提法。2003年1月,全国宣传部长会议提出:"党报党刊、电台电视台等属于党和国家喉舌性质的单位,保留事业体制,深化内部机制改革。这方面要继续试点,总结经验,成熟了再加以推广。"[3]中央重申了新闻媒体的喉舌功能和党管媒体的原则:"党和国家重要新闻媒体的改革,无论怎么改,党和人民的喉舌的性质不能变,党管媒体不能变,党管干部不能变,正确的舆论导向不能变。"[4]

这些原则在以后中央出台的相关文件中一直保留,例如2005年党中央、国务院出台《关于深化文化体制改革的若干意见》,规定党报、党刊、电台、电视台、通讯社、重点新闻网站和时政类报刊实行事业体制,由国家重点扶持。同时规定,新闻媒体中的广告、印刷、发行、传输网络部分,以及影视

---

[1] 文化产业(culture industry),目前还没有统一的界定。在我国,文化产业与"第三产业"的概念有直接的关系。在其他国家,文化产业又被称为创意产业、版权产业、内容产业、文化娱乐产业等。
[2] 李长春:《文化强国之路——文化体制改革的探索与实践》(上),人民出版社,2013,第360页。
[3] 李长春:《文化强国之路——文化体制改革的探索与实践》(上),人民出版社,2013,第33页。
[4] 李长春:《文化强国之路——文化体制改革的探索与实践》(上),人民出版社,2013,第53~54页。

剧等节目制作与销售部门，可从事业体制中剥离出来，转制为企业，进行市场化运作，为主业服务。从2003年7月到2005年12月，全国开展了文化体制改革试点工作。

其次，中央也明确了"既要注重文化产品的意识形态属性，又要注重文化产品的产业属性和健身益智等多方面的功能"。2006年3月，全国文化体制改革工作会议提出，文化体制改革工作由"党委统一领导"，主要领导亲自抓，分管领导具体抓。各省、自治区、直辖市和中央有关部门也要成立相应的领导机构，指导和协调本地区、本部门的改革工作。"坚持区别对待、分类指导、循序渐进、逐步推开的原则，积极稳妥地推进改革"[1]，要求"重塑文化市场主体"，"打造一批有实力、有竞争力和影响力的国有或国有控股的文化企业和企业集团"。此外，"要打破按部门、按行政区划和行政级次分配文化资源和产品的传统体制"，"打破条块分割、地区封锁、城乡分离的市场格局"[2]。

此时，一些地方已经成立了报业集团和广电集团，但存在不少争议，集团应该是企业还是事业单位，改制为企业后能否管得住等问题尤为突出。这样的担心反映了一种普遍的担忧，即担心市场因素会带来负面影响。

二 当地社会整体发展环境

为了能够清晰地解释组织的仿习活动，在介绍具体的仿习环节之前，有必要先对我们考察的三个个案的基本情况作一些介绍。这三个个案都是地市级传媒组织，在很多方面具有相似性。为了让它们具有可对照和比较的价值，我们只考察三个地方的传媒集团共存前后一段时间内的情况。

（一）红河传媒集团的基本情况

2006年全国文化体制改革工作会议召开之后，云南省于2006年4月在大理召开会议传达学习此次会议精神，推进云南的文化体制改革工作。会议要求各地"制定和组织实施《文化体制改革实施方案》，制定和完善有利于文化

---

[1] 李长春：《文化强国之路——文化体制改革的探索与实践》（上），人民出版社，2013，第77页。
[2] 李长春：《文化强国之路——文化体制改革的探索与实践》（上），人民出版社，2013，第70~77页。

体制改革的政策措施"。① 此次会议后，红河州根据会议精神要求，结合自己的实际情况制定了具体的方案和措施，提出要在红河州集中打造旅游、影视、体育、演艺和传媒五大产业，组建五大集团。2006年7月，红河传媒集团成立。红河传媒集团的设计方案，首先保证了党管媒体的性质不变，鼓励传媒向市场化方向发展；其次采用了整体推进的思路，不把报社、广播、电视、网络视为孤立的媒体，而是视为一个整体，突出跨媒体、跨区域组建以及内部和外部的互动。

1. 跨媒体、跨区域组建

在原有的传媒格局中，红河州有报纸、电台、电视台。② 这些传媒的历史渊源不同，行政级别不同，管理部门也不尽相同。《红河日报》是地方党委的机关报，报社性质为事业单位，受红河州委宣传部的领导，为正处级单位。红河人民广播电台、红河电视台均为副处级事业单位，由红河州广电局管理。在原有格局中，传媒实行"事业单位、企业管理"，但仍有一定"事业管理"的色彩。

2006年7月，红河州印发了《红河州新闻传媒改革方案》，决定对州属广播电视单位和报社进行改革，组建红河传媒集团。红河传媒集团成为云南省首家跨行业组建，由事业单位整体改制为国有文化企业的新型的传媒集团。该集团的组建为以下两个方面奠定了基础。

（1）跨媒体发展。传媒集团的性质为国家控股的经营社会公共事业的股份制集团。《红河州新闻传媒改革方案》对传媒集团作了如下的规定：

　　州传媒集团性质为国家控股的经营社会公共事业的股份制集团，在州工商局注册为企业法人。
　　红河新闻传媒集团设立有党委会、董事会和监事会。董事会选举董

---

① 王永刚、黄华、马玉龙、雷桐苏：《云南省文化体制改革工作会议暨第三期文化产业高级研修班在大理举行》，《云南日报》2006年4月24日，第1版。
② 这里是指红河传媒集团成立之前的基本结构。中国红河网是在红河传媒集团组建之后成立的。它是对红河传媒集团下属的红河日报社、红河人民广播电台、红河电视台3家媒体的网站进行资源整合之后成立的媒体。2009年4月，红河传媒集团解散之后，中国红河网站划归红河日报社，性质为事业单位，正科级。

事长1人。

集团按照"产权明晰,权责明确,政企分开,管理科学"的现代企业制度以及"归属清晰,权责明确,保护严格,流转顺畅"的现代产权制度规范管理,实行自主经营、自负盈亏、自我约束、自求发展。

集团应根据州委、州政府的要求负责报纸和广播电视新闻节目的采编、制作、播出及对外宣传;按有关政策确定文化产业发展理念和经营战略,组织各子公司的产业经营和资本运营活动;组织事业发展项目建设及经营。

集团实行两级核算制。

将原州广电局机关行政资产留给重组后的新广电局;电台、电视台的资产(国有净资产以及频道、频率)交州传媒集团使用。

报社(连同网站)的国有净资产,州电台、电视台的所有国有净资产作为国有股份入股;其(它们)拥有的法人资产也同时带入作为法人股份。重组后的国有资产由州政府授权经营,由州国有资产监督管理委员会进行监督管理。[1]

上述一系列措施,归纳起来就是把传媒的经营性业务独立出来,形成一个文化企业的雏形,推动其面向市场。在这个设计中,实际上是将三个不同领域、不同媒介属性的实体重组为一个传媒集团。该集团合并了红河电视台(含716台、微波管理站、红河周刊编辑部)、红河人民广播电台、红河日报社(含《红河之窗》网站)3家州级新闻传媒单位。

(2)跨区域、跨所有制合作。按照《红河州新闻传媒改革方案》的要求,红河传媒集团要"先行跨行业重组并争取今后跨区域、跨所有制合作",努力打造现代传媒集团。《红河州新闻传媒改革方案》还规定:"允许集团在自认为条件成熟的情况下与本地非公企业、外地企业联姻或实行兼并重组。但兼并重组必须以'我'为主。"[2]由于环境和条件的限制,集团要实现完全

---

[1] 中共红河州委办公室、红河州人民政府办公室:《关于印发〈红河州新闻传媒改革方案〉的通知》(红办发〔2006〕77号),2006。
[2] 中共红河州委办公室、红河州人民政府办公室:《关于印发〈红河州新闻传媒改革方案〉的通知》(红办发〔2006〕77号),2006。

市场化的"兼并重组"很有难度。在此后的运行中,集团也的确把事业延伸到了开远、个旧、弥勒、蒙自等县(市),合并了当地的媒体。

2. 政府购买新闻产品和文化产品

《红河州新闻传媒改革方案》规定了改革的前提,即"坚持党管媒体、党管干部,坚持媒体的党和人民的喉舌性质不变、确保社会效益"。红河传媒集团在坚持这个前提的基础上,对政府与传媒的关系的某些具体方面作了调整。

第一,在行政管理方面。《红河州新闻传媒改革方案》规定,"州委宣传部对传媒集团实行归口管理,州广播电视局、州文化局对传媒集团实行行业管理","州委宣传部主要代表州委对集团的舆论宣传进行领导、指导、管理和监督,重点监管新闻传播中心,并对州委、州政府购买的新闻产品和文化产品的执行情况进行监督考核"。①

红河传媒集团成立后不久,红河传媒集团党委和纪委成立,党委书记由集团董事长兼任。集团党委会的职责是"负责宣传、舆论导向和干部、党员管理,在集团中起政治核心作用和保证监督作用"。②

第二,在经费划拨方面。《红河州新闻传媒改革方案》规定,将原来州级财政对红河日报社和红河人民广播电台、红河电视台工作运行经费的无偿划拨方式改为有偿划拨。③

3. 内部和外部互动

《红河州新闻传媒改革方案》明确了相关工作体制和机制。在体制方面,将事业单位改造为企业化管理集团。在机制方面,实行内部用人制度、分配制度、经营制度和管理制度等,即"外部理顺、内部搞活"。外部理顺主要是指进一步理顺政府与文化企业的关系,如人、财、物的管理关系,政府对文化事业的拨款方式等。内部搞活包括搞活用人机制、分配机制、内部管理机制等。

此外,集团还承担相应的社会责任。按照《红河州新闻传媒改革方案》,

---

① 中共红河州委办公室、红河州人民政府办公室:《关于印发〈红河州新闻传媒改革方案〉的通知》(红办发〔2006〕77号),2006。
② 中共红河州委办公室、红河州人民政府办公室:《关于印发〈红河州新闻传媒改革方案〉的通知》(红办发〔2006〕77号),2006。
③ 中共红河州委办公室、红河州人民政府办公室:《关于印发〈红河州新闻传媒改革方案〉的通知》(红办发〔2006〕77号),2006。

红河传媒集团为"事业单位整体转制的州属新闻文化企业，承担公益性文化事业的社会责任"。[①] 红河传媒集团除设立了董事会和监事会外，还按规定成立了党委、纪委，以及工会、团委等群众组织，并定期召开职工代表大会，不定期学习宣传党的会议、文件精神等。集团延续了以前的一些传统工作，例如挂钩扶贫等工作。

红河传媒集团的定位是"现代传媒集团"，并按照现代企业制度的要求组建和运作。《红河州新闻传媒改革方案》在一定程度上延续了国企改革和发展的基本思路。《红河州新闻传媒改革方案》规定集团实行二级核算制，表明集团并不是一个单纯的管理机构，而是一个"享有自主决策权、用人权、经营管理权、资产支配权和收益权"的实体。报社、电视台、电台由原来的"工厂"变成了"车间"，改变了原有的条块管理结构，形成了新的管理结构。

（二）滨州传媒集团基本情况

滨州传媒集团比红河传媒集团晚成立两年，于2008年组建。虽然都是走集团化发展的路子，集团的组织和运行方式大体一样，但在具体操作方面，滨州传媒集团作了诸多适应性改变。

与红河州相似，滨州把市级的新闻单位整合为一个传媒集团。在资源整合方面，采访资源逐步走向融合，重大的活动由集团协调。不过，广告资源还没有融合，各单位保留独立核算。与红河传媒集团不同，滨州传媒集团并没有把滨州市下辖县级地区所属的新闻媒体纳入集团。它只是一个跨媒介的综合性传媒集团，而不是一个跨地区的传媒集团。集团在组建和运行方面有以下几个特点。

首先，确保了党和人民的"喉舌"功能和"党管媒体"的原则不变。集团领导班子由市委组织部管理，有相应的级别，集团的其他干部由集团管理。

其次，集团由事业单位转制为企业，政府给予集团一定的财政支持。在人事制度改革上实行了"老人老办法，新人新办法"。2008年集团成立的时候，对"老人"保留事业编制身份，但工资不由财政发，由集团发。2008年之后新进的员工则是合同制员工身份。员工的工资包括基本工资和绩效工资。

[①] 中共红河州委办公室、红河州人民政府办公室：《关于印发〈红河州新闻传媒改革方案〉的通知》（红办发〔2006〕77号），2006。

滨州传媒集团也存在一些难题。业内人士认为，集团的成立没有真正使原有各单位变成一个整体，原来各单位真正变成一个整体需要时间，需要强有力的行政力量的推动，它并非市场选择的结果。①

（三）德宏传媒集团基本情况

德宏传媒集团与滨州传媒集团类似，只把州级新闻单位（包括出版单位）整合为一体，没有吸纳县级媒体。

德宏传媒集团的成立，参考了红河传媒集团的经验。组建德宏传媒集团时，相关部门提出了"九不变"、"两分开"和"四统一"的原则。

"九不变"是指"党管媒体不变，党管干部不变，党和人民喉舌的性质不变，社会主义先进文化阵地的功能不变，社会效益和经济效益相结合的原则不变，国有媒体的机构性质不变，单位的名称不变，事业人员的身份不变，财政供给关系不变"。② 这一原则与红河传媒集团、滨州传媒集团在处理党和媒体的关系方面的原则是一致的。

德宏传媒集团强调"事业人员的身份不变"和"财政供给关系不变"，但没有明确集团是企业性质。正因如此，德宏传媒集团成立后，没有大规模地向社会招聘人员。彼时，德宏团结报社除汉文版外，还包括 4 种少数民族语版。报社实行采编合一的制度，外出采访时是记者，回报社就是编辑，还要承担审稿工作。报社由州委宣传部管，财政供养一直没有中断。其他媒体（如电视台）的聘用人员虽然比报社多几人，但总体情况差不多。在调查中，访谈者对集团成立前后的感受提及最多的是"没什么变化"。因为这"九不变"的原则，单位职工似乎很难感受到集团的存在。从传媒业务来说，集团成立后，也没有大的变化。考核体系在集团成立前就有了，集团成立后还在使用。虽然更严格了，但大都能完成任务，完不成的人不多，大多数是超额完成。③

---

① 2014 年 9 月 22 日在山东省滨州市对 ZG 先生的访谈。
② 此处内容引自德宏传媒集团新闻部《改革历程 发展足印——德宏传媒集团成立五周年纪实》，2013 年 11 月 11 日，http://v2009.dehong.gov.cn/bm/dhcm/history/2013/1111/93961.html。此条文献采集时间为 2014 年 12 月 11 日，2025 年 7 月，本书付印前，笔者再次打开此网址核对引文时发现网页已经无法打开，故只能依据当时保存的网页核对。下文"两分开"和"四统一"同此情况。
③ 2014 年 8 月 14 日在芒市对 Z 先生的访谈。

"两分开"是指"坚持宣传业务与市场经营性业务分开,宣传人员与经营人员分开"。德宏传媒集团的广告资源并没有整合在一起,还是由各媒体独立在做。以德宏团结报社为例,报社的广告部负责广告工作。

"四统一"是指"统一人事财务管理,统一新闻宣传协调联动、功能互补、资源共享,统一行政后勤管理,统一对外开展经营活动"。在这"四统一"原则执行过程中,集团拥有人事权和财务权,做到了统一。除此之外,其他方面并不严格统一,各媒体拥有自主权。

在坚持"九不变"、"两分开"和"四统一"原则的前提下,德宏团结报社、德宏人民广播电台、德宏电视台、德宏民族出版社、德宏州少数民族语言电视译制中心、国际互联网德宏新闻中心6家新闻媒体进行整合,组建成立了德宏传媒集团。

在下属媒体的眼里,集团的理想状态是一个利用媒体资源发展产业的实体,而不是一个管理机构。[①] 事实上,德宏传媒集团对各媒体的管理也是松散的。

在兴办产业方面,为整合印务资源,集团成立了德宏印务中心。此外,集团还成立了德宏州文化传播有限责任公司、云南省印刷物资公司德宏分公司、德宏传媒集团印务中心印刷物资部等。不管是在印务还是广告方面,德宏传媒集团的产业布局范围都较小,由于德宏传媒集团保留了人员身份和财政供给体制,员工队伍稳定,原有的工作方式也没有发生很大的变化。

一方面,德宏传媒集团能够集约采访资源;另一方面,集团在实际运行中,出现了关系不顺、实质性整合难度大等问题。例如,报纸、电视、广播各有特点,整合难度大,广告业务整合难,集团与广电局的关系不顺,等等。[②] 此外,还存在人才缺乏问题,这个问题在红河传媒集团、滨州传媒集团也存在。

综上所述,德宏传媒集团总体特征如下:一是确立"九不变"原则,职工队伍相对稳定;二是没有疾风骤雨般地拓展产业;三是没有打破原有的宣传架构,各媒体仍然沿用既有的、成熟的工作方式和模式运行。

---

① 2014年8月14日在芒市对X女士的访谈。X女士是当地一家传媒企业领导层成员。
② 2014年8月14日在芒市对X女士先生的访谈。

第三节　组织因素

能否产生类似范本的效果，是讨论组织文化涵化过程和结果无法回避的话题。仿习范本的活动包括仿照实践范本的观念和复制范本的实例。这需要制定具体的政策和措施。那么，政策实施的效果，以及取得的效果是否符合组织对仿习活动的预期，反过来也会影响组织及其成员对范本的印象。本节将通过分析地市级传媒组织在集团化发展过程中的几个探索实例来说明这种现象，目的在于表明：在主观上，仿习范本是想实现或能够在某些方面获得与范本类似的效果，但客观实践效果如何却取决于诸多的因素的共同作用。

一　对媒体融合的探索

不管是广电集团、报业集团还是综合集团都涉及对原有组织机构的重组，与之有联系的概念是媒体融合。媒体融合又称媒介融合。关于媒体融合，至今还没有一个公认的准确定义。蔡雯教授把媒体融合的概念归纳为四种类型：

1. 从微观层面出发，强调媒体融合的技术基础作用和驱动作用。

2. 从中观层面出发，主要涵盖传媒技术融合、传媒产品形态融合、传媒运作系统和传媒组织机构的融合等方面。

3. 从宏观层面出发，概念不仅包括上述两类定义的内容，而且强调社会监管和规则的融合，受众的参与以及媒介融合的经济学以及社会学后果。

4. 从大传媒业角度出发，内容涵盖传媒业、电信业、IT产业、电子产业等所有参与到媒介融合中来的产业。[①]

从世界范围来看，美国最早开始媒介融合实验。2000年，媒介综合集团

[①] 蔡雯：《媒体融合与融合新闻》，人民出版社，2012，第2~6页。

(Media General Inc.）在佛罗里达州坦帕市实施了"媒介融合"。融合实验虽然取得了一些成绩，但也面临诸如政策等方面的障碍。这是一个世界性的难题。蔡雯教授认为："在我国，目前还不存在成熟的媒体融合个案，但是一些初步的网络互动、跨媒体合作，正表现出我国传媒业的融合萌动，体现了媒体融合产生的动力机制。"[1]

以红河个案为例，红河传媒集团既融合了报纸、广播、电视三种属性的媒体，又整合了部分所辖县市的媒体单位。它从跨媒介和跨地区两个维度推进媒体融合，但不是在科学技术的推动下而是在行政力量的推动下进行的，有别于学术界所言的媒体融合。有业内人士将这种整合或融合称为"传统媒体之间的硬融合"。[2]

不可否认，在现代传媒格局中，广播发展面临诸多危机，其地位不断弱化，报纸也面临类似的危机，相比而言，电视的发展情况要好一些，对传媒创收的贡献也是最大的。红河传媒集团成立后，在优化产业结构的过程中，提出要"优先发展电视及其产业、提速发展报业及其相关产业、稳步发展广播及其产业、做大网络产业"[3]。简而言之，就是电视优先，报纸提速，广播稳步。

红河传媒集团围绕电视组建了影视广告公司、广电实业发展公司和广电器材设备公司，围绕报纸，组建了天南文化传播公司，并创办了《滇南晨刊》。相比较而言，并没有围绕广播来组建实体，而是把广播纳入"广电"的范畴。从实际操作上来看，集团的产业结构调整思路可理解为"突出电视，弱化广播"。对于原有的两个频率，电台保留了新闻频率，音乐广播则由广告公司经营，电台人员也从60多人减少到20多人。[4] 广播的弱化还可以从电台的创收上反映出来。电台的收入，2005年达280多万元，2007年不到150万元，到2008年底，广告收入只有80万元。[5]

---

[1] 蔡雯：《媒体融合与融合新闻》，人民出版社，2012，第22页。
[2] 2014年4月1日在蒙自市对G先生的访谈。G先生是当地一家传媒企业领导层的成员。
[3] 王丽萍：《发展传媒文化产业，促进新闻事业做大做强——在红河新闻传媒集团第一届一次职工代表大会暨一届二次工会会员代表大会上的报告》，《红河传媒》2008年第1期，第8~15页。
[4] 2014年4月1日在蒙自市对G先生的访谈。
[5] 2014年4月1日在蒙自市对G先生的访谈。

二 跨地区发展的探索

红河传媒集团在整合州级三大媒体，实现跨媒体整合之后，又在跨地区整合方面有了实质性进展。红河传媒集团弥勒、蒙自、个旧、开远分公司相继挂牌成立，分公司主要集中在红河州经济发展水平较高和城镇化率较高的县（市）。

整合的大致情况是，在2006年完成州级媒体整合的基础上，2007年8月，集团完成了对弥勒阿细跳月文化传播有限责任公司和弥勒电视台的整合。2007年10月，集团对蒙自、个旧和开远三地媒体的整合已经相继进入实质阶段。依据当时的报道可知，4个县（市）分公司"性质为事业单位整体转制为新闻文化企业，承担公益文化事业的社会责任，并按照现代企业制度的要求，规范建设和运作"。[1]

这4个分公司成立前的发展情况不一样，进入集团后的运行情况也不同。大致可把个旧、蒙自、开远的分公司归为一类，把弥勒的分公司归为一类。2009年，随着红河传媒集团的解散，红河州传媒业短暂的跨地区整合尝试就此终结。

三 产业发展的探索

红河、德宏、滨州都通过组建传媒集团的方式来发展相关产业。其中，红河个案在产业布局、探索步伐上最具代表性。红河传媒集团成立后，力图使新闻宣传和经营的关系更加清晰。在顶层设计上，放大、突出"盈利产业"功能。在制度上，事业单位转成企业，职工身份也随之转变。政府通过购买公共产品的方式，扶持传媒集团的发展。[2]

此外，根据改革方案，"集团内各分公司（新闻中心除外）可以向社会集资入股，但社会资本总额不得超过集团总资本金的49%"。[3] 集团实施了职工

---

[1] 李泉兵、董光荣、胡彦辉：《红河新闻传媒集团蒙个开弥勒分公司挂牌成立》，《红河传媒》2007年第4期，第25～26页。
[2] 中共红河州委办公室、红河州人民政府办公室：《关于印发〈红河州新闻传媒改革方案〉的通知》（红办发〔2006〕77号），2006。
[3] 中共红河州委办公室、红河州人民政府办公室：《关于印发〈红河州新闻传媒改革方案〉的通知》（红办发〔2006〕77号），2006。

入股。① 在当时,职工入股并非红河传媒集团独有,红河州的其他一些单位,例如部分医院,也曾有过职工入股的情况。红河传媒集团把经营作为重要的工作来做,布局产业发展。

1. 多元发展布局

《红河州新闻传媒改革方案》明确提出,红河传媒集团要把传媒产业属性的开发和建设作为重要目标。② 红河传媒集团组建后,开始了一系列的对传媒产业属性的"开发和建设"。按照改革方案,红河州报纸、广播、电视三大媒体的国有资产(扣除改制成本后的净值)全部移交红河传媒集团使用,并将新建成的州新闻中心(红河州新闻事业发展服务中心)国有资产也移交集团管理使用。据云南光大会计师事务所的报告,红河传媒集团组建之初的固定资产总量为1846万元,流动资产为536万元,总资产为2382万元。③

2006年,红河传媒集团组建了具有二级法人资格的6个下属经营实体(分公司),实行专业化分工,整个集团的相关经营业务分别划归一个分公司负责,由其承担相应的产业经营创收职能。集团对这6个分公司实行经营目标责任制的管理体制,初步搭建了传媒产业集群的框架。④ 这6个分公司中,影视广告公司、广电实业发展公司、天南文化传播公司是主要负责经营的单位。影视广告公司除了负责三大媒体的广告经营外,2007年还在红河州内拓展了电梯广告和路牌广告业务。

根据集团规划,集团有进军房地产市场,拓宽发展空间的工作计划。⑤ 但这项工作并未开展。

2. 挖掘创收潜力

在我国,广告和信息服务收入是传媒主体的重要收入来源之一,对于市场化的媒体来说,它们就是最重要收入来源。与其他媒体组织一样,红河传

---

① 2014年3月29日在蒙自市对F先生的访谈。
② 中共红河州委办公室、红河州人民政府办公室:《关于印发〈红河州新闻传媒改革方案〉的通知》(红办发〔2006〕77号),2006。
③ 《红河传媒集团筹备工作组第二次会议纪要》,《红河传媒》2006年第1期,第27~28页。
④ 李涛:《为发展红河新闻传媒业不懈努力——写在红河新闻传媒集团成立一周年之际》,《红河传媒》2007年第3期,第6~11页。
⑤ 王丽萍:《以科学发展观为指导,努力推动集团新发展——在红河新闻传媒集团年度工作会议上的报告》,《红河传媒》2008年增刊,第6~10页。

媒集团的收入来源主要依靠广告和信息服务（栏目协办等）。因此，在调整产业结构的同时，集团把经营创收的重心放在挖掘广告和栏目协办潜力上。在广告管理上，集团经历了几次变动。在初期，集团尝试通过分包管理体系，实现由目标经营向承包经营的转换。① 但弊端逐渐暴露出来，媒体间相互压价、互相争夺资源。于是，集团决定把广告资源集中起来，对广告实行统一管理，改变过去媒体间不当竞争的局面。广告统一管理之后，依然存在一些弊端。② 由于实际效果不理想，半年后，广告公司被撤掉。③ 栏目协办由各媒体负责。媒体逐级分解任务，按任务考核。此外，部分媒体还有发行征订任务。

四　小报养大报

小报养大报是中国改革开放以来党报发展的普遍现象。小报是相对于党报的政治地位而言的，包括晚报、都市报等形式，承担着为报社创收的任务。虽然晚报、都市报能够带来丰厚的经济回报，但它要求当地有较高的经济发展水平、城市化率。在红河州办晚报、都市报，实现小报养大报的发展模式并非一件容易的事。在"增强报纸可读性"的理念下，"党报属性，晚报风格"的办报理念成为当地党报的办报方针。例如，在2003年之前，当地某县级报纸的第一版为党政要闻版，第二版为各单位的工作报道，第三版为社会新闻版，第四版为文学版。报社的惯例是，第三版要保障报纸的可读性。为此，第三版不刊登广告，专门刊登法治新闻、社会新闻等老百姓喜闻乐见的新闻稿件。尽管提出"党报属性，晚报风格"的办报方针，但读者依然把晚报看成是党报。

红河传媒集团挂牌成立后，集团决定创办《滇南晨刊》，以实现"小报养大报"理念的落地。为此，《红河日报》首先改版，坚持"工作报、学习报是党报的基本定位"，把《红河日报》办成严肃的政经大报。④ 《滇南晨刊》

---

① 文丰：《把传统产业"蛋糕"做大——红河新闻传媒集团影视广告分公司发展纪实》，《红河传媒》2007年第3期，第56~57页。
② 2014年4月8日在蒙自市对W先生的访谈。
③ 2014年4月8日在蒙自市对W先生的访谈。
④ 龚建国：《把握定位、坚持导向——兼谈〈红河日报〉对时政报道的改造》，《红河传媒》2007年第3期，第42~45页。

被定位为都市生活类报纸，实行商业化运作。① 2006年11月，新改版的《红河日报》出版，《滇南晨刊》也创刊出版，主要在个旧、开远、蒙自三地发行。

创刊伊始，《滇南晨刊》赠送发行，印刷量与《红河日报》差不多，达到3万余份。但是，当赠送结束，发行问题马上暴露出来，让人始料未及。征订后，发行量一下从3万多份下降到3000多份，报纸的市场影响力严重不足。② 由于在发行上遇到困难，《滇南晨刊》的发展受挫，不得不做出改变。《滇南晨刊》一方面降低了广告价格；另一方面学习其他的都市报办起了周刊，设置金融、健康、教育、楼市房市等版块。③ 由于效益上不去，单独运行的《滇南晨刊》于2009年整合进入《红河日报》。

《滇南晨刊》未能实现"小报养大报"的原因大致有以下几种。

一是当地城市化率低、城市分散。在红河州，没有一个城市是集政治、经济、文化功能于一体的中心城市。这种分散的经济发展和城市化发展情况，导致州内主要阅读群体的分散和广告市场的分散。不管是蒙自、个旧，还是开远、弥勒，各地的新闻和信息都较难持续引起其他城市读者的广泛兴趣。读者的分散，势必导致报纸发行成本增加。此外，红河州的产业结构特点不利于当地媒体发行广告。红河州的第一、第二、第三产业中第二产业比重过半，而第三产业不足三成。这种经济结构也导致了本地企业对本地媒体的依赖性不强，在本地媒体上投放广告的数量和费用有限。

二是自主权有限。《滇南晨刊》虽然是一份独立的报纸，但自主权有限，在重大问题上要服从集团的指令。

三是对都市报办报规律认识的不足。首先是发行问题。《滇南晨刊》在启动征订后，发行量不足，报纸的影响力不足。其次是定位问题。虽然社会新闻和民生新闻是对会议新闻、工作动态、发展成就等报道的补充，但并不是报纸只要关注民生，就能赢得大众喜欢。

---

① 王丽萍：《力推"三报一刊"，促进红河报业更快更好发展——在红河传媒集团编辑委员会第一次扩大会议上的总结讲话》，《红河传媒》2006年第1期，第44~46页。
② 2014年4月8日在云南省红河哈尼族彝族自治州蒙自市对W先生的访谈。W先生是当地一家媒体领导层的成员。
③ 2014年4月8日在蒙自市对W先生的访谈。

四是受到都市报固有特性的影响。在经费来源上，都市类报纸很少有国家的财政投入，办报主体需要从市场中获得利润；在用人制度上，都市报更为灵活，只有管理人员和少数员工有编制，大部分员工是没有编制的聘用人员；在考核分配上，普遍实行量化考核，员工收入与量化考核结果挂钩。这一方面给都市报带来了活力和经济收益，另一方面也带来了员工的流动性大、部分记者没有归属感和认同感等问题。

五　效果评估后的调整

在21世纪初组建传媒集团的大潮中，我们考察的三个地方组建的传媒集团，在大致相同的时期内，红河个案解散了，滨州和德宏个案仍然存在。显然，这些均是组织在评估仿习效果之后的进一步行动。鉴于滨州和德宏个案所作出的调整不大，这里只简要介绍红河个案所作出的调整。

能够实现什么样的类范本效果，取决于组织及成员对政策的反应和适应程度。这就要求组织内外形成新秩序。新秩序是组织内外多重平衡的结果，而组织内外的多重平衡又是动态形成新秩序的必要条件，也是新秩序正当性的重要保障。

2008年是中国改革开放30周年，云南省确定红河州为全省两个综合改革试点地区之一。红河州提出积极而审慎地推进各项事业发展的思路，强调发展的可持续性。红河州于2008年5月8日召开动员大会，提出要用2~3年的时间，先行试验一些重大改革措施，加快综合配套改革，把"是否得到大多数群众的接受和拥护作为评价改革是非成败的标准"。[①] 动员大会结束后一周，即5月16日，红河州委到红河传媒集团调研。此时，红河传媒集团总部已从个旧搬迁至红河州政府所在地蒙自，集团所属的红河电视台、红河人民广播电台、红河日报社等仍然在个旧。经过近两年的发展，红河传媒集团下辖13家媒体，除原来的州级媒体外，还包括蒙自、个旧、开远、弥勒等县（市）的媒体，拥有3种报纸、3种期刊、5个频率和10个频道。调研结束后，红河州委提出：

[①] 刘一平：《思想大解放，改革大深化，为推动红河新发展注入强大动力》，《红河日报》2008年5月8日，第1版。

一是要深刻领会中央关于文化体制改革和文化产业发展,包括新闻传媒业改革和发展的方针政策和指示精神,始终把我州新闻传媒业的改革和发展置于中央的精神和方针政策框架之下。

二是要认真学习和借鉴外地的先进经验,但不能照搬照套。

三是要紧密结合省情、州情,做到各项工作有探索、有创新、有特色。①

2008年7月30日,红河州提出:"进一步深化和完善红河新闻传媒集团、红河演艺集团、红河影视集团、红河体育集团、红河旅游集团的改革。"② 2009年4月29日,红河州委下发了《关于深化和完善红河新闻传媒集团改革意见的批复》,明确了红河日报社、红河人民广播电台、红河电视台、红河州微波管理站按照2006年7月改革前的框架,恢复为事业单位,保留原有编制。撤销红河新闻传媒集团有限公司这个企业法人,但保留红河新闻传媒集团牌子,挂靠在红河州广电局。到2009年6月中旬,各大媒体领导到位履职。这标志着红河州传媒事业发展格局恢复到了原来的状态,意味着2006年以来探索的"媒介大整合""人员打破身份""政府购买公共文化产品"等告一段落。

2010年1月15日,《云南日报》发表了专访文章,强调红河州"每一项改革成果要能够连续不断地坚持下去才行,要避免改革工作的反复性"。③

红河传媒集团停止运转后,下属的传媒组织恢复了原来的建制,面临如何解决集团时期遗留问题的难题。集团时期遗留的问题中有两个问题尤为突出:一是债务④,二是人员安置。需要指出的是,关于改革必要性的争议在红河传媒集团期间一直存在。例如,2007年9月,红河州召开红河新闻传媒集

---

① 刘一平:《深化和完善新闻传媒体制改革,为促进红河新发展做出新贡献》,《红河传媒》2008年第2期,第6~9页。
② 红河州委党史研究室:《改革开放三十年——中共红河州委重要文件集》(下),2008,第1421~1426页。
③ 汪继武:《改革要注重可持续发展——访红河州委书记刘一平》,《云南日报》2010年1月15日,第6版。
④ 王爱国:《红河大发展,报社怎么办?——从红河日报社近三年的实践谈思想解放》,载于王爱国主编《大河风流——红河日报社创新发展理论与实践》,云南人民出版社,2012,第4~5页。

团成立一周年座谈会时，就有人提出了"改革必要性的问题"：

> 我想，红河州对新闻媒体、对新闻管理体制进行改革，也是需要回答一些大家有疑问、有争议的问题。我想，第一个问题就是改革必要性的问题。因为我们的改革不是为了改革而改革，是必须到了要改革的地步我们才去改革。长期以来，我们平面媒体和广电媒体是两个不同的阵营，广电媒体和平面媒体在各自的竞争中这些也都得到了一些发展，那么，我们就必须回答，我们改革的必要性在哪里？不改革会对我们新闻传媒的管理造成些什么样的影响？①

从宏观上来说，传媒的功能是多重的，既有宣传、舆论导向、教育等功能，又有繁荣文化和发展经济等功能。在长期的发展过程中，内部多重功能之间形成了比例适当、运行顺畅的和谐秩序。尽管有缺陷和不足，但它具有很强的稳定性。传媒组织有自身的特殊性，它并不是纯粹的文化企业。改革开放以来，尽管传媒组织用工制度发生了很大的变化，从业者的身份日益多样化，但原来的思想和模式仍然还在。按照均衡原则，传媒的市场化、集团化发展与原有的工作方式、运行规范之间需要取得某种均衡。根据博弈论中的纳什均衡理论②，信念与选择之间具有一致性。

> 纳什均衡也可以说是可以自我实施（self-enforcement）的，也就是说，如果所有人都认为这个结果会出现，这个结果就真的会出现。③

耐心是一个重要的博弈论的概念。"耐心可以理解为时间的价值，后者是经济学上最重要的概念之一。"耐心的重要作用表现为："在谈判当中能够影响最终分配结果的因素有两个：一个是出价顺序，一个是参与人的耐心。"④

---

① 《红河新闻传媒集团改革的道路会越走越好》，《红河传媒》2007年第4期，第19~24页。
② 纳什均衡（Nash equilibrium）是所有参与人的最优战略的组合，给定这一组中其他参与人的选择，没有任何人有积极性改变自己的选择。参见张维迎《博弈与社会》，北京大学出版社，2013，第50~51页。
③ 张维迎：《博弈与社会》，北京大学出版社，2013，第51页。
④ 张维迎：《博弈与社会》，北京大学出版社，2013，第119页。

红河传媒集团组建两三年之后，就遇到公开的质疑，表明参与者对它不看好，且耐心不足。

在组织中，一种新秩序一旦形成，要改变是艰难的，除非形成解体所需的条件。虽然新秩序不是最优的方案，但只要能够形成均衡，新秩序就具有了正当性的保障。新秩序对老秩序的更替，需要通过照顾不同利益诉求的方式来减少均衡缔结点的差距。在不少案例中，我们可以看到，达成多重平衡的重要标志不仅是一致的赞同，还有因诸多因素导致组织内外保持的默契。若默契能保持到新秩序为人们接受的时刻，那么秩序的正当性就得到了保障。倘若不能保持到新秩序获得人们接受的时刻，那么，不再默契与沉默的状态就转变成了形成新平衡的驱动力。

第三章　组织文化的独特性

在文化涵化过程中，组织文化自身的独特性是影响组织涵化或适应程度的重要因素之一。本章延续前章的思路，以中国传媒组织文化的独特性为分析对象，考察传媒组织文化深层结构及构成要素之间的关系。

第一节　组织的结构要素和发展

组织文化的独特性是一个组织区别于其他组织的属性，或是特定组织所属行业及文化的深层结构。作为一种整体的结构，它是有中心的。结构的概念比较抽象，布尔迪厄的关系概念和吉登斯的结构性概念也是结构的另一种表达。从长期来看，文化的结构并非静止的，而是动态的、变化的。正如雅克·德里达否认中心的存在的那样，与结构相伴的是解构，解构从"解中心"（decentrement）开始。他认为："中心乃是整体的中心，可是，既然中心不隶属于整体，整体就应在别处有它的中心。中心因此也就并非中心了。"[1] 他将"解中心"作为结构之结构性的观念。关于中心，他认为："中心并非一个固定的地点而是一种功能、一种非场所，而且在这个非场所中符号替换无止境地相互游戏着。"[2] 其含义很明显，中心首先是一种功能，其次存在符号无止境地替换。整体的中心或功能不是一成不变的，描述功能的符号被无止境地替换（推陈出新）。因此，对组织文化独特性的分析，并非描述其稳定、不变的状态，而是动态地考察其结构中各要素之间的关系。

纵观世界传媒业的结构，有两个要素，即政治和经济，与传媒业文化的

---

[1] 雅克·德里达：《书写与差异》，张宁译，生活·读书·新知三联书店，2001，第503页。
[2] 雅克·德里达：《书写与差异》，张宁译，生活·读书·新知三联书店，2001，第505页。

独特性密切相关。当然我们也承认，这两个要素是人为总结出来的，或者说是学术研究中常见的思路或进路，这一点在本章第三节中也有解释。

一 结构的要素

以政治、经济两个要素来区分传媒业形态，在学术研究领域由来已久。传播学的奠基人施拉姆等人把不同的传媒理论与传媒业形态联系起来。他们提出四种传媒理论，即威权主义理论、自由至上主义理论、社会责任理论、苏联共产主义理论，据此区分出了英美等民主社会的传媒业和威权主义制度下的传媒业。[①] 这种区分方式是以政治和意识形态作为划分传媒业形态的标准。这种标准是典型的冷战时期的产物，其科学性、准确性受到人们的不断质疑与批判。

在施拉姆之后，哈林和曼奇尼在政治的基础上增加了经济（商业）的指标，在分析西欧和北美的发达资本主义社会的传媒业时，他们区分出了三种基本的媒介体制模式：自由主义模式（liberal model），盛行于英国、爱尔兰和北美国家，特征是市场机制和商业性媒介的相对支配性；民主法团主义模式（democratic corporatist model），盛行于欧洲大陆北部，特征是商业性媒介和与有组织社会及政治团体相联系的媒介有着共存的历史，以及相对活跃但是在法律上受限制的国家角色；极化多元主义模式（polarized pluralist model），盛行于欧洲南部的地中海国家，特征是媒介被整合进政党政治、商业性媒介较弱的历史发展和国家的强大角色。[②]

对历史缘由的追问是人类的天性。战国时期的诗人屈原曾在《天问》中发出疑问："遂古之初，谁传道之？上下未形，何由考之？"施拉姆和哈林都试图回答："传媒为什么是现在这个样子？"施拉姆从传媒理论入手，而哈林从媒介制度入手，他们都用了相同的分析路径，以政治和经济作为变量（要么单独运用，要么组合在一起）来考察宏观的传媒与政治、经济之间的关系。

---

① 弗雷德里克·S. 西伯特等：《传媒的四种理论》，戴鑫译，中国人民大学出版社，2008，第 2~7 页。
② 丹尼尔·C. 哈林、保罗·曼奇尼：《比较媒介体制：媒介与政治的三种模式》，陈娟、展江等译，中国人民大学出版社，2012，第 11 页。

在国内，一些学者也用了类似的思路。例如，吴廷俊教授认为，"从古至今，中国的主流媒介均为'喉舌媒介'"，与之联系在一起的是"耳目喉舌"理论。帝制传统之下派生出的是官营媒介。"翻开中国新闻事业史，我们可看到官营媒介一直占据了绝对优先的主流的位置"。①

吴廷俊教授认为，传媒业的生长特征包括以下几点：首先是"政治推进"（媒介主要基于政治需要产生，在政治斗争中发挥政治宣传作用，随政治的风云变幻而起伏消长）；其次是"依附生存"（新闻媒介缺乏独立性，或者说根本就不是一个独立体，不能自立生存、自主运作和自由发展）；最后是"承袭发展"，"纵观新闻发展史，其主流报纸一直都是沿着政府、政党机关报轨迹发展起来的，本来有几个时期可以'突进'的而没有'突进'"。② 可见，政治是传媒业重要的维度。传媒在政治环境中成长并发挥政治功能是中国新闻史书写的重要内容。

总之，在研究中，学者们自觉不自觉地把政治与经济要素视为传媒业与传媒文化深层结构的两个重要变量。那么，为何是这二者成为重要的决定性要素呢？政治与经济又是如何塑造传媒文化和传统的呢？我们可以从布尔迪厄的场域理论出发来分析。

（一）政治、经济对传媒结构的形塑

在布尔迪厄看来，"场"或"场域"（field）是一个"有结构的社会空间"，是一个实力场，同时也是一个为改变或保存这一实力而进行斗争的战场。在场中有"统治者和被统治者，有在此空间起作用的恒定、持久不平等的关系"。③ 在这里，"关系"实际上是"结构"的另一种表达，结构是一种虚拟的秩序，并且不是外在的。

布尔迪厄把新闻场（即传媒）定义为文化生产场。在布尔迪厄看来，政治、经济、新闻、数学等都是"场"。他对新闻场的观点大多是通过分析电视来体现的，集中在1994年出版的《关于电视》这本小册子中。他的分析概括

---

① 吴廷俊：《绪论 突破"中体西用"：论中国新闻事业的产生与发展》，载于吴廷俊《中国新闻史新修》，复旦大学出版社，2008，第2~11页。
② 吴廷俊：《绪论 突破"中体西用"：论中国新闻事业的产生与发展》，载于吴廷俊《中国新闻史新修》，复旦大学出版社，2008，第11~20页。
③ 皮埃尔·布尔迪厄：《关于电视》，许钧译，南京大学出版社，2011，第58页。

起来有三个关键之处：一是新闻的自主性；二是新闻与政治的关系；三是新闻与商业的关系。他的主要观点是：新闻场缺乏自主性，容易受其他力量的控制；在当代社会中新闻场（电视）不是民主的工具，反而带有压制民主的强暴性质和工具性质；商业通过新闻场逐步控制了政治，造成了政治幻灭的普遍后果。

首先，布尔迪厄认为，由于自主性弱，新闻场"更容易受到外部力量的钳制"。① 从某种意义上说，新闻场必然受制于其他场的力量。政治、经济或商业②力量都需要传媒充当中介或工具与公众发生联系，工具理性的倾向强化了新闻传媒的工具属性。一方面，政治对传媒进行控制；另一方面，传媒也假借政治的力量实现它的目的。政治采取直接的和柔性的方式来管理传媒。

其次，布尔迪厄认为，传媒是某些企业或政府机构的产业，导致电视行使了一种形式特别有害的象征暴力。他认为："象征暴力是一种通过实行者与受害者的合谋和默契而施加的一种暴力，通常双方都意识不到自己是在施行或在承受。"③ 商业通过收视率迫使电视减少严肃的政治新闻，增加社会新闻并使新闻娱乐化。布尔迪厄说："新闻界是一个场，却是一个被经济场通过收视率加以控制的场。这一自身难以自主的、牢牢受制于商业的场，同时又以其结构，对所有其他场加以控制。"④ 更严重的情况出现了，他说：

> 在目前阶段，所有的文化生产场都受制于新闻场的结构，而不是受制于某某记者、某某电视台的台长，因为他们本身也被场的力量所控制。……一个越来越受制于商业逻辑的场，在越来越有力地控制着其他的天地。……同样，借助整个新闻场的作用，经济又以自己的影响控制着所有的文化生产场。⑤

---

① 皮埃尔·布尔迪厄：《关于电视》，许钧译，南京大学出版社，2011，第78页。
② 布尔迪厄在使用"商业"这个词时，实际是指经济，两者大多数情况下互通，但有时也专指商业。在本书中，大多数时候，两者互通。
③ 皮埃尔·布尔迪厄：《关于电视》，许钧译，南京大学出版社，2011，第16页。
④ 皮埃尔·布尔迪厄：《关于电视》，许钧译，南京大学出版社，2011，第79页。
⑤ 皮埃尔·布尔迪厄：《关于电视》，许钧译，南京大学出版社，2011，第83页。

这方面最好的佐证是某些时候司法受到民情和公众舆论的左右。

布尔迪厄实际上揭示了在当代法国社会中，传媒在政治和商业中间所扮演的中介角色。传媒沟通了政治和经济的联系，这种联系是控制与被控制的斗争关系。布尔迪厄站在精英主义的立场批评传媒丧失了对政治的关心。他对文化生产场沦为利益集团的工具感到哀叹。由此可知，至少在20世纪90年代，法国已经形成了商业的霸权，布尔迪厄坚守社会文化生产者的社会责任意识，反对商业场对新闻场的侵蚀。

通过前面的分析我们注意到两点。一是正是因为新闻场缺乏自主性，决定了它受制于政治、商业等力量。政治与经济两个要素决定了传媒的基本功能、结构。二是施拉姆、哈林以及布尔迪厄的观点对分析中国传媒结构有参考意义，但也有一些缺失，具体表现在以下两点。

第一，如果按照类似施拉姆以及哈林的方法，很容易停留在形式主义上而忽略政治与经济之间的互动。施拉姆的冷战思维决定了他只用政治一个变量来考察世界传媒的形态。哈林对资本主义社会媒介制度三种模式的划分，使用了政治与经济两个变量，但他在分析中国的媒介体制时强调了政治变量。他认为，中国的媒介体制是这样一种体制：政府历来处于核心地位，媒体主要表现出动员民众完成革命并推动革命向前发展的政治功能。[1] 显然，他深受传统思维的影响。

第二，布尔迪厄所述的传媒在政治与经济之间充当中介角色这一观点不适合中国的实际情况。在当代中国，党领导传媒工作。从直观的方面来说，传媒为政府所有或兴办。传媒组织与其他政府部门之间保持着干部交流和人员交流。传媒在社会中发挥着上情下达、下情上达的桥梁沟通作用。尽管桥梁沟通功能也是一种中介功能，但它是信息和意见的沟通中介，而非决定性的中介。

（二）中国传媒的双重属性

如果沿用将政治、经济作为分析传媒结构的两个基本要素的思路，那么，

---

[1] 秦汉：《媒介体制：一个亟待梳理的研究领域——专访加利福尼亚大学圣地亚哥分校传播学院教授丹尼尔·哈林》，《国际新闻界》2016年第2期，第73~83页。

第三章 组织文化的独特性

中国传媒的结构呈现什么样的形态和属性,以及具有什么样的传媒文化独特性呢?

这里所谓的中国传媒不是一个历史性概念,而是一个现实性概念,指的是我国的传媒业或在中国共产党领导下的传媒事业。① 我们对中国传媒业的一个总判断是,政治力量拥有对传媒业毋庸置疑的领导权、支配权,同时随着社会的发展,传媒业在经济生活中扮演越来越重要的角色。从历史发展的视角来看,中国传媒的深层结构从"政治领导传媒"的结构,发展到当下的"政治领导传媒,传媒与经济融合"的双重结构。

1. "政治领导传媒"的基本属性没有改变

"政治领导传媒"是中国传媒结构的核心和基础,其内涵是政治对传媒的影响是直接的、决定性的。"政治领导传媒,传媒与经济融合"的双重结构是对改革开放以来中国传媒结构的描述,而不是对整个中国传媒历史的描述。显然,按照类比的方法,容易把当下的结构视为成熟的参照物,而把前一时期"政治领导传媒"的结构视为初期的产物,从而产生一个进化的序列,把"政治领导传媒"的结构视为不成熟的阶段。这是进化论的观点,尽管有其逻辑的自洽,但缺乏现实实践的证明。

中国传媒的结构不存在一个进化的序列。如果没有充分的证据表明中国传媒会朝完全的市场化方向发展,以及传媒结构会朝新的(以经济为主导)结构方向发展,那么,我们就必须抛弃这种进化论调。

2. 传媒与商业互惠互利地结合

在理论上,吉登斯已经证明,结构不过是一些"结构化特征"而已,即功能主义和结构主义所揭示的"结构"具有的那些功能,并没有一个所谓稳定的"结构",因为它是转化性的,即是易变的。因此,他说:"我把结构看作是这种转换的规则(和资源)。"②

> 在社会研究里,结构指的是使社会系统中的时空"束集"(binding)在一起的那些结构化特征,正是这些特征,使得千差万别的时空跨度中

---

① 传媒事业又称为新闻事业,本书没有严格区分两个词的词义差异。
② 安东尼·吉登斯:《社会的构成》,李康、李猛译,生活·读书·新知三联书店,1998,第79页。

存在着相当类似的社会实践，并赋予它们"系统性"的形式。①

简而言之，结构是转换性关系的某种"虚拟秩序"，是对现实的描述，是把现实纳入我们的知识范围之内的一种方法。

对结构所具有的功能暂且不论，这里重点分析"没有一个稳定的'结构'"这个观点。结构是易变的，结构的易变不能等同于二分论所谓的转型，例如，市场转型论人为地划分了国家和市场的二元结构，转型暗示了从一元到另一元的过渡和转变，而实质上转型是指结构的更新和丰富。因为"结构"一词本身是人们描述、把握现实的时候使用的抽象的、类比的语词。现实发展的包容性、多元性、复杂性也必然要求语词内涵的更新和丰富。

因此，传媒结构是不断丰富和不断更新的，经历了不同阶段或历史时期。中国传媒结构首先是"政治领导传媒"，随着时代发展出现了"传媒与经济融合"，并作为新的特征和内容嵌入结构中。它们都是相对成熟的结构模式。

二　传媒结构的发展

当代中国传媒从中国共产党在革命战争时期建立的新闻宣传体系基础上继承发展而来。1942年《解放日报》的改版可窥见我党领导的传媒业的基本面貌。新闻史学界普遍认为，"抗日战争时期是毛泽东新闻思想的成熟阶段"，毛泽东新闻思想"长期地成为中国共产党领导新闻事业的指导思想，对后来党的新闻事业的发展具有重要的影响"。②

（一）改革开放前的发展情况

"政治领导传媒"的结构成长、成熟于中国革命战争年代。在革命战争年代，我党逐步形成了自己的新闻工作经验和工作理念，这些经验和理念具有鲜明的特征。

---

① 安东尼·吉登斯：《社会的构成》，李康、李猛译，生活·读书·新知三联书店，1998，第79页。
② 郑保卫主编《中国共产党新闻思想史》，福建人民出版社，2004，第221页。

第一，重视宣传。按照政治倾向，自近代以来中国的政党报主要可以分为两类，一类是以《新民丛报》《民报》等为代表的资产阶级报刊，另一类是中国共产党领导的无产阶级报刊。宣传政治主张、教育民众是政党报的主要功能，在这一点上，不管是梁启超、孙中山等资产阶级理论家或革命者，还是中国共产党的新闻理论家，观点都是一致的。

梁启超在《论报馆有益于国事》一文中提出了传媒业对国家进步有积极作用的观点。他说，"阅报愈多者其人愈智；报馆愈多者其国愈强"。梁启超还提出了报纸的"耳目喉舌"论，即"其有助耳目、喉舌之用，而起天下之废疾者，则报馆之为也"。之后，人们以"喉舌"来比喻新闻事业的功能，该观点经过不断充实而发展为"喉舌理论"，影响至今。

孙中山将宣传视为文化建设的重要功夫。他说：

>大家都知道，中国最有名的人是孔子，他周游列国是做什么呢？是注重当时宣传尧舜禹汤文武周公之道，他删诗书作春秋是为什么事呢？是注重后世宣传尧舜禹汤文武周公之道，所以传播到全国，以至于现在，便有文化。今日中国之旧文化，能够与欧美的新文化并驾齐驱的原因，都是由于孔子在两千多年前，所做的宣传功夫。[①]

孙中山为《民报》撰写了发刊词，发刊词阐述了同盟会的纲领——三民主义（民族、民权、民生）。《民报》成为三民主义的宣传和论战阵地。

中国共产党也十分重视利用报刊来宣传马克思主义，李大钊、陈独秀等人在这方面都有突出的贡献。陈独秀创办的《新青年》是中国新文化运动的主要阵地，也是早期中国共产党的重要刊物。此后，根据办报、办刊的实践经验，吸收苏联的新闻理论思想，中国共产党逐步形成了自己的新闻理论。甘惜分教授在总结新闻对政治宣传的作用时说：

>我们在进行这种规律探索时，将使人注意到这样一种普遍现象：任

[①] 孙中山：《党的进行应以宣传为重（民国十二年一月二日，在上海中国国民党改进大会演讲）》，载于李瞻《新闻学原理》，台湾政治大学新闻研究所，1988，第10页。

何报纸、广播、电视，都不只是传播新闻，而且还借此传播思想，表达思想倾向，是为了影响舆论和引导舆论，是为了把一种思想传播开去，变成公众的思想。

再往深处加以追索，我们就会发现，这种现象的背后，是因为这些新闻机构无一不是掌握在一定阶级、政党、政治集团或政治代表人物手中，他们无一不把新闻事业作为一种宣传工具。这才是问题的实质。在分析新闻问题时，千万不可忘记了这一实质性问题。……在我国现阶段，新闻事业仍然是阶级（无产阶级）舆论工具。[①]

第二，坚持党的领导以及党性原则的统领作用。在革命斗争年代，军事斗争、政治斗争的成败直接决定了革命事业的前途，所以要调动一切积极因素争取革命斗争的胜利。因此，党办的报纸、广播等自然而然地成了革命斗争的有机组成部分。传媒必须是革命机器上的齿轮和螺丝钉，以革命目标为目标，以革命原则为原则，以革命纪律为纪律。传媒组织的工作者是党的干部，执行党的决定，宣传党的方针、政策，办报经费也由党给予安排。

群众路线是中国共产党革命斗争的法宝之一，这就要求传媒必须发挥好宣传、动员、教育大众的作用。文艺界与新闻界的关系很紧密，不少文艺作品是通过报纸发表的。例如，1943年，《解放日报》副刊就发表了《兄妹开荒》（秧歌剧）、《李有才板话》（赵树理）、《田保霖》（丁玲）等文艺作品。一些作家同时也是报纸的编辑或记者，例如刘白羽、丁玲等人。

报纸、广播等新闻媒体不仅是宣传媒体，还是教育干部群众的工具。例如，"《解放日报》发刊前夕，毛泽东为中共中央书记处起草通知，宣布'一切党的政策，将经过《解放日报》与新华社向全国宣达。《解放日报》的社论，将由中央同志及重要干部执笔。各地应注意接收延安的广播。重要文章除报纸、刊物上转载外，应作为党内、学校内、机关部队内的讨论与教育材料'"。[②]

[①] 甘惜分：《新闻学原理纲要》，载于《甘惜分自选集》，中国人民大学出版社，2007，第74~75、80页。

[②] 郑保卫主编《中国共产党新闻思想史》，福建人民出版社，2004，第229页。

第三，经济上实行行政计划配置。在物资匮乏的战争年代，传媒事业的开展只能通过行政计划和调配来实现。当时，读者经济收入有限，在报刊方面的支出也很少，多依靠公家来满足阅报、听广播的需求。

1949 年以后，革命战争时代的新闻宣传体制得到了延续和发展。见证了此过程的甘惜分教授将这个新闻宣传体制总结为六个方面的内容：

> 第一，宣传上高度的集中统一，一切听命于党中央，报纸上不得有任何与中央不一致的言论，以免为敌所乘。
> 第二，报纸应迅速地把党的各项政策传达到广大群众中去。
> 第三，新闻的发布应以本地新闻为主，国内次之，国际又次之。因为农民并不关心也不了解国际大事，不能照搬大城市办报的一套办法。
> 第四，报纸为了维护党的统一，……对群众和基层组织也应以表扬为主……。
> 第五，真实性是新闻报道的基本原则，报纸不得有任何捕风捉影、道听途说的故事出现。
> 第六，坚持群众办报，反对编辑部少数人关起门来办报。[1]

这既是中国当代传媒业适应社会、政治发展的产物，也是 20 世纪中国对传媒结构的选择，具有深深的历史印记。革命战争时期，报刊是揭露敌人、战胜敌人的利器，也是传达中央方针政策、宣传典型、鼓舞士气的重要力量。在社会主义建设时期，新闻工作除了延续革命战争时期的传统外，还要在维护社会的安定团结、促进社会和谐发展等方面做出积极的贡献。新中国成立后，全国范围内创办各级机关报和其他公营报纸。[2] 中国逐步兴办了中央级、省级、地市级、县级传媒组织，以及各行业的传媒组织。对于传媒业来说，宣传和舆论引导是首要的，传媒经营处于次要的位置。

当然，新闻工作在国家建设中发挥积极作用的同时，也曾暴露一些问题。

---

[1] 甘惜分：《社会主义中国的新闻体制课题总结报告（写作于 1996 年）》，载于《甘惜分自选集》，中国人民大学出版社，2007，第 568 页。
[2] 吴廷俊：《中国新闻史新修》，复旦大学出版社，2008，第 393 页。

例如,"文化大革命"时期,有的新闻媒体成为阶级斗争的工具。①

新闻不能脱离人民是理论界的共识。新闻理论界对报纸商品性的争论清楚地反映了这一点。持报纸有商品属性观点的王中教授的理论基础是商品的"使用性"或"有用性"。他认为,"商品就是要使人买后有用",而报纸要发挥指导作用的首要条件是"为群众所喜欢"。在这个基础上,改进报纸工作必须把报纸变为群众所需要的东西。总之一句话,报纸"是在商品性的基础上发挥宣传工具的作用"。② 进而,报纸的商品属性理论指向了读者需要论,即"报纸要根据读者需要来办,这是办好报纸的根本问题"。③

王中教授的观点所指向的是如何发挥好报纸的宣传工具作用,这也可以看成20世纪50年代社会对改进报刊、广播的宣传工作的要求和呼声在理论上的反映。但是,这一理论提出的商品概念,在当时的背景下容易产生商品性是报纸的根本性质的误读。甘惜分教授认为:

> 我们并不否认报纸是千万种商品的一种,而只是不同意新闻学研究中的一种倾向:把报纸的商品性提高到报纸的根本性质的问题上来研究。抬高了报纸的商品性,就会助长办报看市场行情,迎合市场的需要的倾向,甚至助长报纸经营的商品化,不择手段地赚钱,不惜以党的事业的原则性作交易。这是一种异常危险的倾向。这里只着重以报纸为例,这些问题也同样适用于广播和电视。④

甘惜分教授准确地预测了抬高报纸的商品性助长报纸迎合市场需求的倾向以及报纸不择手段地赚钱导致的各种问题。这些问题在改革开放后的新闻界也较为普遍。

仅就新闻的商品属性的争论来看,王中教授与甘惜分教授的分歧根源在于不同的读者观。前者的理论包含了对读者自主选择与多样需求的尊重;后

---

① 郑保卫主编《中国共产党新闻思想史》,福建人民出版社,2004,第372页。
② 王中:《新闻事业的发展规律和报纸的职能》,载于赵凯主编《王中文集》,复旦大学出版社,2004,第16页。
③ 王中:《办报人要有读者观念》,载于赵凯主编《王中文集》,复旦大学出版社,2004,第3页。
④ 甘惜分:《新闻学原理纲要》,载于《甘惜分自选集》,中国人民大学出版社,2007,第88页。

者将读者理想化为追求精神交流的高尚人格，甘惜分教授曾说：

> 有人花五分钱买一根冰棍，吃下解渴，仅此而已。而买报的五分钱却得到了思想上的升华，其作用不可能用金钱来计算，报纸是否商品在这时就变得毫无意义了，它变成了报纸编辑部与读者之间的思想交流，在他们之间架起了一条精神桥梁。[①]

（二）改革开放后的发展与优化

改革开放以来，中国传媒随着时代的变迁发生变化。这些发展离不开时代的进步和人们对幸福生活的祈盼。自1978年改革开放以来，改革成为中国社会的重要主题，中国社会发生了很大的变化。讨论传媒的发展，要先弄清楚它所处背景中最为关键的语词——改革。改革究其本义，乃是变化、更新之义。从近代以来，尤其是1895年以后，改革的含义逐渐集中于指制度的变革。相对于革命，改革主要指一种渐进的、局部的变革。改革的逻辑和方向不是任意的，通常有预定的目标。

在当代中国，改革体现了时代的价值和意义。改革不仅是一面旗帜，还代表了某种先进与落后、保守与进步、崇高与丑恶的评判标准。它不再只是具有普通的更新与变动之义，还代表了一种时代精神和倾向，被赋予了积极的色彩。只有不断改革才能实现发展，改革被用来描述积极的、符合时代需求的举措和结果。它通常被解释为：

> 改革不是另起炉灶，不是"改向"，而是为了完善和发展中国特色社会主义制度；不是削弱或否定党的领导，而是要加强和改善党的领导，巩固党的执政地位。[②]

改革开放以来，传媒发展首先要保障意识形态属性以及政治宣传的需要，在此前提下，逐步恢复和发掘传媒与经济（商业）的联系，以解决"食物和

[①] 甘惜分：《新闻学原理纲要》，载于《甘惜分自选集》，中国人民大学出版社，2007，第86页。
[②] 夏春涛：《把握国家治理现代化的正确方向》，《求是》2014年第8期，第32~33页。

服务"的问题。这是一条风险小、代价低又能带来收益的渐进式道路。

因此，改革开放之后，经济（或商业）与传媒的共生关系逐步改变了中国"政治领导传媒"的原有结构，发展为"政治领导传媒，传媒与经济融合"的双重结构。在当代传媒业中，传媒与经济的共生关系是中国传媒结构的另一面。共生关系是指传媒与经济有机体紧密地、互惠互利地结合在一起。这是改革开放后中国传媒发展的结果，经济实体为传媒的发展提供了资金支持，同时传媒自身也发展成为经济系统重要的一环，并且成为文化产业的重要组成部分。

1. 经济与传媒的共生关系

经济（或商业）与传媒的共生关系，是指报纸、广播和电视等媒体依靠广告获得经营收入来维持自身的发展，企业等经济实体也依赖于新闻媒体的宣传来促进自己的成长。共生现象（symbiosis）源自生物学，克朗凯特说：

> 或许在你的印象中，这个词受到了那些自称为"共生解放军（Symbionese Liberation Army）"["共生解放军"是美国七十年代的一个暴力组织——译者注]的年轻狂热分子的影响。这个词在你的脑海中可能已被玷污，甚至带上了贬义色彩，但它仍然是一个真实的概念。
>
> 共生是一种非常奇怪的关系。它指两种有机体紧密地结合在一起，这种结合对双方而言是互利互惠的。在我看来，媒体与企业就是这样一种关系。
>
> 报纸、广播和电视都依靠广告获得经营收入，媒体能长期维持这种发展，主要也是因为商业社会能够提供足够的资金。另一方面，企业也有赖于媒体促进自己的成长——公共广告来宣传产品。[①]

在美国传媒业中，这种共生关系使得传媒与政治、商业体系的关系变得非常微妙，吉特林描述道：

---

① 转引自托德·吉特林《新左派运动的媒介镜像》，张锐译，华夏出版社，2007，第211页。

电视网不能触犯政府的核心利益，同时还要小心，不能违反整个商业体系的中心前提。它们必须支持对投资和生产的私人控制权，正如他们控制公众传播的空间一样。一些商业行为在新闻中很少被披露，如贿赂、对大众健康的危害以及对环境的破坏等等。对此类的报道所产生的影响，通常不会直接将责任归咎于制造事端的企业，而是将责任推到"公众"的身上，或者换一个角度，从消费者而不是工人的角度来解释，甚至根本就不予以解释或者提供根本的解决办法。然而，即便是这样，商业机构也会认为媒介触犯了双方合作的共同制度。媒介正是通过新闻业"客观性"的惯例寻求同合作系统的共生。这种驱动是乌托邦的，永远也不会停止，即使不会变成现实。①

经济（或商业）与传媒的关系着眼于"用"的目的，即利用经济要素来实现传媒的发展。改革开放以来，虽然中国传媒与经济的联系变得紧密起来，但政治立场没有改变。例如，1996年，广州日报社成为我国首家组建报业集团的试点单位，"新闻出版署与广州日报社约法三章：报业集团必须坚持有利于加强和巩固党对新闻舆论阵地的领导，有利于党的声音在群众中的影响，有利于国有资产的保值增值，并且确保党对报业集团的绝对领导，配合中央和省市党委的中心工作"。②

这就决定了中国传媒一方面要继续发挥喉舌作用，另一方面要理顺关系，解决机制体制中存在的问题。于是，经济（或商业）与传媒的共生关系就融入进了中国传媒的结构之中，原来的"政治领导传媒"结构演变为"政治领导传媒，传媒与经济融合"的双重结构。这种关系的最初提法是"事业单位，企业管理"③，后来广为人知的提法是传媒的"双重属性"，即意识形态属性和商品属性（或产业属性）。李良荣教授认为，双重属性为我国传媒业"事业性质，企业管理"提供了理论支撑。④ 它是中国传媒结构的一种概括性、通俗

---

① 托德·吉特林：《新左派运动的媒介镜像》，张锐译，华夏出版社，2007，第212页。
② 詹新惠：《党报集团资本运营研究：现状·问题·路径》，中国传媒大学出版社，2009，第32页。
③ 也有"事业性质，企业管理"等类似提法。
④ 李良荣：《新闻改革30年：三次学术讨论引发三次思想解放》，载于李良荣《新世纪的探索：李良荣新世纪新闻学研究文集》，暨南大学出版社，2012，第301页。

的表达，生动地描述了中国传媒结构的发展。

传媒的双重属性奠定了传媒产业发展的基调，如果说"政治领导传媒"是中国传媒的基本方面，承载了对社会安定团结的价值祈盼的话，那么，"传媒与经济融合"则包含更多的内容，承载了对富强、平等、民主等价值观的祈盼。

2. 富强话语的彰显

富强是近现代以来中国社会的集体祈盼，已成为一种普遍的祈盼和价值目标，在中国传媒的发展中也有所体现。在深层结构上，传媒被嵌入政治体系中，彰显的是对"强大""强力"的祈盼。就"富强"的价值观而言，除了包括对"强大""强力"这一实力层面的祈盼外，还有对"富有""富裕"这一物质层面的祈盼，这是富强价值观的两个方面。

改革开放后，传媒对富强的追求既受外部刺激的影响，同时又有内部的必然性。

一是放眼世界，在国际舆论格局中"西强我弱"，即与西方发达国家相比，中国传媒的影响力还不大，综合实力还不强。中国实行了四级办台（电视台、电台）、三级办报，虽然形成了规模庞大的传媒业，但不少传媒组织实力弱、影响力小，存在散、滥、弱问题，相关管理部门曾多次采取措施"治散治滥"，但由于种种原因未能根治。在此背景下，中国传媒"做大做强"的愿望萌生，甚至出现了"打造中国的传媒航母"的提法。

二是地域与传统优势的发挥。我国自近代以来，商业性传媒就一直存在，尤其在上海、北京、广州、天津等商业发达的地区，商业性传媒发展较快。"文化大革命"之后，这些地区的传媒界率先开始商业化改革探索[①]，从最初的刊登广告、办都市报，到成立新闻传媒集团，无不引领着传媒业的发展方向。中国传媒也出现了大众化、娱乐化、商业化的一面。总体而言，改革开放后，随着经济建设成为国家的中心工作，地域优势和商业性在传媒发展中的分

[①] 一般认为，中国传媒界的探索改革始于1981年。这一年，以穆青为代表的新闻工作者提出新闻写作散文化的主张。但早在1979年，商业广告就已重新出现在报纸上。1979年1月4日，《天津日报》恢复商业性广告，之后上海的《解放日报》刊登了通栏商品广告，上海电视台播出了"参桂补酒"广告，《文汇报》刊登了报纸上第一条外商广告。到了1979年9月，中央电视台也播出了有偿广告。

量越来越重。北京、上海等大城市以及省会等中心城市高速发展的经济和广阔的市场促进了传媒业的快速发展。

3. 当下传媒组织呈现的普遍问题

随着大环境的改变,传媒组织在编辑流程、节目内容、内部人事制度、内部考核等方面进行了改革。与此同时,传媒业内部原有的结构紧张[①]依然存在,在原有的结构紧张之上还叠加了新的结构紧张。传媒的市场化和商业化必然要引入与之密切相关的观念,例如竞争观念、经营观念等。这些观念不断挑战原有的观念,不可避免地引起观念之间的不适与冲突。

例如,一些媒体认为既然政府投入的资金不够,那么只能到市场中去找资金投入,所以把大量的精力放在市场经营上。这一方面推动了中国传媒的逐步发展壮大;另一方面使传媒商业化、庸俗化,同时也给管理者带来担忧。

又如,随着社会主义市场经济体制的建立,市场经济已经渗透到传媒业。传媒业的量化考核、用人制度改革、目标管理责任制、广告承包制等相继在各地出现。这在激发传媒从业者的积极性的同时,也产生了一些弊端,例如内部收入差距加大、同工不同酬、媒体责任意识和道德意识淡薄等。

又如,一些地方政府片面地理解市场经济,片面地强调竞争,认为只要把媒体交给市场就会得到皆大欢喜的结果,生硬地照搬其他地区媒体的发展模式,在赶超战略的影响下提出改革方案并付诸实施。一些传媒组织不顾自己的资源禀赋特点,生搬硬套所谓先进经验,等出现问题或效果不尽如人意时再纠偏,所付出的代价是巨大的。

这些现象存在于当代中国传媒的实践之中。传媒业出现的这些变化,既是传媒发展过程的产物,也是其进一步发展的社会背景,可概括为以下六点。

(1) 市场化改革和自由竞争原则,导致"守土有责"的观念与媒体跨界

[①] "结构紧张"(structual strain)的概念最早由美国社会学家默顿提出。它"是指社会结构的不协调使得社会群体之间的关系处在一种对立的、矛盾的或冲突的状态下,或者说,社会关系处于一种很强的张力之中。在这样一种状态之下,社会矛盾比较容易激化,社会问题和社会危机比较容易发生"。简而言之,结构紧张是指一种普遍的不协调或失衡状态,既包括默顿所说的社会塑造的期望值与社会提供的手段之间的失衡状态,也包括了李强所述的中国社会的倒丁字形结构中,由于下层群体过大,而且下层与其他群体之间处于一种两极式的(或直角式的)连接方式所造成的社会群体以至整个社会的"结构紧张"状态。参见李强《社会分层十讲》(第二版),社会科学文献出版社,2011,第257页。

发展之间的矛盾逐渐显露。在传媒业的条块分割管理制度下，不同级次的报纸、电台和电视台分属不同级别的党委、政府。从理论上说，这限制了传媒市场的自由竞争。如果要进行充分的市场竞争，按照优胜劣汰的原则，必然导致一些媒体被兼并，甚至是关闭，这将导致相关党委、政府丢掉新闻宣传阵地。目前，中央和省级媒体通过设立记者站、办地方版，以及与地方党委宣传部合作等形式，把市场渗透到中、小城市。外地报纸、节目的涌入，给当地的传媒组织带来了压力。

（2）宣传需求的存在使得内部报刊或内部资料等应运而生，政策层面的严控与现实中的擦边球现象，引发客观的宣传需求与经济效益之间的矛盾。在政策层面，国家曾先后多次对报刊进行治理整顿。例如，2003年，全国除少数县级报纸保留外，其他县级报纸全部取消，当时的一个动机是减轻基层的经济负担。虽然公开发行的县级报纸取消了，但是有部分报纸改了刊名，发行方式由公开订阅改为赠阅，仍然以内部资料的形式继续存在，报社作为一个单位依然在建制中。而一些没有办报资格的县级党委、政府，通过与其他媒体合作发行周刊、读本等方式，变相办报。党委、政府在工作中需要宣传，需要宣传的平台。县级党委、政府办报，从行政的角度来说是合理的，也是必要的，不过，却在一定程度上与现行政策相矛盾。随着时代的发展，这个矛盾会更多地显露出来。

（3）用人制度改革导致"一种体制两种身份"，同时也使得社会风险增大，媒体的安全基础受到侵蚀。"一种体制两种身份"是传媒组织用人制度改革造成的结果，在我国相当普遍。因为编制有限，为了发展事业，面向社会招聘人员成了新闻单位的普遍做法。绩效考核和经营活动（主要是拉广告和栏目协办）拉大了传媒从业者内部之间的收入差距。在量化考核和任务加重的情况下，不少传媒组织出现了新闻质量危机和信誉危机。

（4）现实世界和经济生活的世俗化、物质化趋向，使新闻理想与新闻精神模糊化与碎片化，新闻价值观遭到腐蚀。随着传媒的发展以及竞争机制的建立和完善，经营活动在传媒运行中开始扮演越来越重要的角色。传媒竞争在给传媒组织带来高额经济回报的同时，也带来了高强度的压力。传媒业的社会化和市场化，迫使新闻理想和新闻价值让位于经济利益和量化考核任务。从业者的不安全感、危机感增强，内部收入两极分化趋势明显，多种新闻价值观的冲突也日渐增多。

（5）新技术在新闻传播领域的广泛运用、新媒体的壮大使得传统媒体日益被边缘化，传统传媒对如何与新媒体融合感到无所适从。传媒业已经普遍感受到了新媒体的冲击，并且认为与新媒体融合是未来的发展趋势，至于如何融合，则还在探索之中，主要的方法有：依靠新媒体平台把节目和内容挂上去，成为新媒体平台的内容提供者；通过建网站、开通手机报、开发客户端等，挖掘在新媒体上的潜力。这些方法能否有效应对新媒体的冲击还有待观察。

（6）当代中国社会转型进入新的时期，全球传媒变迁与国内传媒本土转型叠加，影响传媒变化的因素更复杂，不确定性也在增加。中国传媒小、散、弱的局面，在现阶段还普遍存在。不管是政策层面的治理整顿，还是运行层面的市场化发展，都遇到了很多问题和困难，离预期的效果还有较大的差距。究其原因，乃是社会转型进入新的时期，影响中国传媒发展的因素更加复杂，既有影响全球传媒业发展的普遍因素，又有中国传媒发展长期积累的沉疴。

第二节　组织的治理与诉求平衡

治理（governance）是一个当代政治学的概念。学术界一般的理解是："它指的是政府组织和（或）民间组织在一个既定范围内运用公共权威管理社会政治事务，维护社会公共秩序、满足公众需要。"[①] 它仍属于管理的范畴。"治理的理想目标是善治"，"善治意味着官民对社会事务的合作共治"。[②] 组织治理包括国家对组织的治理和组织的自我治理两个方面。国家对组织的治理是国家治理和社会治理的一部分，组织的自我治理是组织自主性的表现。

[①] 俞可平：《"国家治理现代化"丛书总序》，载于周红云主编《社会治理》，中央编译出版社，2015，第1页。
[②] 俞可平：《"国家治理现代化"丛书总序》，载于周红云主编《社会治理》，中央编译出版社，2015，第1页。

一 治理方式

从治理的视角来看,传媒的双重属性是传媒治理的基础,国家对传媒业的治理和传媒业的自我治理都是在此前提下进行的。这是改革开放以来传媒业长足发展的必然要求,也是传媒发展的前提条件。在此前提之下,传媒的治理方式的核心是区分传媒的意识形态属性和产业属性(或商品属性),对不同的属性实施不同的行动策略。这种区分的观念和方法在传媒发展过程中显示出来的模式可以被称为区分型发展模式。

(一) 基本内涵

简单地说,区分型发展模式就是区分传媒的意识形态属性和产业属性,确保意识形态属性不变,集中力量在产业属性方面下功夫,以实现传媒的发展壮大。传媒发展既要保障政治对传媒的领导,又要满足传媒业"食物与服务"基本诉求,那么,这就要求其必须坚持原则,弄清立身之本和发展壮大的根本要求,努力在社会效益与经济效益之间取得平衡。一方面,传媒组织采用区分型发展模式容易获得认可;另一方面传媒组织通过市场要素做大做强自己,能够减轻财政负担,提高宣传水平,改善宣传效果,同时收获社会效益和经济效益。

第一,区分型发展模式脱胎于各界对中国传媒双重属性的认识。李良荣教授等认为,新闻事业既属于上层建筑,又是实行企业管理的信息产业。[①] 恪守党性原则是对传媒的政治要求,按照市场经济规律运行是对新闻事业发展的要求。作为上层建筑,新闻事业以社会效益为第一位;作为产业,传媒业以经济效益为目的。中国传媒的双重属性决定了传媒发展的复杂性和特殊性,因而把意识形态属性和产业属性加以区分,针对不同的属性采用不同的发展策略是保证各方利益的理性选择。

区分型发展模式坚持了政治对传媒的领导,政治领导传媒的核心结构没有变。新闻宣传对于政府而言是一项重要的工作,不仅事关政策的宣传,还关系到当地社会的稳定。政府既是传媒的举办者,又是重要的新闻来源,因

[①] 李良荣、沈莉:《试论当前我国新闻事业的双重性》,载于林晖编撰《历史的探索》,武汉大学出版社,2009,第145页。

此传媒必须承担宣传政令、繁荣文化、团结民族等政治和文化功能。

随着改革的推进，社会发展过程中的问题与矛盾越发复杂，更需要新闻舆论的正确引导。政府的重大决策、重大部署也需要新闻舆论予以宣传和解读。在国际舆论格局中，政府也需要传播力强的传媒组织为其发声。对中央、省、地市、县所属传媒组织的争论焦点不是这些组织存在的必要性和正当性问题，而是如何更好地解决"服务"问题。甚至，这种服务需求不仅存在于县级以上的政府，即便在最基层的乡级政府也是存在的。对于一级党委和政府而言，宣传需求是客观存在的，这与它的级别大小无关。在目前的传媒组织结构中，乡镇一级是没有公开发行的报纸、广播电视的，但各种内部报刊、视频新闻报道随处可见。在互联网时代，新媒体的使用使得乡镇级政府的宣传有效地打破了传统媒体拥有权的限制，他们不再迫切和热衷于拥有报纸、广播电视等传统的宣传阵地。

第二，区分型发展模式的另一个特点是集中在产业属性方面做文章，保证传媒资本增值。该模式形成的动因（客观的动机）有两个：一是解决传媒组织的运行效率问题，二是使传媒业向理想的形态迈进。在这种逻辑下，根据事项的难易程度以及紧迫程度，采用先易后难的策略是理性和合理的。

对传媒来说，所有的事项中没有什么比"吃饭"更为现实和迫切。改革开放后，刊登商业广告在全国推广的速度很快。这是改革开放后中国传媒转型的第一个阶段，即向商品经济开放的阶段，其实质是传媒原有结构向双重结构的过渡。这一阶段遇到的阻力较小，是因为刊登广告对于传媒组织来说，是一件既有可观经济收益，风险又很小的事情。随着广告收入成为传媒组织的主要收入来源，就进入了转型的第二个阶段，即混合的机制、体制阶段。在这一阶段，商业与传媒的融合机制逐渐形成并壮大，而且带来了新旧观念之间的更迭。

区分型发展模式虽然区分了传媒的意识形态属性和商业（产业）属性，但仍然是以传媒的意识形态属性为"体"，以商业（产业）属性为"用"。寻求社会效益仍是传媒组织的首要任务。改革开放以来，传媒组织被赋予了较大的经营自主权，经营业务等方面都得到了发展，不过，传媒组织的经营仍然受行政区域、行业领域、媒介属性等的限制。

第三，对传媒产业属性的体制、机制进行改革成为必然。在产业属性上做文章是传媒组织的普遍选择。传媒的发展离不开传媒体制和机制的改革。传媒的业务改革主要在传媒内部进行,牵涉面较小,操作性较强。改革开放以来,我国在传媒业务领域取得了很大的进步。[①]

中国传媒的发展涉及传媒行政体制、工作制度、工作方法、工作作风等方面的改革和建设。对社会来说,传媒是社会的哨兵,人们普遍希望它能提供公正、客观、真实的新闻,承担起媒介的社会责任;[②] 从社会责任的角度来说,传媒要努力解决发展过程中偏离传媒社会职责,例如宣传味过浓、商业化过度等现实问题;对传媒组织来说,传媒是由具体的媒体和传媒组织所组成的,首先要保证传媒组织的正常运转,而这需要当地政府和当地社会的支持;对党委、政府来说,要增强传媒组织的活力,首要的任务是处理舆论导向与传媒业务繁荣之间的矛盾。区分型发展模式坚持传媒的舆论导向功能,在发展产业属性上做文章,有效地解决了政府资金投入不足问题,并为当地社会的发展提供了服务。

由此可见,区分型发展模式是社会、政府、传媒组织都能接受的发展模式,具有可控性、可扩散性和可推广性。该模式的特征如下:一是先在小范围内或在基层进行试点,成熟后再推广,一旦出现了偏离可以及时纠正;二是按照国企改革的路子,引入市场因素,参与市场竞争,实行有限的市场化发展;三是由当地政府推动,因为政府可以在短时间内迅速调动相关资源推动、支持传媒组织发展。区分型发展模式重点发掘的是传媒与商业的融合关系,恢复和发展传媒业中商业的成分,打破传媒业原有的结构,疏解该结构之下的结构紧张。区分型发展模式是推动中国传媒发展行之有效的策略,包容性较强。

(二) 历史和现实的逻辑

区分是一种选择思维,有的是理性计算的结果,有的则是无意识的习惯使然。这种思维方式和行为选择策略必然有其历史的和现实的逻辑,经过数十年的实践,中国传媒的发展成绩证明了这条道路是行之有效的。

---

① 孙旭培:《通向新闻自由与法治的途中——孙旭培自选集》,知识产权出版社,2013,第170页。
② Mark Deuze, "What Is Journalism?: Professional Identity and Ideology of Journalists Reconsidered," *Journalism*, 2005 (6): 442-464.

第三章 组织文化的独特性

近代以来的中国传媒业,除了政党创办的新闻报刊外,还存在过例如《申报》《大公报》等与商业资本联系密切的民营商业报纸。改革开放以来,一些重要的民营报纸、著名报人及其新闻观念得到了重新认识,国外的新闻理论、新闻观念被介绍到国内,并成为新闻教育的内容之一。20世纪90年代,中国传媒发展的前沿参与者中很多都学习过西方的新闻理论。[①] 民营报纸新闻观念、国外新闻观念与党报观念共存于改革开放以来中国传媒的发展实际中,产生了思想火花的碰撞,出现了复杂、微妙的互动。

约翰·泰伯说:"新闻出版者担负有公共责任,但他也是一个私营企业商人。"[②] 这是传媒的重要一面。改革开放后,传媒实际恢复了与商业的联系。报纸开始尝试自办发行,报纸扩版进入"厚报"时代,广播、电视的频率和频道也大大增加。中国曾在21世纪初前后组建了一些国家级、省级,甚至地市级的新闻传媒集团。

中国传媒为什么拥有传媒集团的梦想呢?这是因为党报理论本身孕育了"报纸是商品"的因素。党报的理论家们没有排除新闻的商品属性。报纸总是要付钱买的,它跟肥皂、碗、筷等一样,是一种商品。这是不同的主张者都承认的,他们的分歧主要集中在对于报纸商品性地位的认识上。这个问题从20世纪中期以来争论了数十年。我们已经在前一节阐述了相关的内容。简而言之,王中教授坚持认为商品性属性是报纸的基础,报纸是在商品性的基础上发挥宣传工具的作用。[③] 甘惜分教授不同意把报纸的商品性提高到"报纸的根本性质"上来研究。他认为,"我们的新闻事业首先是一种政治事业、教育事业、文化事业,至于是否赢利那是第二位的问题,我们不应当把自己的崇高理想降低到唯利是图的水平"[④]。这两种观点所代表和解释的是因不同经济发展水平、不同地域文化、不同文化水平(知识素养)读者、不同经济环境所造就的不同传媒业的情况。

---

① 陆晔、潘忠党:《成名的想象:中国社会转型过程中新闻从业者的专业主义话语建构》,《新闻学研究》(台北)2002年总第71期,第1~32页。
② John Tebble. "Journalism: Public Enlightenment or Private Interest?" *Annals of the American Academy of Political and Social Science*, 1966 (3): 79-86.
③ 王中:《新闻事业的发展规律和报纸的职能》,载于赵凯主编《王中文集》,复旦大学出版社,2004,第16页。
④ 甘惜分:《新闻学原理纲要》,载于《甘惜分自选集》,中国人民大学出版社,2007,第89页。

区分型发展模式正是这两种观点的综合。一方面，坚持了新闻倾向论中对新闻首先是政治事业、教育事业、文化事业的观点；另一方面，也承认了"在商品性的基础上发挥宣传工具的作用"的定位，即先解决迫切的"吃饭"和"服务"问题。

区分型发展模式的区分对象是传媒结构中的政治和经济（或商业）要素，而不是公领域与私领域。传媒的政治和经济要素仍然属于公领域。区分型发展模式的底色依然是一元论或中心论，政治领导传媒的核心没有改变。发展传媒经济对于党报而言是一个新课题，可以借鉴、学习历史上商业性报刊和国外传媒界的做法。

总之，区分型发展模式在实践中有广泛的运用，为解决现实发展中的迫切问题提供了较为有效的途径。

（三）治理中的诉求平衡

区分型发展模式的目标是寻找一条低风险、能够顾及各方利益诉求的传媒治理之路。李良荣教授认为，政府、传媒（新闻业）、学术界三方的优先考虑目标不一样：政府的优先目标是意识形态安全，传媒的优先目标是商业利益，学术界的优先目标是公共利益。他认为，三者之间孰轻孰重的选择，决定中国新闻改革的未来走向。[①]

这三个目标也是三个利益诉求。其中，政府和传媒的利益诉求来源于中国传媒的双重属性，是结构性的诉求。学术界的利益诉求不是结构性的诉求，而是来源于对传媒业扮演的社会角色和发挥的社会功能的主观认识，因而是多义的。意识形态安全和商业逐利是传媒组织的两个基本利益诉求。在传媒中，政治力量占领导地位，意识形态安全代表了它最优先的利益诉求。传媒作为广义政治系统的一部分，自然要在优先保障意识形态安全的基础上，才能谈及商业利益。

从发展历程来看，在改革开放之前，中国传媒并不强调商业利益诉求。随着传媒的商业属性被接纳，商业利益诉求在传媒发展中的地位越来越显著。进一步考察会发现，传媒接纳商业利益带来了治理方式的转变，即允许商业

---

① 李良荣：《论中国新闻改革的优先目标——写在新闻改革30周年前夕》，《现代传播（中国传媒大学学报）》2007年第4期，第1~3页。

力量的存在，承认其是传媒事业发展的重要力量之一，并给予政策上的支持。政策支持的背后也体现了传媒管理、传媒经营方式的调整。这背后的逻辑是：传媒要在市场中找到饭吃，必须拥有一定的独立自主权，既包括经营管理的自主权，也包括传媒业务的自主权，使之能在地方市场（商品经济）中解决"食物"的问题，进而解决"服务"的问题。这种争取自主权的形式之一就是宣传和倡导按照新闻传媒规律来办事、办媒体。这既是传媒精英所信奉的观念，又是他们为新业务、新发展模式找到的理论依据。

在传媒治理中，参与治理各方的关系既有功利主义的一面，又有道德伦理的一面。若各方的关系是以道德伦理为基础的话，则要求顾及各方的利益。儒家以家庭伦理为基础的治理主张是中国传统治理方法中的重要传统之一。追溯先秦诸子的学说，由于儒家的治理比法家、墨家更强调人伦道德，照顾到了民众非理性的一面，因而容易为民众所接受。

若把治理中的关系理解为治理者和被治理者的关系，则舟与水的辩证关系蕴含在其中，所谓"水能载舟，亦能覆舟"。对于治理者来说，要讲"德"，否则将会因"失德""无道"而招致水满覆舟。因此，治理中存在以"道德伦理"为基础的治理方式就不足为奇了。

二 内部治理

随着商业或经济要素的加入，传媒治理者除了要具备过硬的政治素质外，还要进一步强化其他素质，其中商业素质、经营能力等逐渐被提到了重要的位置。传媒组织内部的治理实际上被具体化为管理问题。一般来说，依据中国传媒的双重属性，管理要顾及两个方面的利益，管理者应既是政治家，又是企业家。

（一）政治家办报与企业家精神

我国有政治家办报的传统。康有为、梁启超等维新派人士在组建强学会等团体时皆办有报刊。孙中山提出"以先觉觉后觉"，而革命者正是先觉者。1905年，同盟会成立后创办了机关报《民报》。孙中山在《〈民报〉发刊词》中说：

惟夫一群之中，有少数最良之心理能策其群而进之，使最宜之治法适应于吾群，吾群之进步适应于世界，此先知先觉之天职，而吾《民报》所为作也。抑非常革新之学说，其理想灌输于人心而化为常识，则其去实行也近。①

毛泽东在1957年提出"政治家办报"。有学者指出，这"体现了他对党和人民的新闻工作者的严格要求，也寄托了他的殷切期望"。② 学术界对"政治家办报"有两种基本的态度。

一种态度分析"政治家办报"的科学内涵。有学者指出，"如果说，新闻'具有连植物也具有的那种为我们承认的东西，即承认它具有自己的内在规律'（马克思语），那么'政治家办报'就是它的内在规律之一"，"总体而言，'政治家办报'因反映了意识形态属性主体与新闻传媒客体的一种相互关系，曾经并且还将长期存在在世界新闻传播领域"，并称"政治家办报"为"真理烛光"。③ 另一种态度认为要"正本清源"，撇开望文生义的七门八派的"政治家办报"不论，对"政治家办报"做一个历史考察。④

不管怎么说，"政治家办报"的观念已经深入了中国传媒从业者的内心。这既反映了传媒界对管理者要具有良好"政治家"风范的期盼，也反映了管理者要具有政治素质已经成为一种普遍认识。随着改革开放的推进，企业家逐步进入了中国传媒界的视野。国外的许多知名传媒组织为私人公司，其管理模式可以笼统地、粗略地称为"企业家办报"，尽管这个提法有失全面和准确。

在我国，传媒在发挥舆论引导作用的同时，要努力发挥产业属性功能，为繁荣社会主义经济服务。不少传媒组织自己也办有不少企业，从事经营活动。传媒组织的管理者也被要求和期盼具有企业家精神、企业家思维。因此，在中国传媒的发展过程中，要将"政治家办报"与"企业家办报"同存于一

---

① 孙中山：《〈民报〉发刊词》，载于《孙中山选集》（上），人民出版社，2011，第80页。
② 郑保卫主编《中国共产党新闻思想史》，福建人民出版社，2004，第355页。
③ 朱清河、张荣华：《"政治家办报"的历史起点与逻辑归点》，《新闻与传播研究》2009年第4期，第22~33页。
④ 吴廷俊：《"政治家办报"——研究二十世纪五六十年代中国新闻史的一个关键词》，《国际新闻界》2010年第3期，第12~18页。

体，即实现所谓的"政治型企业家办报"。政治型企业家实际上是对"复合型人才""又红又专人才"的另一种表述。

（二）内部管理的具体性和直接性

首先，管理不仅涉及管理的技术性问题，还涉及组织文化的问题。除了权力关系外，传媒组织内部还存在一种文化关系。这一点为不少新闻研究者所重视，例如，舒德森把"文化的路径"列为媒介研究的三个方向之一。[①]用权力关系的视角分析管理问题的局限在于对社会文化因素的忽略，因为传媒从业者不管是谁都生活在"文化空气"中，这些文化空气涵养了他们的种种行为模式以及集体潜意识。

在传媒组织的内部，管理问题显得直接、琐碎，涉及媒体运行的方方面面。长期以来，大家已经认同了新闻媒体是党和政府的喉舌、新闻工作者是党的新闻工作者这一观念，且对这种观念所产生的平等观念也已经根深蒂固。在组织内部，人们的关系首先是革命的同志关系，单位是以革命和人民利益为利益的共同体。组织内部有分工，分工虽然无高低贵贱之分，但在组织内部呈现科层结构，存在权力关系，以及管理和被管理（类似场域中的支配地位和被支配地位）的关系。媒体内部也存在类似"水与舟"的辩证关系，有需要顾及内部各方的利益诉求的地方。在传媒组织内部，虽然管理者处于领导地位，负责制定政策，但是管理者也需要有普通成员的支持和配合才能实施管理。只有双方达成某种默契，才可顺利地推进事业发展。

其次，多种因素与收入、荣誉等利益直接发生联系，管理问题既是现实的，又是敏感的。例如，在传媒业的市场化发展过程中，职称、能力、社会资源等逐渐成为影响利益分配的要素。尤其是在传媒组织能够自主分配收益，"大锅饭"模式被打破的情况下，内部的利益或收益差异的扩大也就不可避免。这些需要人们不断地去适应。同时，这也有可能成为组织内部危机的导火线。尽管管理者可以通过坚定的意志甚至动用行政、法律等资源来推行他们的政策，却仍然不能忽略普通成员的意见。传媒组织内部管理所面临的问

[①] M. Schudson, "The Sociology of News Production," *Media, Culture & Society*, 1989 (11): 263-282.

题包括如何进行利益的调整、分配，如何对待个人和集体的习性，如何激发人们的热情，等等。

三　公共利益

传媒与公共利益之间的关系是复杂的，因为这种关系不是来源于传媒的结构，而是来源于人们的观念，即人们期待传媒能够在维护公共利益方面发挥应有的功能。

（一）对传媒忽视公共利益的批评

改革开放以来，人们对传媒领域发生的变化及结果有不同的评价。其中，学术研究者的意见在社会舆论中占有重要一席。他们更关注传媒所承担的公共属性，对中国传媒为了"食物和服务"而忽视公共利益的批评屡见不鲜，甚至指出了部分传媒组织以牺牲公共利益为代价。李良荣教授指出：

> 说到公众，我国的传媒业从来没有像现在这样，如此地重视公众，同时又如此地蔑视公众。重视公众，是重视公众的眼球。传媒业不择手段地炒作娱乐化节目，都是为了吸引受众的注意，拉抬收视率，提高发行量，吸引广告商，提升广告额。说白了，就是传媒业把公众当作商品打包卖给广告商。所以，传媒业与其说在不断创造节目，倒不如说它在努力把大众制造成商品，这是传媒业商业化运作的必然结果。蔑视公众，是蔑视公众的权益，无视公众的利益。就以中国报刊业"有效发行"为例。所谓"有效发行"就是广告商眼中的黄金群体即传媒业流行的"白骨精"群体：白领阶层，各企事业骨干，社会精英，他们是社会上"高学历，高收入，高消费"的三高人群。因为在传媒业眼里，他们是"高质量"的商品，可以向广告商卖出高价。而那些老年人、民工、农民、低工资的工薪阶层，尽管他们可能比那些三高人群更需要信息，更需要媒体关照，但他们消费不起广告商提供的商品，所以成了"无效"人群即卖不出价格的低档商品，被媒体排除在外，不配享受媒体。按照我国一批社会学家的统计，中国中间阶层至

多不过占人口20%。但我国大多数传媒业的定位和节目定位却关注于这20%，年龄在25~45岁。①

对"食物和服务"的渴求是传媒发展的内在动力，推动了传媒融入商品经济发展的大潮中，其带来的巨大变化这一事实是不能掩盖的。学术界对传媒忽略公共利益、过分追求商业利益做出的批评，反映了社会的公共利益意识在逐渐增强。

学术界对公共意识的重视行为中既有传统学术中"为生民立命""书生报国""报馆有益于国事"等观念的影子，又有西方传媒社会责任理论的影子。可以说，知识阶层对传媒的期许之一也在于此，这种期许包括他们对社会现实的关注和成为公众代言人的期许。有学者指出："在中国近现代史上，无论是著名的报刊还是著名的记者，其社会影响和贡献首先是传播新思想新文化的思想启蒙，其次是针砭时弊、自由议政道德舆论监督，作为最基本的新闻职业道德功能——报道新闻、传递资讯——则在最次。"② 因此，传媒成为众多价值观的寄居所。

传媒对社会发展负有责任，中外传媒界无不有此传统。这是传媒参与社会发展的重要方式。新闻史家把文人论政传统和政治家办报称为中国传媒在自己的发展进程中形成的"两个明显的传统"。③政治家办报前面已经作了阐述，这里单讲文人论政。文人论政根植于中国人"天下兴亡，匹夫有责"的观念。

> 中国文人为了实现自己的政治抱负，除了走"读书做官"的道路，成为统治阶级中的一员，帮助皇帝管理好他的"家"，治理好他的"国"之外，还有一条道路就是"文人论政"。"文人论政"的"文人"一般是在野文人，他们没有踏入仕途，"报国无门"，只有写诗作文，以"文章

---

① 李良荣：《论中国新闻改革的优先目标——写在新闻改革30周年前夕》，《现代传播（中国传媒大学学报）》2007年第4期，第1~3页。
② 陆晔、潘忠党：《成名的想象：中国社会转型过程中新闻从业者的专业主义话语建构》，《新闻学研究》（台北）2002年总第71期，第1~32页。
③ 吴廷俊：《绪论　突破"中体西用"：论中国新闻事业的产生与发展》，载于吴廷俊《中国新闻史新修》，复旦大学出版社，2008，第13页。

报国"。①

在野文人的论政传统不仅体现在王韬、梁启超、章太炎等近代著名人士身上，在《大公报》等私营报纸上也体现得很明显。从学术背景来看，在野文人中有不少人接触过西方政治思想。在中国社会的现代化转型过程中，他们既坚持中国传统政治的某些思想，又以启蒙者自居，报刊成为他们的宣传阵地。

第一，中国的文人论政传统在近代报刊上得到了延续，刺激了中国文人对理想报刊的想象和参与政治的热情。这一想象既来源于此种传统，也来源于他们对西方报刊的认识以及对现实需要的附会。中国新闻理论的先驱徐宝璜在1919年出版的《新闻学》的自序中直言："本书所言，取材于西籍者不少。"19世纪末，报刊的第四权力说盛行。在英国，报业成为贵族、僧侣、平民之外的第四阶级。在美国，报业也成为行政、立法和司法之外的第四部门。这对当时的中国文人极具吸引力，因为投身报刊能让他们以较低的成本接近政治，获得政治上的声誉。例如，王韬对英国《泰晤士报》在政治中的作用大为赞赏，说："英国之泰晤士，人仰之几如泰山北斗，国家有大事，皆视其所言以为准则，盖主笔之所持衡，人心之所趋向也。"② 梁启超也说，"今日吾国政治之或进化，或堕落，其功罪不可不专属诸报馆"，"吾侪手无斧柯，所以报答国民者，惟恃此三寸之舌，七寸之管"。③ 于是他倡导"报馆有益于国事"，认为"国家之保护报馆，如鸟鬻子；士民之嗜阅报章，如蚁附膻。阅报愈多者其人愈智；报馆愈多者其国愈强。曰：惟通之故"。④

第二，在他们的心目中，报刊是争取权利的武器。徐宝璜在《新闻学》一书中说："自各国民权发达以来，国内大事，多视舆论为转移，而舆论又隐为新闻纸所操纵，如是新闻纸之势力，益不可侮矣。"⑤ 甚至说："余惟新闻

---

① 吴廷俊：《绪论　突破"中体西用"：论中国新闻事业的产生与发展》，载于吴廷俊《中国新闻史新修》，复旦大学出版社，2008，第13页。
② 王韬：《论日报渐行于中土》，载于王韬《弢园文录外编》，辽宁人民出版社，1994，第299页。
③ 梁启超：《敬告我同业诸君》，载于夏晓虹编《梁启超文选》（上），中国广播电视出版社，1992，第165~170页。
④ 梁启超：《论报馆有益于国事》，载于《梁启超读本》，老愚评注，内蒙古大学出版社，2008，第22页。
⑤ 徐宝璜：《新闻学》，中国人民大学出版社，1994，第2页。

纸者，近代文明中势力最雄伟之物也。其力足以维持政府，亦足以倾覆政府。"①作家林语堂认为："中国新闻史就是民间舆论和中国当权者之间的斗争史。"② 在他看来，报刊在被视为舆论工具的同时，也正在走向腐化，办报刊要遵循新闻自由的理念，并通过科学、公正的方法来选择新闻，为舆论表达提供自由的环境。

文人通过报刊论政成为可能的原因之一在于文人们不在庙堂之高，能跳出庙堂，构思理想的报刊形态。恰如当年作为客卿的孟子，没有处在权力的核心位置，他这样规劝梁惠王：

> 王何必曰利？亦有仁义而已矣。王曰"何以利吾国"，大夫曰"何以利吾家"，士庶人曰"何以利吾身"，上下交征利而国危矣。万乘之国，弑其君者必千乘之家；千乘之国，弑其君者必百乘之家。万取千焉，千取百焉，不为不多矣。苟为后义而先利，不夺不餍。未有仁而遗其亲者也，未有义而后其君者也。王亦曰"仁义而已，何必曰利？"③

然而，正因为他们不在庙堂之上，没有掌握国家行政权力，所以他们的理想不少沦为空中楼阁，代表了远离政治核心和被统治的人们的祈盼，在人本主义的色彩之下获得生命并留在人们的记忆中。另外，知识阶层对自由、民主的理解"千人千义，百人百义"，各自有各自的论证逻辑，在某些历史时期甚至出现了百家争鸣的盛况。

第三，文人论政传统得以存在的基础除了"修齐治平"传统外，还依赖于公共空间的存在。哈贝马斯所谓的公共空间是介于国家与社会之间的公民参与公共事务的地方。他认为资产阶级公共领域是一种特殊的历史形态。公共空间本身是脆弱的，在19世纪80年代以后，随着国家干预社会领域与公共权力向私人组织转移，公共空间存在的基础遭到破坏。哈贝马斯明确地指出，报刊和咖啡馆、沙龙等聚会场所曾经在历史上构成了在政治

---

① 徐宝璜：《〈新闻学刊全集〉序言》，载于徐宝璜《新闻学》，中国人民大学出版社，1994，第132页。
② 林语堂：《中国新闻舆论史》，王海、何洪亮主译，中国人民大学出版社，2008，第2页。
③ 《孟子·梁惠王上》。

上抗衡宫廷文化的文学公共领域，进而衍生出政治公共领域。① 不过，由于现代传媒逐渐迎合大众的娱乐、消闲需要，商业化功能凸显，政治功能退化。近代以来，一些知识分子把西方的自由、民主以及新闻自由等观念与中国传统儒学的民本思想结合，通过报刊、演讲、讲学等形式传播这些观念，并力图使这些观念进入公共领域，形成社会共识。

（二）专业主义的呈现

作为一种意识，公共利益意识在传媒实践中也有存在。例如，"以专业知识为基础，以服务全体公民为目的，以专业社区自律为手段的社会控制模式"②的专业主义虽然不是中国土生土长的，但在中国传媒的发展过程中也有所体现。

改革开放以来，虽然中国传媒界出现不少体现了新闻专业主义的经典案例，但研究者认为，专业主义在话语实践中只能碎片式和局域化呈现。所谓碎片式呈现是说新闻专业主义的操作技能和表现手段得到了重视，而媒体的社会功能、从业者的社会角色等成分被忽略了。所谓局域化呈现是指，新闻专业主义被局限在新闻服务领域，而不涉及意识形态。③ 新闻专业主义没有简单移植到中国。按照陆晔、潘忠党的解释，专业主义之所以不能简单移植到中国，根本的原因在于缺乏"经济、政治、行业这三者之间制度原则的一致性"。④

从历史发展过程来看，专业主义不是中国土生土长的新闻观念。中国传媒的发展需要解决现实迫切的"食物与服务"问题。倘若说"服务"问题既是指发挥好喉舌功能，又是指为大众服务的话，那么做到这一点就需要专业的和专门的知识，包括与之联系在一起的职业精神和职业规范。这些观念虽然与专业主义有契合之处，但二者分属于不同的理论话语体系。

---

① 哈贝马斯：《公共领域的结构转型》，曹卫东等译，学林出版社，1999，第34~35页。
② 陆晔、潘忠党：《成名的想象：中国社会转型过程中新闻从业者的专业主义话语建构》，《新闻学研究》（台北）2002年总第71期，第1~32页。
③ 陆晔、潘忠党：《成名的想象：中国社会转型过程中新闻从业者的专业主义话语建构》，《新闻学研究》（台北）2002年总第71期，第1~32页。
④ 三者之间的逻辑一致是指：市场经济的个人自主平等选择原则，民主政体的公民自由和人权原则，以及新闻业专业人格的独立与自主原则。参见陆晔、潘忠党《成名的想象：中国社会转型过程中新闻从业者的专业主义话语建构》，《新闻学研究》（台北）2002年总第71期，第1~32页。

从现实发展来看,中国传媒选择了一条务实的发展道路。改革开放以来,中国传媒努力寻找风险小和经济效率高的领域进行拓展,排除了风险大和经济效率低的领域。在传媒实践中,国家与市场之间并非零和关系;在传媒的发展进程中,市场作为追求"富强"的手段被允许存在并发挥作用,实用主义、务实主义成为传媒发展的重要取向。

综上所述,尽管学术界对传媒忽视公共利益颇有微词,但借用霍尔的表达来说,学术逻辑的自洽与实践逻辑的有效之间并没有必然的一致性。学术研究的呼吁与传媒实践的需要之间还存在差距。

第三节 组织文化对整体文化的适应

组织文化的发展离不开对整体文化的适应。从宏观上说,组织顺应社会发展的潮流,才能在诸多方面取得成效。就组织文化的涵化效果来说,组织对社会整体文化的适应也形成了新的组织文化,即完成了通过持续接触和融入一种新的文化而引起原有文化模式的变化。从微观上说,厘清引起原有文化模式变化的要素及其如何发挥功能,是理解组织文化对整体文化适应的关键点之一。

一 两种研究视角

20 世纪 70 年代末以来,传媒发展过程中,市场因素不断进入,"国家"与"市场"的关系成为传媒发展中的一组重要变量。直接或间接地讨论这两个变量及其关系是学术研究不可绕过的话题。

20 世纪 90 年代,"国家"与"市场"被作为一组概念广泛地出现在经济学、社会学、新闻传播学等学科的相关研究中,代表性理论有市场转型论和国家中心论。

(一)市场转型论

对于研究中国传媒的研究者来说,正是国家对新闻商品属性的重新确认才激活了中国传媒的活力,中国社会正在经历一次传媒转型。在一些研究者看来,存在带动"增量"的市场与固守"存量"的国家政治力量的某种"妥协",并把它称为"政经博弈说"。①"政经博弈说"与20世纪80年代末以来的"市场转型论"具有家族相似性,或者说其是带有"市场转型论"风格的观点。

市场转型论由倪志伟(Victor Nee)于1989年提出,他称之为"国家社会主义市场转型理论"。1989年10月《美国社会学评论》杂志刊登了他的文章《市场转型论:国家社会主义从再分配向市场的过渡》。这篇论文的资料来源于倪志伟等人1985年对福建省30个自然村的抽样访谈,分析的因变量是家庭收入。受卡尔·波兰尼(Karl Polanyi)和泽林尼(Ivan Szelenyi)的影响,市场转型论假设了市场经济与再分配经济是两种不同的经济形态。

市场转型论包括市场权力、市场动力、市场机遇三个论题,检验的十个假设中,有两个假设尤其引人注目。

一个是政治资本的贬值假设,即市场转型将降低政治资本的价值(或表述为,市场转型将降低政治权力的经济回报)。另一个是人力资本增值假设,即向类市场经济的转型会导致人力资本因素收益的提高(或表述为,市场转型将提高人力资本的经济回报)。倪志伟在文章中提出:"市场改革的命运不单纯取决于经济效益,而是归根结底取决于权力和特权分配的斗争。如果市场改革导致经济的飞速增长,利益斗争可能会因此变得不十分激烈,在这种意义上讲,效益和权力相互交织。"②

市场转型论提出后,引起了一场关于市场转型的争论,争论的焦点包括:其一,市场与不平等的关系;其二,干部是否在转型中获益;其三,市场转型是不是目的。

与市场转型论强调政治行为体与经济行为体的互动不同,罗纳塔斯、边燕杰、魏昂德等学者把解释的重点放在了对政治权力的解释上,更多地看到了政治权力的持续和变型。例如,罗纳塔斯提出了再分配权力的两次变型论,即权力向网络资源变型,再向私有财产变型。边燕杰和约翰·罗根通过分析中国天津市1978~1993年的调查资料,提出了权力维持观点。白威廉和麦谊

---

① 王斌、王雅贤:《"政经博弈说"及其发展:中国新闻改革中国家-市场关系的理论考察》,《国际新闻界》2016年第9期,第154~169页。
② 倪志伟:《市场转型论:国家社会主义从再分配向市场的过渡》,载于边燕杰主编《市场转型与社会分层——美国社会学者分析中国》,生活·读书·新知三联书店,2002,第1~40页。

生提出在转型经济中出现了重要的政治市场的观点：在市场改革过程中，工人与干部、企业与政府、地方与中央这三种关系处在双方的讨价还价中。魏昂德提出了政府即厂商的论点。① 周雪光提出了"市场—政治共生模型"。②

针对质疑，倪志伟仍然坚持市场转型论，但也进行了一些修正。1991年，倪志伟提出"局部改革"的观点，强调在改革尚未完成前，政治权力在局部改革中仍然能得到相当程度的回报。1996年，他提出了"相对变化"的观点，认为在中国经济发展过程中，包括干部阶层在内的各阶层的收入上升是非常自然的，这与市场转型论没有冲突。③

2010年，倪志伟反驳了诺斯的国家中心论。他认为，国家中心论把中国经济的成功归因于地方政府在组织上对乡镇企业发展进行监管和干预的能力，它不能解释中国经济发展自下而上的动态变化。倪志伟认为，中国的转型经济发展的决定性特征在于非正式经济体制的自下而上的建设。市场转型论强调的是，政治行为体与经济行为体相对力量变化的因果效应，以及通过逐步减少对经济的微观管理的直接干预所实现的政府作用的相应变化。④

总的说来，关于市场转型论的理论争辩无不是在国家与市场的关系框架下展开的。泽林尼和科斯泰罗认为，如果区分三种类型的市场渗透，即把市场渗透区分为三种类型（一是再分配经济中的地方市场；二是社会主义混合经济；三是资本主义导向的经济），那么，这些争论几乎没有什么不同意见。在再分配经济阶段，市场转型论的预言是准确的；在社会主义混合经济阶段，存在不平等的二元体制；在资本主义市场阶段，市场是新的不平等的一个来源。⑤ 泽林尼和科斯泰罗提出区分三种市场渗透类型理论的目的是综合、平息关于市场转型论的争议。尽管他们否认三种市场渗透类型

---

① 边燕杰：《美国社会学界的中国社会分层研究》，载于边燕杰主编《市场转型与社会分层——美国社会学者分析中国》，生活·读书·新知三联书店，2002，第183~216页。
② Xueguang Zhou, "Reply: Beyond the Debate and Toward Substantive Institutional Analysis," *American Journal of Sociology*, 2000 (4): 1190-1196.
③ 边燕杰：《美国社会学界的中国社会分层研究》，载于边燕杰主编《市场转型与社会分层——美国社会学者分析中国》，生活·读书·新知三联书店，2002，第183~216页。
④ 倪志伟：《自下而上的经济发展和国家的作用》，郭佩惠译，《国外理论动态》2013年第9期，第68~73页。
⑤ 泽林尼、科斯泰罗：《关于市场转型理论的争论：走向综合？》，载于边燕杰主编《市场转型与社会分层——美国社会学者分析中国》，生活·读书·新知三联书店，2002，第574~589页。

是一个进化的序列，但仍然把资本主义、市场整合视为中心，认为只有这样才能完成大转型。

对于中国传媒而言，恐怕很难实现资本主义经济所要求的"劳动力与资本市场成为起主导作用的分配机制"。改革开放后，中国传媒界也在积极探索改革之路。中国传媒至少经历了再分配占统治地位的商品市场（地方市场）和社会主义混合经济两个阶段。

地方市场的概念来源于波兰尼，它是一种商品市场，劳动力和资本主要是由再分配机制来分配。它的出现通常是为了"食物和服务"，在经济体系中处于边缘的地位。社会主义混合经济"在再分配经济占统治地位的条件下，以市场与再分配共存为特征"。①

首先，改革开放后，中国传媒是从商品市场开始发展的，目的指向"食物和服务"，也就是为了吃饭和宣传好党的政策。当"食物"丰足之后，就进入中国传媒的社会主义混合经济时代。对于中国传媒发展来说，重要目标之一就是再次确认传媒的商品属性，发展与传媒相关的经营事业，以及服务社会经济的发展。在这一历史进程中，中国传媒的核心结构并没有改变。

其次，市场转型论假设存在一个从再分配经济向市场经济过渡的理想过程，但这样一个理想过程并非中国经济改革的参照路径，也非中国传媒发展的参照性目标。魏昂德在1996年提醒说，必须认识清楚转型的具体条件和制度环境，把它们简化为向完全的市场经济前进这个一般过程会造成市场转型定义的混乱和理论观点的含糊不清。这些具体的条件和制度环境包括：市场的种类、资产管理的分配、使计划经济得以解体的政治原则，以及以上诸要素的国家政策。学者们对产权（property rights）制度的分析表明，产权转变促进了经济发展，有学者指出这种产权转变的不完全性安排比彻底而快速的私有化更优越。②

再次，就中国传媒的发展结果来看，目前还未出现私营经济的强劲发展。

---

① 泽林尼、科斯泰罗：《关于市场转型理论的争论：走向综合？》，载于边燕杰主编《市场转型与社会分层——美国社会学者分析中国》，生活·读书·新知三联书店，2002，第574~589页。
② 魏昂德：《经济转轨中的市场和不平等：走向可检验的理论》，载于边燕杰主编《市场转型与社会分层——美国社会学者分析中国》，生活·读书·新知三联书店，2002，第535~552页；陈那波：《海外关于中国市场转型论争十五年文献述评》，《社会学研究》2006年第5期，第188~212页。

传媒发展实践虽然朝向了市场化，但国家的掌控和主导却没有改变。国有经济在某些关系国计民生的领域依然是占主导地位的。传媒的意识形态属性决定了它依然是国家兴办和控制的事业，这也决定了在传媒领域国家资本不会退出。

最后，中国的传媒是按行政级次、行政区划分配文化资源的，中央、省、地市、县均拥有自己的宣传队伍和宣传机构，管理运行上呈现条块分割、城乡分离的格局。传媒组织投资或引入社会资本兴办子报、子台、子公司，以及进行资源外租等情况也存在。传媒业内部存在地域差异、媒介属性差异、行政级别差异以及单位文化差异等因素。但是，这些因素是不是从再分配经济向市场经济过渡的成熟条件，还很难说。

总之，中国传媒领域与其他经济领域不同，传媒发展的实践有自己的独特之处。对此，市场转型论未能发挥解释效力。

（二）国家中心论

经历了数十年的发展，中国传媒发生了不可逆的结构性变化，利益驱动和利益需求不一样了。尽管不像市场转型论所假设的那样"完全"从再分配经济主导向市场经济主导方向发展，但在局部尤其是广告市场领域，已经发生了市场化转型，市场转型论准确地描述了这些市场领域发生的现象。然而，在解释如何形成发展政策，如何推动发展进程，以及在发展过程中出现的某种摇摆、犹豫甚至反复等现象时，市场转型论就显得有些乏力，相反，国家中心论显示了较好的解释效力。

在市场转型论提出者倪志伟看来，国家中心论者把解释的注意力集中在国家及其代言人，即行政管理精英的权力上。[1] 倪志伟认为，以国家为中心的视角的局限性在于不能解释中国经济发展自下而上的动态变化。面对私营经济的蓬勃发展，尤其是在面对长江三角洲区域经济中形成的产业集群和产业链的自下而上的制度创新时，国家中心论显示出了局限性。[2]

中国传媒发展由政府领导，分析时绕不开这一基本事实。中国的研究者

---

[1] 倪志伟：《一个市场社会的崛起：中国社会分层机制的变化》，载边燕杰主编《市场转型与社会分层——美国社会学者分析中国》，生活·读书·新知三联书店，2002，第217~259页。

[2] 倪志伟：《自下而上的经济发展和国家的作用》，郭佩惠译，《国外理论动态》2013年第9期，第68~73页。

对传媒发展方向有多种不同的主张。例如，李良荣教授认为应从反思商业化浪潮起步，公共利益已成为新一轮新闻改革的诉求点，要从维护公民的"四权"入手。① 甘惜分教授呼吁推进中国新闻体制改革。② 童兵教授认为，要建构同民主政治相适应的新闻传播体制。③ 不管是哪种主张，都超出了纯粹传媒业务的范畴。

应当注意到，国家中心论在政治经济宏观的层面能够显示出很强的解释效力，但遇到微观层面的问题时，会显露出局限性。例如，改革开放之初，报刊开始刊登广告，广告经营在传媒中的地位越来越重要，广告收入占传媒组织经济收入的八成到九成。抢占市场即为抢占广告市场，经济效益优先成为传媒发展的动力之一。政府自然不会直接插手于此，只有在竞争激烈到危及已有的秩序时，才会出面协调和调整。

（三）国家与市场视角盛行的原因

国家与市场的视角之所以在相关的学术研究中存在，有学术传统和社会文化背景双重因素。

首先，改革开放以来，社会主流意识通过各种渠道（尤其是宣传渠道）强调了由计划经济向社会主义市场经济发展的必要性和必然性。资源配置中的"国家"与"市场"之间似乎存在一种进化倾向或序列，并在社会中传播。尽管这种进化倾向或序列被历史证明是一种臆想，但这种简单的思维方式的确存在并发挥过作用，在中国传媒的发展过程中能看到它的影子。

这种进化论研究范式反映了传媒实践乃至整个社会中存在的一种思维方式。当代中国对社会发展规律的广泛宣传、传播，客观上为民众普及了进化论。

其次，改革开放之后，市场经济受到重视，尤其是党的十四大提出建立社会主义市场经济体制，这种情形便与人们思维中存在的进化论观点取得了联系，人们相信国家与市场（计划经济与市场经济）之间存在进化关系和进化序列就不足为怪了。

---

① 李良荣：《论知情权与表达权》，载于李良荣《新世纪的探索：李良荣新世纪新闻学研究文集》，暨南大学出版社，2012，第109页。
② 《甘惜分自选集》，中国人民大学出版社，2007，第627页。
③ 《童兵自选集——新闻科学：观察与思考》，复旦大学出版社，2004，第277~293页。

简而言之，在改革开放之后，国家与市场之间的进化关系逐步被人们认可并在社会中蔓延开来。客观上，这也为传媒的市场化发展创造了思想条件。

在这样的大背景下，传媒发展也打上了深深的时代烙印。传媒的市场化发展成为时代潮流，并且涌现了不少在市场化潮流中大显身手的弄潮儿。学术研究需要回应这种时代需要。

"国家与市场"视角反映了社会中的某种倾向或观念，以及人们对传媒组织在波澜壮阔的改革开放中的角色期待。它不仅存在于学术研究中，也存在于传媒发展实践中。

对于传媒发展实践而言，国家与市场的视角以一种更为直接的方式存在。改革开放以来，中国经历了由计划经济向市场经济转型的改革与发展历程。传媒组织的发展自觉不自觉地纳入市场经济建设之中。国家与市场自然也就成为研究经济改革的重要变量。传媒通过市场化的确得到了前所未有的发展。这些成就预示着只要沿着这条道路前进，就会从中获得更多的收益，而对于在这条道路上所遇到的新问题和障碍，也被认为是市场化不够彻底、体制机制不配套等所导致的。

在实践中，国家与市场的关系表现在经营管理权下放、政策放开等实际措施上。改革开放以来，传统的新闻传播观念面临社会转型和传媒变革的冲击，人们希望市场化发展能够加速旧观念的更新力度。在渐进的、复杂的观念更新过程中，不同的立场和观点的研究都难以绕开国家和市场这对基本的关系。

二 对两种视角的评析

国家与市场的二分是人为划分的二元对立。这是一种常见的思维方式，在学术研究中普遍存在，类似的还有个人与社会、行动与结构、主观主义与客观主义之间的对立。学术界对此已有不少的讨论和批判，例如在哲学层面批判二元对立的偏执性，在政治学、社会学层面则指出它与进化论和历史主义的联系。

打破和弥合二元对立成了当代学术的一种共同理论取向。西方的代表性人物有布尔迪厄、吉登斯等人，他们主张消除人为的二元对立。我国的郑杭生等人则承认二元对立这一前提，主张社会互构论。

(一) 对二元对立思维的批判

对于二元对立思维的偏颇之处,哲学界已经有不少学者予以详尽的阐释。这里仅简要做介绍。例如,张立文教授认为,二值逻辑系统特有的思维方法对于三值及以上的多值逻辑系统和无穷逻辑系统无能为力,这种传统思辨方法带有一定的偏执性,其价值目标和终极价值并不容许多样性存在,最终要达到"一",它也受到了现代科学技术的挑战。①

其中要注意的是,二元思维方法的价值目标是"最终要达到'一'",二元终将统一在"一"之下,这其实就否定了多样性。

社会实践是多种复杂变量的聚集地,从中抽取或简化为两个有显著关系的变量至今仍是一种有效的分析思维。问题的关键不是二元对立是否成立,以及能否运用二分的方法,而是对待二元的态度。

二元对立思维容易让人们陷入你死我活或非此即彼的逻辑,让人联想到中国哲学史上"天理"与"人欲",以及"存天理、灭人欲"的说法。二元在对立斗争过程中,以"一"作为终极目标,并把它的最终胜利视为社会发展的规律,这就滑向了历史主义的观点。

所谓历史主义指的是这样一种信念:

> 存在着一条决定社会发展的规律,历史规律的最终实现是不可避免的,人为的努力可以加速或延缓其实现,但却不能创造或取消它。根据历史主义的信念,社会成员被分成两部分:历史规律的推动者和阻拦者。社会发展的历史就是这两部分人的斗争史。斗争的结局是不言而喻的:推动者随着历史规律的实现而成为社会的主人,阻拦者则如同挡车螳螂一般地被历史车轮所碾碎。②

简而言之,在历史主义者看来,社会沿着一条规定好的轨迹发展。

卡尔·波普尔的著作《开放社会及其敌人》已经对历史主义作了理论澄清。在历史主义者看来,遵循历史发展的规律是必然的,历史主义既是二分

---

① 张立文:《和合哲学论》,人民出版社,2004,第50~51页。
② 赵敦华:《赵敦华讲波普尔》,北京大学出版社,2006,第10页。

论的（把社会成员二分为历史规律的推动者和阻拦者）又是进化论的（认为社会发展存在一个进化序列）个体的人在历史发展的长河中是微不足道的工具。[①] 个人在社会发展规律面前是渺小的，也是可以忽略不计的。但这种蔑视个人、忽略人多重需要的观点或行为，极有可能把社会引向悲剧之路。

社会进化论的流行在学术研究中也有反映。流行并非指对二分的分析方法的广泛运用，而是指研究承认或默认二元之间存在一个进化的序列或关系。一些学术研究有意无意地以进化论为研究基调，影响了人们对现实的思考和分析。

（二）弥合二元对立的两条道路

在如何打破和弥合二元对立问题上，当代的社会学家们走了两条道路。一条是人为地否认二元对立的存在，另一条是承认二元对立的存在。前者的代表性人物有布尔迪厄、吉登斯，后者以郑杭生的社会互构论为代表。

1. 布尔迪厄的观点

社会学家布尔迪厄认为，在人为地造成社会科学分裂的所有对立之中，最基本的也最具破坏性的，是主观主义和客观主义的对立。他认为，现象学的认识方法是揭示"客观"的虚幻，例如萨特，以及舒兹、加芬克尔等人即如此。与之相对的是，"客观主义旨在确定一些不依赖于意识和个人意志的客观规则（结构、法则、关系系统等）"。[②]

他反对舒兹把社会科学简化为"二级构成，即由社会舞台上的演员生产的构成之构成"，也反对加芬克尔把社会学简化为行为人制作的"汇报之汇报"。索绪尔符号学提醒我们，当行为人协调一致，在编码和解码活动中参照同一个恒定的、独立于个人意识和意志的、不能简化为在实践活动或作品中之实施的关系系统（例如作为代码的语言）时，直接理解才是可能的。[③]

在布尔迪厄看来，必须超越这两种认识方法的固有局限，要使科学实践服从于对"认识主体"的认识。他提出的关系主义，以及场域、关系理论可以看作他努力消除二元对立的成果。

[①] 卡尔·波普尔：《开放社会及其敌人》（第一卷），陆衡、张群群等译，中国社会科学出版社，1999，第 25 页。
[②] 皮埃尔·布迪厄：《实践感》，蒋辛骅译，译林出版社，2012，第 33 页。
[③] 皮埃尔·布迪厄：《实践感》，蒋辛骅译，译林出版社，2012，第 34~35 页。

2. 吉登斯的观点

吉登斯认为，包括系统理论在内的功能主义（以孔德为先驱）与结构主义（以列维-施特劳斯为先驱）的不同在于，前者是以生物学为指导，后者则避免采用以生物学观点作为类比的方法。它们都强调，社会整体相对其个体组成部分（即那些构成它的人类主体行动者）而言，具有至高无上的地位。

与功能主义和结构主义相对的是解释学以及各种形式的"解释社会学"。吉登斯认为：

> 在各种解释社会学里，对于阐明人的行动来说，具有首要地位的是行动与意义，而有关结构的概念则不那么显要，对制约问题也谈得不多。相反，在功能主义和结构主义看来，结构（就此概念被赋予的多种不同意涵而言）凌驾于行动之上，它的制约性特征更是受到特别的强调。①

可以看到，吉登斯既不赞成功能主义和结构主义（认为它贬低了行动者的理性），也不赞成解释社会学（认为它把社会看成任人类主体随意而为的创造物）。解释社会学是"以主体的某种霸主地位作为自身的基础"，功能主义和结构主义确立了"社会客体的某种霸主地位"。他提出结构化理论，以消除主体与客体的二元对立，认为社会科学研究的主要领域是在时空向度上得到有序安排的各种社会实践。②

无论是布尔迪厄还是吉登斯都反对主体与客体、主观主义与客观主义、行动与结构等之间的二元对立，都把它们消融在实践中。吉登斯认为所谓的社会实践是循环往复的安排过程，其中最深的原因是"人类行动者认知能力所特有的反思性特征"。③ 反思性是根植于人们所展现并期待他人也如此展现的对行动的持续监控过程，以理性为基础，是动态的。他说：

---

① 安东尼·吉登斯：《社会的构成》，李康、李猛译，生活·读书·新知三联书店，1998，第61页。
② 安东尼·吉登斯：《社会的构成》，李康、李猛译，生活·读书·新知三联书店，1998，第61页。
③ 安东尼·吉登斯：《社会的构成》，李康、李猛译，生活·读书·新知三联书店，1998，第62页。

实践的连续性是以反思性为假设前提的，但反过来，实践之所以可能具有反思性，又恰恰是因为它存在联系性，使得实践在时空向度上体现出独特的"类同性"。①

行动者的活动皆有自己的理由，人们之间相互学习的驱动力就是吉登斯所说的反思性，因为人们要不停地反思自己行动的合理性、合法性与合情性。这三个标准类似中国古人所谓的"天理、国法、人情"的标准。

布尔迪厄和吉登斯极力消解二元对立，二元之间不再是对立的而是互动、互构的。例如吉登斯的结构二重性理论认为，结构既是手段又是目的，行动与结构之间处在不断的互动中，结构在不断变化，或者说结构的现代性永远在路上。

吉登斯认为，"在结构二重性观点看来，社会系统的结构性特征对于它们反复组织起来的实践来说，既是后果的中介，又是它的结果"，"结构总是同时具有制约性与使动性"。② 既然没有所谓的恒常的结构，行动与结构之间相互生产与再生产。行动在其生产的一刻，也就同时在社会生活日常展开的具体情境中被再生产出来。

尽管他们致力于消解二元对立，但二元对立的分析思维方法并没有因此而消失。例如布尔迪厄虽然用场域、关系等概念代替了人和社会、行动和结构之间的对立，但他的分析仍含有二元对立的思维痕迹。他在分析新闻场时，就把市场和政治对立，对市场力量通过新闻影响政治而深感担忧。

3. 郑杭生的社会互构论

尽管我们必须承认个人意志自由有其必要性和正当性，但人们生活在社会之中，处在国家或政府的管理之下。从个人的角度来看，维护意志自由是其永恒不变的祈盼，对于国家来说，维护社会的稳定和有序的秩序也是理所当然的祈盼。布尔迪厄、吉登斯等当代西方学者提出的消解二元对立的做法

---

① 安东尼·吉登斯：《社会的构成》，李康、李猛译，生活·读书·新知三联书店，1998，第62页。
② 安东尼·吉登斯：《社会的构成》，李康、李猛译，生活·读书·新知三联书店，1998，第89页。

也受到了挑战和批评。

批评者郑杭生认为他们陷入了形而上学，认为二元矛盾是客观存在的反映。他承认二元对立的辩证法，并将其作为考察个人与社会的哲学基础，提出了社会互构论，其核心是个人和社会关系的"互构共变"。

他解释说，社会互构论是关于"社会互构共变"特别是"社会互构谐变"的理论，简称"互构论"。社会互构共变，是对当代中国转型期个人与社会关系的一种理论概括。在这种关系过程中，个人和社会发生相应的、协同的、共时的演变，这种演变使得个人与社会的行动关联得以构成一种新型的关系性状。[1]

从逻辑上来说，布尔迪厄等人提出的消解二元对立的方法不需要借助第三方力量，就能实现二元的主动的、自动的消解。郑杭生提出社会互构论则需要借助第三方力量来协调二元的对立、矛盾。因而，郑杭生的社会互构论所重视的是人与社会的互构、协调与和谐。国家在互构的过程中发挥特殊作用，即"引导社会成员及利益群体的协议过程，使参与行动的各方都充分认识到相互依赖关系的意义"。[2]

显然，社会互构论的思维不是要消解个人与社会、主观与客观之间的对立，而是在承认两者对立的基础上，求助于第三方（例如国家）来引导、协调二元的对立。

（三）对两条道路的分析

布尔迪厄等西方学者致力于消解二元对立，郑杭生等中国学者则以承认二元对立作为基本前提。布尔迪厄等人最终落脚在维护个人意志自由，郑杭生等人则突出了国家在协调社会矛盾中的特殊作用和角色。

1. 个人自由的维护和捍卫

吉登斯、布尔迪厄等当代西方学者消解二元对立的背后是对个人自由的维护和捍卫。他们对二元对立的消解旨在论证不存在某一元对另一元的绝对支配地位，二元之间存在建构的关系，这就为个人意志自由保留了空间。个

---

[1] 郑杭生、杨敏：《社会互构论：世界眼光下的中国特色社会学理论的新探索——当代中国"个人与社会关系研究"》，中国人民大学出版社，2010，第526页。

[2] 郑杭生、杨敏：《社会互构论：世界眼光下的中国特色社会学理论的新探索——当代中国"个人与社会关系研究"》，中国人民大学出版社，2010，第517页。

人与社会之间存在建构关系,社会不享有对个人的绝对支配权。

个人意志自由是以韦伯、吉登斯、布尔迪厄等人为代表的西方社会理论的基本原则或者价值观念。韦伯在《经济与社会》中明确把"行动"界定为个体赋予其主观意义的行为,并把人的行动理解为受自己的动机、目的、意义或意图支配的过程。①

尽管个人的意志是自由的,但为了达到和平的目的,按照17世纪英国学者霍布斯的观点,个人必须让渡自己的权力给他人或组织。② 他和洛克以及其他主张社会契约论的人都主张政府建立在社会契约的基础上。个人必须让渡自己的权力以避免"所有人反对所有人"的自然状态。换句话说,个人也必须受规则的制约。

美国的帕森斯吸收法国社会学家涂尔干的观点,认为社会为行动者提供了一套规范性规则以指导具体行动,这些规范有道德上的权威。③ 涂尔干认为:"在任何情况下,如果分工不能产生团结,那是因为各个机构间的关系还没有得到规定,它们已经陷入了失范状态。"④

个人的意志自由并没有被淹没在规则的制约之下。相反,在吉登斯、布尔迪厄等社会学家看来,一旦个人行动受到了规则的制约就要加以批判。

吉登斯在20世纪70年代提出结构化理论。他既看到结构对个人自由限制的一面,也看到了结构对个人自由促进的一面,认为结构既限制又促进人类的能动性。⑤ 他既反对个人自由的无限发展,也反对结构对个人自由的限制。他把研究视线延伸到人的无意识层面,认为只要行动者感到自己享有从婴儿时期就具有的无意识的本体性安全,就始终不情愿为达到"好社会"而努力。他所谓的本体性安全概念为批判结构限制个人自由提供了理论依据。

与吉登斯的看法类似,布尔迪厄除了看到场域与惯习⑥的制约关系外,

---

① 马克斯·韦伯:《经济与社会》(第一卷),阎克文译,上海人民出版社,2010,第92~93页。
② 霍布斯:《利维坦》,吴克峰编译,北京出版社,2008,第10页。
③ 塔尔科特·帕森斯:《社会行动的结构》,张明德、夏遇南、彭刚译,译林出版社,2006,第433页。
④ 埃米尔·涂尔干:《社会分工论》,渠东译,生活·读书·新知三联书店,2013,第328页。
⑤ 吉登斯认为:"不能简单地认为结构是对人类能动性的限制,它实际上也是对人类能动性的促进。这就是我所说的结构二重性。"参见安东尼·吉登斯《社会学方法的新规则——一种对解释社会学的建设性批判》,田佑中、刘江涛译,社会科学文献出版社,2003,第278页。
⑥ 惯习又译为"习性",在本书第四章有更详细的解释。

还看到了二者的认知建构关系。他认为,一方面,"场域形塑着惯习";另一方面,场域与惯习间又是种知识关系,或者说是认知建构关系。惯习有助于把场域建构成一个充满意义的世界,一个被赋予了感觉和价值,值得你去投入、去尽力的世界。① 并且,知识关系取决于制约关系。

惯习②是布尔迪厄场域理论中重要的概念,惯习这一概念意在提醒我们"知识的对象是被建构出来的","这种建构的原则存在于社会建构的性情倾向系统里。这些性情倾向在实践中获得,又持续不断地旨在发挥各种实践作用;不断地被结构形塑而成,又不断地处在结构生成过程之中"。③

吉登斯和布尔迪厄的共同点是,在实践的维度消解传统哲学中的二元对立,看到了个人行动对规则或关系的建构作用,批判了规则对个人行动的制约。总之,一旦个人意志自由受到了制约就要加以批判。

2. 维护社会良性运行

社会互构论把国家提到了非常重要的位置,国家发挥积极作用是维持社会良性运行的保障。郑杭生等解释说:"社会互构论的思想也深深植根于中国传统文化、传统社会思想中,它所从事的实际上也是通过对西方社会学理论的清理和反思这样一种形式,对中国社会思想中的精华部分进行发掘、开发和延伸。"④

例如,在处理国家和社会的互构关系时,社会互构论认为,社会与国家是通过漫长的历史进程培育起来的共同体。

> 一是,在社会与国家关系中"社会"是一种利益共同体,既包括狭义的社会,又包括市场,"国家"则是对社会作出政治安排的权力系统。

---

① 皮埃尔·布迪厄、华康德:《实践与反思——反思社会学导引》,李猛、李康译,中央编译出版社,1998,第171~172页。
② 惯习,"首先体现了一种组织化行动的结果,其涵义与结构之类的用语相近;它还意指某种存在方式,某种习惯性状态(尤其是身体的状况),还包括了其他许多方面,特别是某种性情倾向、某种趋向、某种习性、某种爱好"。参见皮埃尔·布迪厄、华康德《实践与反思——反思社会学导引》,李猛、李康译,中央编译出版社,1998,第71页。
③ 皮埃尔·布迪厄、华康德:《实践与反思——反思社会学导引》,李猛、李康译,中央编译出版社,1998,第165页。
④ 郑杭生、杨敏:《社会互构论:世界眼光下的中国特色社会学理论的新探索——当代中国"个人与社会关系研究"》,中国人民大学出版社,2010,前言第8页。

二是，如果要实现"权"归于国家，那么就必须确保"利"归于社会。

三是，社会建设主要可以从更加合理地配置社会资源、更加有效地化解社会矛盾两个方面调节社会与国家的关系。①

又如，在处理国家与利益群体的关系时，其核心观点是推进协议型社会利益结构模式。"当社会利益群体有进行协议的能力，当国家能够建立起一套利益协议的制度，并对利益协议过程的引导游刃有余时，就意味着国家在一种新的起点上展开政治行动。"②

社会互构论认为，国家在上述两个方面都扮演了重要的角色。国家"在现代社会的'多元主体'和'多边关系'中间发挥一种无可替代的特殊作用，引导社会成员及利益群体的协议过程，使参与行动的各方都充分认识到相互依赖关系的意义"。③

可以看到，与布尔迪厄、吉登斯等西方学者不遗余力地维护和捍卫个人自由价值观不同，社会互构论十分重视国家的作用和社会良性运行的重要性。

三 理论视角下的传媒实践

中国传媒的发展是在全球化和开放环境的背景下进行的，也是在思想观念日益多元、利益主体日渐多元的条件下进行的。为什么中国传媒发展没有按照某种进化论序列进行，即由一种形态发展到另一种形态，完成一种范式的革命呢？④ 简单地说，是因为中国传媒走了一条渐进式的行政改革和经济改革之路。

---

① 郑杭生：《社会与国家关系在当代中国的互构》，载于郑杭生《中国特色社会学理论的深化（上卷）："实践结构论"的提出与"理论自觉"的轨迹》，中国人民大学出版社，2010，第290~298页。

② 郑杭生、杨敏：《社会互构论：世界眼光下的中国特色社会学理论的新探索——当代中国"个人与社会关系研究"》，中国人民大学出版社，2010，第518页。

③ 郑杭生、杨敏：《社会互构论：世界眼光下的中国特色社会学理论的新探索——当代中国"个人与社会关系研究"》，中国人民大学出版社，2010，第517页。

④ 托马斯·库恩认为，范式是共有的范例。范例是理论及若干应用范式的规则。他从革命的角度认为，当一种范式陷入危机之后，就会诞生一种新的范式，来渡过或解决危机。参见托马斯·库恩《科学革命的结构》，金吾伦、胡新和译，北京大学出版社，2003。

（一）推动和协调

在前面，我们已经阐述了国家中心论对中国传媒发展的实践有较强的解释效力。社会互构论正好解释了为什么国家中心论具有较强的解释效力。其原因在于，从实践出发，国家要素的确是推动传媒发展的重要力量，它的强大作用源于它拥有的强大资本。

布尔迪厄从权力场域的角度出发，提出在所有的场域争夺空间中，国家是权力争夺的中心，国家甚至是一种元场域（meta-field）。他通过研究1970年到1980年法国的国家住宅政策，提出这些场域是各种力量持续不断地相互碰撞的地方，这些力量分属私有部门和公有部门，而且它们本身又是以场域的方式组织起来的层次较低的世界，各种内部分裂和外在对立既把它们融为一体，又使它们彼此分隔。

他还基于对国家历史形态的研究，提出王朝国家（dynastic state）或科层国家（bureaucratic state）的建立过程是一个长期的不同种类的权力或资本的集中化的过程。国家的中央集权资本即元资本（meta-capital）能够对不同场域和在其中流通的不同形式的资本施加影响，并由此确定国家的特有权力。他说：

> 从而，国家的建构与权力场域的建构相伴而行，这种权力场域可以看作游戏空间，在这一空间中不同形式资本的所有者彼此争斗，争斗的关键就是谁能够拥有对国家的权力，即对中央集权资本的权力，这种资本能赋予支配不同种类的资本及其再生产（特别是通过学校系统）的权力。[1]

布尔迪厄认为，在权力场域中发生的大量斗争中，最受瞩目的是那些旨在攫取国家权力的斗争，"即相互争夺各种可以使国家对所有'游戏'和支配这些游戏的规则施展权力的经济资源和政治资源"。[2]

---

[1] 皮埃尔·布迪厄、华康德：《实践与反思——反思社会学导引》，李猛、李康译，中央编译出版社，1998，第156页。
[2] 皮埃尔·布迪厄、华康德：《实践与反思——反思社会学导引》，李猛、李康译，中央编译出版社，1998，第137页。

很明显，布尔迪厄认为国家是各种权力争夺的焦点，拥有国家的支持即拥有了强大的资本的支持。因此，国家的作用是十分强大的，不仅能够充当利益的协调者和引导者，还可以直接参与到社会行动中来。

社会互构论强调了国家在社会运行中的重要作用，这种观念根植于中国社会的传统之中。国家角色期待在中国学术中一直学脉不断。在先秦时期，尽管儒、道、墨有诸多的分歧，但他们在这一点上是一致的，即主张国家由圣人治理。墨家认为是因为大众的无知和愚昧，所以需要圣人教化和管理生民。"古之民未知为宫室时，就陵阜而居。穴而处，下润湿伤民，故圣王作为宫室。"（《墨子·节用下》）道家认为圣人要无为。老子说："是以圣人之治，虚其心，实其腹，弱其志，强其骨；常使民无知无欲；使夫智者不敢为也，为无为，则无不治。"（《老子·三章》）儒家认为圣人应该为人民做很多的事情。孔子提醒统治者："民可使由之，不可使知之。"（《论语·泰伯》）

圣人总是稀缺的，普通民众的"个人"行动被掩盖在"圣人"的行动之下，如此，在传统政治及学术上，个人的行动难以得到彰显和确认。然而，不可否认，对圣人治国以及太平盛世的期盼仍然根植于中国传统文化之中。

按照布尔迪厄、吉登斯消解二元对立的思维，国家与市场之间不存在谁取代谁的问题，只存在二者的相互影响和结构化过程，这个结构化过程永远在路上，没有完结的时候。按照郑杭生所提出的社会互构论，国家在社会运行、利益协调中扮演了极其重要角色。那么，在中国的政治文化背景下，国家要素是关键要素。国家允许市场作为一种手段发挥作用，参与社会经济改革，其目标是国家（包括传媒等领域）的发展壮大。

这条道路就包括在原有的传媒结构之下引入市场要素，进行市场化发展，期望用市场要素来解决在计划经济背景下传媒业面临的经济困难、大锅饭等现实困难和障碍，意图通过引入市场因素和学习先进管理经营理念，做大做强传媒。允许传媒的商品属性、产业属性发挥积极作用，通过增强传媒业自身的实力，减少财政压力。

然而，这条道路并不平坦，人们对市场化本身的理解存在较大的差异。稳健与激进的观念与做法共同存在于中国的传媒发展实践中，中国特色的市场化发展之路由此逐步形成。在这个过程中，市场化的种种弊端和困难也逐渐显露出来。这既反映了市场化探索过程中的困难与曲折，也反映了人们对突破这些障碍的期待。在发展过程中，原有的资源配置方式有了变化。

（二）对经济和行政领域方法的借鉴

从微观层面来说，传媒业是社会系统之一，也是国家经济和行政改革与发展系统中的一部分。在实践中，人们更倾向于认为，国家与市场不过是资源配置的两种手段，在社会主义和资本主义等不同的社会制度之下都可以使用。

改革开放初期，国家刚刚从1966年开始的"文化大革命"中走出来，社会开始反思"文化大革命"。在思想解放方面，"实践是检验真理的唯一标准"被广为宣传。在国家层面，工作的重心转移到了经济建设上来，提出了建设有中国特色的社会主义。

在此背景下，传媒是繁荣社会主义商品经济中的重要一环，被整合到经济改革中。国家对传媒的社会功能的规定和期待在本质上没有变化，"喉舌理论"仍然被强调。在"政治领导传媒"结构不变、发展经济又被允许和提倡的情况下，把主要精力放在如何"做大做强"以及对富强的追求上就成了传媒业的一种普遍选择。普通的传媒从业者更关心现实中最迫切的问题，而改革开放恰恰为他们提供了解决这些迫切问题的社会环境。

以西方传媒巨头为蓝本的传媒集团，一度成为中国传媒合并、重组的目标，但通向这一目标的道路艰辛、曲折且局限在一定范围内。着眼于解决"食物与服务"问题、以提高效率为目标的渐进式改革成为传媒发展的主导方式。传媒的渐进式的行政改革道路，重新把人们从种种幻想中拉回到"食物和服务"等现实问题上来。

总之，中国传媒的实践走了一条务实的道路，原因在于"实践是检验真理的唯一标准"广泛传播，社会风尚趋于务实。此外，来自西方新闻学、传播学的理论和知识也在一定程度上增加了中国新闻传播领域观念的多元性和多样性。

改革开放之后，中国传媒的发展并非以某种进化论观点为基础，而是以解决现实中迫切的"食物和服务"问题为初衷。传媒组织着力解决的是管理、经营问题，首先是在文风、广告等业务方面进行改革，然后逐步扩展到扩大发行规模、改革发行渠道、推进集团化发展等。

第三章 组织文化的独特性

尽管沿着市场化的方向能够让人们看到市场在配置资源方面的优势，并进一步让人们期待传媒业在社会角色、社会功能方面的转变，但事实证明，期待与现实还是有一定距离。

改革开放之后，经济建设越发重视"市场"的地位。在传媒发展过程中，政府"断奶"（即停止财政拨款）一度成为讨论的重要议题。一种普遍的认识是，一旦政府"断奶"，传媒组织就要依靠市场来求生存发展。一方面，不少人担忧传媒组织（尤其是实力较弱的传媒组织）会出现政府一"断奶"就"死"的结局。另一方面，有人极力要求政府"断奶"，认为市场才有真正的活力。当我们用产品对接市场，就能够知道什么该做、什么不该做，知道产品应该做成什么样子，知道应该怎样改进服务，知道自己的差距在什么地方。"我们不完全依靠别人给我们思路，给我们指点，而是有条件自己打造未来。"[1]

总的来说，政府并没有给传媒"断奶"，政府依然延续了对传媒组织的条块式管理体系，给予传媒组织自主管理和经营权。

中国传媒的发展实践也受"摸着石头过河"观念的影响。国家在采编业务改革、管理改革、经营改革等方面，给予传媒业政策支持。国家以一种行政改革的方式来对待传媒的发展，并且警惕"党管媒体"原则的松动，对种种偏向予以必要的纠正。对于传媒而言，选择区分型发展道路也就顺理成章了。

郑杭生提出的社会互构论认为，国家在协调社会利益方面扮演了重要的角色。从利益的角度来说，推动传媒业发展的尝试也是争取利益最大化的努力。那么，放眼整个社会，传媒组织追求利益最大化的种种尝试，可能与其他行业的利益发生冲突。例如，舆论监督可能变成舆论审判，媒体的过度娱乐化可能带来社会的质疑声音。因此，国家的调控就显得尤为必要。事实上，传媒发展与经济、文化等领域同步既是一种期望，又是一种能加以调控的现实。

综上所述，组织文化对整体文化的适应反映了组织发展的历史和现实逻辑，体现了不同的治理传统，进而形成了不同的治理方式和利益诉求。

---

[1] 尹明华：《传媒再造》，上海三联书店，2007，第 532~533 页。

第四章 文化涵化中的个体

组织文化涵化过程，既在组织群体层面产生影响，也在个体层面产生影响。在个体层面的影响涵盖个体的认同、价值观、态度和行为改变等过程。组织文化的变化与个体心理之间的互动，不仅影响了组织文化的面貌，也影响了个体的面貌。这既是社会文化使然，也是组织集体习性使然。本章将分析组织个体的习性与专业教育、专业实践等要素的联系。

第一节 专业教育

组织成员的行动策略和行为选择是主观与客观因素共同作用的结果，与他们的习性密切相关。习性有一个养成的过程，在此过程中汇集了多种因素的互动关系，它既是一些行为的原因，又是一些行为的结果。虽然个体习性有差异，但作为群体或集体的成员，他们也具有某些一致的习性。

一 习性

依据人类学家鲁思·本尼迪克特的文化模式理论，家庭、社会对儿童的教育和训练既传承了文化，又养成了他们的人格和行为模式。她说："任何文化，其道德规范总要代代相传，不仅通过语言，而且通过长者对其子女的态度来传递。"[1] 人们早在儿童时期就开始养成基本的"习性"。布尔迪厄把"习性"（habitus）的养成扩大到了更大的范围。他认为"习性"是社会结构的结果，社会中的行动者既是个人经历和环境教育的产物，也是集体

---

[1] 鲁思·本尼迪克特：《菊与刀——日本文化的类型》，吕万和等译，商务印书馆，1990，第175页。

历史的产物。① 就习性而言，它既有个人的习性，又有集团或阶级的习性。②

习性不仅能在社会结构中被生成、被形成，更是能够生成其他结构的东西。所以，布尔迪厄认为人的习性并非天生的、客观的，也不是主观的，而是在结构中生成的，又是一些结构的结构。布尔迪厄解释说：

> 正如人们在亚里士多德、圣托马斯，以及胡塞尔、莫斯、涂尔干和韦伯等人那里所看到的，习性的概念表达了非常重要的思想，即社会"主体"不同的瞬间精神。换句话说，只了解诱发因素还不足以使我们懂得某人会做什么，在核心层面还有一种倾向系统，即处于潜在状态并会根据状况而展现的东西。大致就是这样。③

简单地说，习性就是性情倾向系统（systeme des dispositions），它不是习惯（habit）。布尔迪厄在《男性统治》中把习性称为"第二天性"。④ 它类似于弗洛伊德、荣格等精神分析学派提出的潜意识、集体潜意识的概念。习性是一种明确地建构和理解具有特定逻辑的实践活动的方法。

布尔迪厄以土地与婚姻策略为例子进行说明，认为婚姻策略与财产继承策略、生殖策略甚至教育策略都不是理性计算或机械决定的结果，而是"有生存条件灌输的潜在行为倾向，一种社会地构成的本能，在这种本能的驱使下，人们把一种特殊经济形式的客观上可计算的要求当作义务之不可避免的必然，或感情之不可抗拒的呼唤，并付之于实施"。⑤ 所以，他认为土地与婚姻策略的选择不仅是理性计算的结果，也是习惯性选择的结果。

总之，习性和人的性情倾向、人格模式有关，也跟人的社会化过程以及行为的理性选择和习惯性选择有联系。因此，习性本身是不可见的，只能从

---

① 皮埃尔·布尔迪厄、罗杰·夏蒂埃：《社会学家与历史学家——布尔迪厄与夏蒂埃对话录》，马胜利译，北京大学出版社，2012，第82页。
② 皮埃尔·布尔迪厄、罗杰·夏蒂埃：《社会学家与历史学家——布尔迪厄与夏蒂埃对话录》，马胜利译，北京大学出版社，2012，第86页。
③ 皮埃尔·布尔迪厄、罗杰·夏蒂埃：《社会学家与历史学家——布尔迪厄与夏蒂埃对话录》，马胜利译，北京大学出版社，2012，第82页。
④ 皮埃尔·布尔迪厄：《男性统治》，刘晖译，中国人民大学出版社，2012，第118页。
⑤ 皮埃尔·布尔迪厄：《实践感》，蒋辛骅译，译林出版社，2012，第230页。

人的行动中所呈现的行为方式来反推人的性情倾向和行为模式，即人在具体文化环境之下的人格模式。所以，要观察组织成员的习性及其发挥的作用，必然要回到具体的事件和情境中去。

布尔迪厄在《关于电视》一书中描述了在新闻场中存在的"看不见的"审查，以及收视率对电视施加的影响，例如快速思维、社会新闻的盛行等。这些既是传媒组织成员习性使然，又是形成他们习性的社会条件。按照他的观点，在场域空间中生成的习性决定了习性的生成产品（思想、感知、表述、行为等）。因此，布尔迪厄说："惯习有助于把场域建构成一个充满意义的世界，一个被赋予了感觉和价值，值得你去投入、去尽力的世界。"① 可见，习性对组织成员思想、行为等方面的影响较大。

就传媒组织而言，传媒组织成员在面对时代的洪流时，长久以来的习性将在大潮中被呈现和被洗礼。要分析社会发展过程中组织成员的行为模式和行动策略，就不能不分析他们的习性。传媒组织成员都是过了儿童时期的成年人，已经养成了基本的人格和行为模式。他们一旦进入传媒行业，就必须与传媒的文化、所在单位的组织文化发生关系，完成对组织文化的适应与涵化。

传媒组织成员的习性的养成有两个时期。一是儿童时期。这一时期所养成的习性是接受社会教育、家庭教育的结果，它是形成传媒组织成员习性的基础。二是进入传媒行业后的同化时期。在这一时期，组织文化就是培养他们的人格和行为模式的"长者"，并通过鼓励与惩罚把组织文化中的观念、行为方式变成他们的习性的一部分。职业习性或集体习性既是他们认同组织文化和完成同化过程的证据，也是组织成员选择行动策略的重要依据。

相比之下，第一个时期与传媒行业的关系不直接，第二个时期直接形成了传媒组织成员的职业或集体习性，因此，我们对传媒组织成员习性的分析重点放在第二个时期。

二　职业观念的培养

组织成员在进入传媒行业之前，基本已经接受了一定的传媒教育，接触

---

① 皮埃尔·布迪厄、华康德：《实践与反思——反思社会学导引》，李猛、李康译，中央编译出版社，1998，第171~172页。

过新闻媒体，对传媒行业有一定的"前理解"。传媒教育既是相关知识传播的途径，又是培育职业观念的重要途径。对于未来的传媒从业者来说，接受传媒教育的主要渠道有两个：一是接受院校的新闻传播类专业教育，二是通过接触新闻媒体获得知识。中国传媒教育有清晰的方针、内容、教育模式，还有统编教材、推荐教材等，形成了一个完整的教育体系。当然，并非只有接受了新闻传播类专业教育才能从事传媒工作。实际上，某些传媒组织对成员的专业背景要求是宽泛的，例如，会倾向于选用有中文、经济、法律等专业背景的人。不过，不管通过什么途径从事传媒工作，学习相关知识总是必要的。

职业观念包含了更为具体的观念。杨保军教授认为，中国新闻业中存在三种新闻观念：一是宣传新闻主义；二是商业新闻主义；三是专业新闻主义。现实中"主义"（新闻意识形态）层次的新闻观念大多是三种主义的不同整合。[①]

（一）新闻工作者

在当代中国，新闻传播工作是国家建设事业的一部分。这种思想观念既是大学新闻教育的结果，也是一种经历了时间洗礼的社会共识。这种共识来源于对现实的归纳、总结，也形成于现实对这一原则的坚持与强调。

这种思想观念认为，传媒是属于某一阶级的，中国共产党是中国特色社会主义事业的领导核心，党的新闻工作者是无产阶级的新闻工作者。这一思想观念还包含了无产阶级新闻工作与资产阶级新闻工作斗争的内容，重视新闻舆论工作尤其要重视新闻的倾向与立场问题。在理论上，甘惜分教授说："这些新闻机构无一不是掌握在一定阶级、政党、政治集团或政治代表人物手中，他们无一不把新闻事业作为一种宣传工具。"[②] 因此，新闻实践十分重视舆论导向的问题。

这种思想观念赋予了传媒工作崇高的地位，无形中带给了传媒工作者崇高的光环，进而使其形成一种不可动摇的观念：我们的新闻事业首先是一种

---

① 杨保军：《"新闻观念"论纲》，《国际新闻界》2011年第3期，第6~13页。
② 甘惜分：《新闻学原理纲要》，载于《甘惜分自选集》，中国人民大学出版社，2007，第74~75、80页。

政治事业、教育事业、文化事业。① 这种观念有其深刻的理论与历史背景,广为社会所提倡,人们对它的接触、接受、认同也发生在无形之间,以至于成为一种社会共识。

(二) 专业精神的培养

社会共识所带来的荣誉与使命催促着传媒工作者锻炼自己的本领。若说这种使命观念是抽象的,那支撑它的专业本领就是具体的,并与传统读书人的抱负有精神上的联系。正是认识到了"文章""笔"对读书人的重要性,传媒专业教育历来把文章的写作和文学、史学精神的学习培养作为重要内容。

1. 文学、史学精神

文学的美学规范直接被新闻写作所借鉴和吸收,文学精神也被视为中国传媒工作者素养的精神来源之一。文学不仅仅是对语言文字的雕饰与合体,更是对文学精神、人文精神的彰显。中国大学在新办新闻专业时,不少就设在中文系之下,等到其壮大、条件成熟后再从中文系独立出来。

新闻以"作品"的形式存在。新闻作品是新闻活动、新闻现象得以存在的核心和策源地,没有"作品"就无从谈及新闻和新闻学。新闻业务的关键在于新闻作品,包括围绕新闻作品而产生的新闻本体、新闻关系、新闻业态等方面的内容。② 新闻作品是新闻媒体想努力改善和提高的、呈现给受众的具体之物。从美学规范上来说,来自文学和史学的美学规范形成了新闻"作品"美学规范。新闻作品除了借鉴史学诸如直书、"学、才、识、德"四德等传统外,还借鉴了文学的美学规范。新闻作品不仅要"求真",还要"求美",讲求艺术性,打动读者。

秉笔直书的"史学"精神与争做当代"司马迁"的意识,也在激励着未来传媒工作者。甘惜分教授曾言:"谁是新闻学最亲近的家族呢?我认为不是文学,也不是哲学、法学,而是历史学。"其理由归纳起来有三点:一是历史是已经过去了的新闻,新闻是正在发展着的历史;二是历史学与新闻学有很多共同之处,新闻学可以从历史学借鉴许多东西;三是新闻工作者需要历史

---

① 甘惜分:《新闻学原理纲要》,载于《甘惜分自选集》,中国人民大学出版社,2007,第89页。
② 杨保军:《新闻理论教程》(第二版),中国人民大学出版社,2010。

知识。① 这种观念在我国传播很广，可以说是对"今天的新闻就是明天的历史"这句俗话的解读。

早在20世纪早期，蔡元培先生直接把新闻学看成传统"左史记言，右史记事"的"流裔"。他说："余惟新闻者，史之流裔耳。古之人君，左史记言，右史记事，非犹今新闻中记某某人之谈话若行动乎？'不修春秋'，录各国之报告，非犹今新闻中有专电通信若译件乎？由是观之，虽谓新闻之内容无异于史，可也。"② 这种观念一直影响到现在。

2. 新闻专业精神

除了传统的文学、史学精神传统外，新闻专业精神也是大学课堂讨论的重要主题，同样鼓励和吸引着未来的传媒从业者。这里有两点要强调。

第一，新闻专业精神把新闻当成独立的行业，新闻既不是文学的附属物，也不是史学的支系。它已从文学的领域走出，它是"事"学，而文学却是"人"学。它也从历史学领域走出，新闻作品可以作为史料，但本身并不是"信史"。新闻不能给人呈现完整的历史背景，因其要新、要快，难以全面，故难以承担历史学的职责。翻开历史上振奋人心的新闻作品，其在被当成史料的同时，人们还看重它的文学属性以及意识形态属性。

即便中国有深厚的史学传统，也很难把过去的东西或历史过程都当成历史学应当关注的对象，历史学的研究是有选择的。按照柯林伍德在《历史的观念》中的说法，研究自然的正确道路是要靠那些叫作科学的方法，而研究心灵的正确道路则要靠历史学的方法。"历史的过程不是单纯事件的过程而是行动的过程，它有一个由思想的过程所构成的内在方面；而历史学家所要寻找的正是这些思想过程。一切历史都是思想史。"③ 可见，历史学研究必然有一条线索来贯彻。例如柯林伍德所提及的思想史，研究的重点是人类的心灵和思想，以及由此发生的历史过程。显然，新闻报道不遵循这种思路。

---

① 甘惜分：《再论新闻学与历史学》，《新闻界》1996年第2期，第23~25页。
② 徐宝璜：《新闻学》，中国人民大学出版社，1994，蔡序（此为《新闻学》一九一九年初版原序之一）第5页。
③ 柯林伍德：《历史的观念》（增补版），何兆武、张文杰、陈新译，北京大学出版社，2010，第207、212页。

新闻是"事学",在西方更是被认为是"坏事学",是十分仓促的"事学"。新闻能够为历史研究提供史料,但它不能提供历史。历史研究把许多东西纳入史料的范畴,不仅仅限于新闻提供的材料。充其量,新闻是历史研究的资料库之一。从历史学研究的意义上说,"今天的新闻就是明天的历史"这句话过于宽泛。

第二,新闻专业精神所视为重要原则的"客观性"与秉笔直书的史学精神类似,但并不全然相同。史学的客观性与新闻的客观性有着很大的差异。时间间隔越长,历史学家越能从容地掌握客观性,对注重"时效性"的新闻而言,这恐怕已经不是新闻了。经过长期的实践,新闻界把客观性视为专业精神的准则之一。不过,也有人对这一准则提出了质疑,理由是真正的客观性是无法被现实地把握的。同样,不少历史学者也承认没有所谓的真实和客观。他们认为:"必须承认历史著述含有主观、人为、语言影响等成分,才能具有说服力。我们把历史客观性重新定义为进行探究的主体与外在客体之间的一种互动关系。"[①]虽然客观性难以真正地实现,但不可否认,它仍是新闻专业精神所追求的价值规范之一。

总之,新闻的专业精神是独特的,既继承了文学和史学的传统,也具有自己的特色。新闻的专业精神建立在文学精神和史学精神基础上,突出了自己在社会中所承担的功能与职责作用的发挥。

(三)商业观念的熏陶

尽管未来的传媒从业者通过大学课堂、阅读书籍、社会实践能够学习新闻的基本理论,掌握新闻采、写、编、评等各环节的专业本领,树立积极、正确的价值观,但仍不能完全满足当下传媒组织的需要。其中首要的原因是他们缺乏商业观念的熏陶,与市场化、商业化进程之下传媒实践的需要仍有差距。

大学课堂的主要目的之一,是教未来的传媒组织成员"如何做好新闻"以及如何做"好新闻",最终使他们成为优秀的内容提供者。单一的内容提供者不是实践所需要的,传媒组织也无法消化这么多的内容提供者。功利的传媒组织更需要那些能帮助其在竞争中获胜的人才。有研究者指出新闻学院

[①] 乔伊斯·阿普尔比等:《历史的真相》,刘北成、薛绚译,上海人民出版社,2011,第223页。

（系）80%的毕业生学非所用。① 同时，毕业生70%左右没有进入传媒组织。② 这可以看作实践对这种教育模式的负向反映，同样也可以视作未来传媒从业者对现实的新闻工作的反向选择，即现实的新闻工作并非他们的追求，与他们的志趣、抱负南辕北辙。

商业观念的培养和教育不是现有新闻教育的强项，它的强项是培养内容提供者。其原因有以下几点。

一是我国的传媒教育曾长期忽略传媒的商业属性。基于新闻史的考察，我们已经在前面阐述了传媒的商品属性观点长期被批判，一直到改革开放之后才得以平反。然而，商业的原罪思想等传统观念依然在传媒行业中存在。传媒出现的种种不良现象容易被习惯性地归因于传媒组织的市场和商业行为。

二是传媒教育本身的缺陷。传媒教育尤其是通过大学课堂传授的知识和观念有其自身的逻辑。由于种种原因，大学课堂多在观念、知识的传播上下功夫，而对需要大量实践的内容无能为力。重视理论忽视实践的现象不是个案，而是当下传媒教育的普遍现象。那些不适合在课堂上公开讲授的知识、观念，有的却是实践中屡试不爽的法则。传媒教育的这些局限在传媒实践中慢慢显现出来。它也使得传媒教育选择扬长避短，更加倾向于观念的强行灌输和知识的死记硬背。

虽然课堂不能有效培养从业者的商业观念，但新闻实践却能胜任此项工作。商业观念是现代传媒制度和传媒竞争的必要要素，原因有两个。

首先，随着时代的发展，传媒的内涵在悄悄变化。经历了数十年的发展，传媒组织的视域不再局限于新闻以及如何做好新闻报道。它的目光扩大至把传媒组织做大做强，在市场竞争和技术进步的浪潮下找到自己应有的位置。传媒的经济内涵被突出了，传媒不仅是意识形态的一部分，还是经济体系的一部分。传媒组织在经营领域不断探索、创新，既包括发展地产、广告、配送等在内的多元实业，也包括在资本市场融资等。

---

① 刘海贵：《中国新闻传播教育改革企盼标志性突破》，《西南民族大学学报》（人文社科版）2008年第2期，第151~153页。
② 张昆：《媒介转型对新闻教育的挑战》，《今传媒》2010年第9期，第14~17页。

改革开放以来,我国的报纸、广播电台、电视台从新闻机构逐步向传媒事业转变,一些大型传媒集团的经济实力大增。[①] 面对市场竞争,各传媒组织无不在积极寻找提升实力的策略与方法。传媒实践的发展促使传媒组织的人才观也发生了变化。新闻业除了需要具备新闻发现力、信息综合力和文化表现力的新闻人才外,还特别需要那些既懂媒体,又懂经营,有很强表现力,知识广博,具有灵活运作能力和高度创新意识的人才。[②]

其次,随着时代的发展,内容为王的观念也在悄悄发生变化。资深传媒人尹明华曾发出感叹:"内容不再为王,因为现在内容不再稀缺。"他还认为,现在创造内容的组织很多,内容制作不精细,用很低的价格卖给网站。内容不可能始终为王,在内容确定不移的情况下,形式就可能是重要的;次要的东西有可能瞬间转变为重要的东西,靠的是创意和技术。[③] 因此,媒体一方面要继续提供优质的内容,另一方面要思考怎样在形式上取得突破。既然内容不再为王,提供内容已不再是媒体的全部工作,那么,媒体需要做的,还应包括对内容的整合和对内容的运作。尹明华把对内容的整合定义为改造传统的作业方式和塑造新的业务形态。内容的运作,即内容的有价销售,在注意力市场中开展,并始终为注意力所左右。

"内容为王"的理念尽管是合理的,但也会给媒体带来负面影响。尹明华认为,片面地强调内容为王而忽视渠道建设、管理经营、品牌塑造和多元拓展,会使传媒组织的成长成分单一狭窄,它所产生的人才需求也必然是简单的、重合的。它的内容也会由于缺乏市场眼光的支持而很容易脱离社会多元化需求。他说:

> 因为经济增长成分单一(90%收入靠广告),党报人才的增长也随之变得单一,在单一结构成分的组织流程里,我们只有优秀的记者、编辑,没有优秀的职业经理、公关部部长、市场总监……这使得当党报面临新媒体冲击、同业竞争加剧时,想要有所动作,却发现手中缺乏多元、专

[①] 例如,早在2006年,上海解放日报报业集团的利润是3亿元,堪比中国西部一些较为发达的县级市一年的财政收入。
[②] 尹明华:《传媒再造》,上海三联书店,2007,第225页。
[③] 尹明华:《传媒再造》,上海三联书店,2007,第352~353页。

业的人才。[①]

因而，传媒不仅仅要做好内容，更要做好管理，拥有资本运作团队、内容运作团队和市场运作团队。对于现代传媒组织来说，发展已经不再局限于在内容上做文章了，还包括对自身媒介属性的突破和多元化拓展。

毋庸置疑，对于大多数未来的传媒组织成员（新闻专业学生）来说，这些观念都停留在书本或知识层面，离真正把握这些观念及规则还有很远的路要走。学校传媒教育主要完成知识、观念的传播或传递，所以，新闻专业学生通过教育只是"知道"传媒的基本知识、观念，并没有"掌握"知识和观念背后运行的规则，想要有所"掌握"还必须通过实践来完成对知识、观念以及背后的规则的"理解"。简而言之，大学教育完成了对传媒组织成员初始阶段的培养，但这些成员还需要经过社会大学和行业的再教育，才能完成涵化过程，养成习性。

第二节 专业实践与文化适应

新闻工作者的知识和专业观念会与职业要求、规范等发生关系，最终完成同化的过程。进入传媒行业后，他们将经历一番实践的筛选，并在新的环境下强化或更新某些观念，养成新的习性，直至融入组织文化中。传媒行业的诸多规则、惯例承担了这一筛选的功能。在这个阶段，有两个问题较为重要：一是组织文化提供了什么内容或条件来同化从事传媒工作的成年人；二是同化的方式、手段是什么。这些涉及组织成员在实践中的管理、考核、纪律、身份等方面的内容。

一 文化适应的日常方式

传媒行业（组织）的再教育方式、手段有哪些呢？简单来说，可以归为鼓励和惩罚的手段。本尼迪克特认为，人们早在儿童时期就接受了父母的"训练"，她在《菊与刀——日本文化的类型》一书中指出，"当婴儿开始讲

[①] 尹明华：《传媒再造》，上海三联书店，2007，第222~223页。

单词时，大人逗婴儿说话作乐的话语就逐渐变成有目的的教导了"，"母亲常常用'危险'和'不行'来规劝幼儿"，"培养孩子具有必要的身体技能"等。① 在实践中，传媒组织会通过业务考核、经济收入分配、宣传纪律、社会资源和社会关系等来"训练"传媒组织成员。

传媒组织是个笼统的概念，它有不同的媒介属性（广播、电视、报纸等），也有不同的级别（中央级、省级、地市级、县级等），处在不同的地域（特大型城市、大城市、小城市等）中。这些客观条件会形成不同的组织文化，也将影响传媒组织成员行为模式的养成。不过，我们将抛开这些差异，而从总体来分析业务考核、收入分配、宣传纪律、社会资源和社会关系等日常内容对组织成员习性的影响。组织成员对这些日常内容的适应，是他们适应组织文化的日常方式。

（一）业务考核、收入分配

业务考核是传媒组织内部管理的重要内容，大多数传媒组织已经实行了业务考核制度。业务考核是一种量化的考核，虽然量化考核有许多弊端，但在推进传媒组织发展的过程中还是起到了积极的促进作用，因而能在全行业扩散开来。业务考核是打破大锅饭的重要举措，与经济领域中的效益考核、目标考核等类似。量化考核的核心目的是实现多劳多得，考核得分越高，收入越高。

首先，就业务考核而言，除了考核传媒组织成员的业务能力外，还会考核传媒组织成员的社会关系、社会资源的整合与利用能力，同时也会间接考核传媒组织成员对行业和组织文化的认同与接纳情况。在实践中，稿件的质量难以衡量，但是稿件的数量显而易见，因而力争多、快、好、省地出成果（稿件）成了一种常见的现象。这种逻辑虽然有很多反例可以说明它的局限，它却运行良好。稿件的优劣往往依据其重要性，是否涉及重要的议题、重要人物和事件，以及篇幅、字数等，通常由值班领导或专门的部门给出等级。哪些地方容易出新闻，哪种写法容易刊登、播出，哪类稿件容易得高分等，经过数月的学习与操作，传媒组织成员就能掌握十之八九。这些知识进而成

---

① 鲁思·本尼迪克特：《菊与刀——日本文化的类型》，吕万和等译，商务印书馆，1990，第176~190页。

为指导他们工作的指南。

业务考核必然有一个基本工作量。尽管基本工作量的多少可能在形式上通过了民主的讨论与协商,但并不意味着考虑到了每个人的情况,而是依据大多数人的情况,或一个理想的标准,或照抄(或作必要的修改)其他单位或组织的标准来设定。工作量与电视的收视率有很多类似的地方,有人说收视率是万恶的,也有人说它会促使传媒组织成员"马不扬鞭自奋蹄"。业务考核更像一个筛选的标准,是衡量传媒组织成员是否适应传媒工作的尺子。

其次,业务考核在逻辑上否定了人的非利益驱动行为,把利益驱动推到了前台。传媒组织成员在业务考核之下,出于人的趋利避害的本性必然作出有利于自己的行为选择。考核者尽可能地把对被考核者的要求、期望细化在考核的各项指标中,基于利益的多寡(货币的多少)来衡量被考核者。考核标准由组织管理层制定、修改并负责解释,管理者的行政风格能够影响业务考核管理,不同的管理者往往选择自己熟悉或向往的考核模式。业务考核管理能形成某种氛围、塑造某种组织文化,它对一个组织而言,既可能调动人们的积极性,也可能挫伤人们的积极性。

普通的传媒组织成员更关心自己在业务考核中的分数结果,以及与之联系在一起的工资收入。业务考核与工资收入挂钩是打破大锅饭观念的具体手段,体现了多劳多得的分配思想。在传媒组织,包括业务能力、创收能力、编制身份等在内的多种要素参与了经济分配。单位内部的收入差距扩大。

在多种要素参与经济分配的现实中,传媒组织成员越是拥有多种要素,就越可能得到更多的工资收入。例如,成员借助优秀的业务能力和社会资源能获得更好的回报。

(二)社会资源、社会关系

关系是社会学研究中的重要概念。美国社会学家格兰诺维特区分了不同强度的关系,把社交网络中的所有关系分为:交往不频繁、不密切的弱关系,例如普通朋友、陌生人等;交往频繁、相互熟悉、关系密切的强关系,例如亲属、亲戚、好友等。[①] 社会学家对求职网络的研究表明,在不同社会文化背

---

① Mark S. Granovetter, "The Strength of Weak Ties," *American Journal of Sociology*, 1973 (6): 1360-1380.

景下，不同强度的关系所发挥的效用有差异。边燕杰依据中国的求职网络调查情况，提出"强关系"假设，认为在中国社会中关系网络的核心不是信息交流，而是人情交换，因而在中国社会网络中强关系比弱关系更有效用。[1] 在后续的研究中，边燕杰等人进一步区分了关系强度与关系资源，检验了关系引发的信息效应和人情效应，发现强关系带来人情资源，弱关系带来信息资源。[2]

中国社会是人情社会，强关系在传媒组织成员的个人发展等方面发挥重要作用。强关系还可以与弱关系一道为传媒组织成员带来信息资源，在新闻策划、新闻采访报道、拉广告、拉赞助、搞创收等方面发挥作用。体制内的传媒组织成员可以在体制内进行交流，甚至得到提拔。这种情况，不适用于没有编制的成员，他们要先解决编制身份，才能在体制内进行交流。

在社会中传媒并不是孤立的，它是社会关系和社会资源中的一环，同样服从社会关系和社会资源流动的规律。社会关系和社会资源也在很大程度上影响了传媒组织成员的上升空间和业绩。对传媒组织成员来说，经营社会关系和优化社会资源也是必要的，尤其是对职业发展和其他方面的提升有不小的影响。

同时，传媒组织成员本身也会成为社会资源、社会关系的一部分。宣传与舆论监督是传媒工作的两项重要工作，舆论工作拥有影响力即意味着传媒组织成员拥有一定的权力。在权力在场的情况下，一些传媒组织成员也会出现权力寻租的行为，而这类事件往往表现为借舆论监督之名向相关单位索要钱物，搞媒体公关等。这些行为有悖职业道德规范，但要在实践中杜绝这些行为，还有较长的路要走。

（三）宣传纪律

宣传纪律是传媒工作的重要规范。历史经验表明，宣传工作需要有严明的纪律。当提到宣传纪律时，人们常把新闻与宣传区分开，俗语说：新闻有自由，宣传有纪律。

---

[1] Yanjie Bian, "Bring Strong Ties in: Indirect Ties, Network Bridges, and Job Searches in China," *American Sociological Review*, 1997 (3): 336-385.

[2] 边燕杰、张文宏、程诚：《求职过程的社会网络模型：检验关系效应假设》，《社会》2012年第3期，第24~37页。

实践中，出于种种原因，传媒工作出现一些差错在所难免，有的就成了教育传媒组织成员的生动案例。重要的或具有典型性的案例，上级主管部门或传媒组织内部会正式发文件通报或以会议的形式通报，组织学习，有的还会要求撰写心得体会，举一反三。这些案例中的当事者有相当一部分会接受处分，轻则通报批评、扣发工资或奖金，重则调离岗位、撤职，甚至被移出新闻宣传队伍。此外，传媒组织成员因为触犯法律法规而受到法律制裁的案例也会成为学习教育的案例或材料。

二 文化涵化中的身份要素

身份是众多影响组织成员习性因素中的典型要素。身份可以看作成员在组织中的位置和符号的象征。关于身份的知识是通过实践观察和知识的分享获得的，组织成员通过对传媒实践的体验逐步具有了身份意识，这种意识会沉淀在组织文化中。身份的不同反映了组织内部不同的位置关系。位置关系的不同，既体现在责任、声望、话语权等的不同上，也体现在收入和机会的差异上。位置的差异影响了传媒组织成员的行为和行动策略选择。

（一）身份的差异

传媒组织成员一方面履行信息传播的职责，另一方面又靠工资养家糊口，追求进步，依靠传媒组织获得相关资源与资本。对传媒组织成员而言，所属组织（或单位）的级别、单位的福利、单位的声誉与每一个传媒组织成员的职业荣誉和利益密切相关。传媒组织与从业者之间形成了"单位兴我荣、单位衰我耻"的荣辱共同体，这个共同体也是一个利益共同体。单位文化既有单位管理个人的一面，也有培养个人对单位事务的主人翁精神的一面。

身份差异既来源于从业者的才情、性情等个人主观因素，也来源于组织文化的因素。但对于大多数传媒组织来说，有两个主要的身份差异：一个是职务身份，一个是编制身份。职务身份，在组织内部可以基于职务划分出领导身份和非领导身份。一般而言，在我国，担任传媒组织主要领导职务的干部由同级党委任命，而中层领导则由传媒组织自己任命。编制身份，是指传媒组织成员在政府编制核定的范围之内，也被称为体制身份，它是中国传媒发展过程中的产物。20世纪90年代的一份资料描述了这种情况：一直以来，党报是党委的一个职能部门，人员进出由组织部、人事部门统分统调，人员本身是党务工作者，经费由财政拨款，任务也是指令性的，保证报纸不出政治差错，发行由宣传部门负责，公费订阅。20世纪90年代前后，一些报社进行了用人制度改革。报社编制由政府编制部门核定，编制内报社有用人自主权。编制之外，报社可向社会公开招聘，实行合同制。编制外的人员，报社自筹资金负责。① 在报社内部，人员基本可划分为有编制人员和非编制人员。

随着改革的深入，传媒组织内部不同编制身份共存已经成为普遍现象。本书第二章介绍的案例中，21世纪初，当地报社、广播电台、电视台、电视转播台、微波管理站的在职人员中存在8种身份，从工资发放来看，既有财政统发，又有单位自收自支等形式。② 根据这份统计资料可知，聘用人员占比为67%，已经超过财政统发工资人员与自收自支人员的占比之和。

尽管不同编制身份的人员在组织中的地位不总是体现在职务和收入上，但在人们的观念中仍然是有编制的人员比没有编制的人员在地位上要优越。解决身份问题，成为不少非编制人员的梦想和追求目标。但解决身份问题既要靠自身的实力和背景，也要等待适当的时机。编制一向有严格的管理，非编制人员对编制身份的渴望，反映了编制身份具有的吸引力，包括心理上的平等，物质上的财政工资、社会保障，以及由国家正式职工身份带来的社会声望等。③ 客观地说，招聘非编制身份员工能够在编制紧张的条件下扩大传媒事业的规

---

① 《红河报社改革方案》，载于《红河日报发展概况（1949—2005）》（内部资料），1995，第13~18页。
② 《红河传媒集团筹备工作组第二次会议纪要》，《红河传媒》2006年第1期，第27~28页。
③ 陆学艺等人依据对组织资源、文化资源和经济资源三种资源的占有数量，划分了十大社会阶层。国家与社会管理者阶层排到了第一位，排在前几位的还有经理人员阶层、私营企业主阶层和专业技术人员阶层。他们将十大社会阶层分为五个大的社会等级，结果显示：社会上层由十大社会阶层的前四个阶层中的高层领导干部、大企业经理、高级专业技术人员和大的私营企业主构成。参见陆学艺主编《当代中国社会阶层研究报告》，社会科学文献出版社，2002，第10页。李强认为，这样的社会分层与我国的标准职业分类的大类很接近。李强采用"国际社会经济地位指数"（ISEI）的方法，职业分值最高的组里主要是银行、金融、证券企业的经理、负责人，医生、教授、律师等高级专业技术人员，国家机关党群组织负责人，法官等高层司法人员等，该组中的人数占全部就业者的0.5%。参见李强《社会分层十讲》（第二版），社会科学文献出版社，2011，第237页。

模，发展传媒事业，但因身份差异带来的心理和物质上的不平等也会带来一些负面影响。

除了这两种身份外，还有其他的划分方法，例如根据职称等来划分。职称也是一种资源与象征资本，但职称往往与职务、编制身份有较多的重合，因而我们就没有把职称单独列出加以阐述。

（二）不同的处理模式

改革开放以来，经济体制改革中的承包制、打破大锅饭、收入分配改革等引起了传媒界的注意和效仿。进入20世纪90年代，中小型国有企业、集体商业企业被进一步推向市场，机关、事业单位人员放弃编制身份下海或停薪留职等现象逐渐增多，这些变化逐渐把打破编制身份的讨论推向了前沿。人们认为限制事业发展的重要原因是存在"干好干坏一个样，人浮于事"的吃大锅饭现象，而编制身份就是其中重要的始作俑者。因此，有了这样的推理：为了平等竞争、调动大家的积极性，就要把身份界限打破。若是身份界限不能打破，就不能激发传媒组织成员的积极性和创造性，吃大锅饭现象就不可能消除，发展目标就不能实现。打破身份界限逐步成为传媒组织在体制机制改革工作中的重要内容，它又与收入分配改革密切相关。

不过，传媒组织成员的身份问题是一个较为复杂话题，远没有形成统一的意见，为多种尝试留有了空间。因此，在实践中，我们看到了两种处理身份问题的不同模式。一种是完全打破身份，另一种是维持身份。

这两种看似相反的模式，反映了人们对平等的祈盼，以及对"机会平等"原则的不同维护方式。这里提供几个案例予以说明，这些案例在本书第二章中有所提及。

1. 完全打破编制身份的案例

2006年7月，云南省红河州印发了《红河州新闻传媒改革方案》，决定整合州属广播、电视和报社等传媒组织，组建红河新闻传媒集团。《红河州新闻传媒改革方案》明确提出：集团内部实行全员聘用合同制，取消公务员编制和事业编制，原有身份挂入档案，调出红河州可恢复原有身份，退休后可根据有关政策按原有身份享受事业单位的工资待遇。由此，红河州新闻传媒集团彻底废除原有分配制度，真正实现职工身份社会化，实现整个集团内同工同酬。①

集团对原来有编制的人员，采用的原则是"老人老办法"，但不再保留编制身份，对面向社会招聘的人员，则一律实行合同制。集团实行目标考核责任制、绩效工资分配制，按岗位定薪酬，拉开收入档次。身份的变化导致部分员工的心理发生了一些变化。

2009年4月，红河传媒集团各媒体按照2006年7月改革前的框架、性质和级别恢复为事业单位，保留原有编制。集团解体后遗留下不少非编制人员，他们有的是在集团成立之前就入职的，有的是在集团运营期间入职的。各媒体恢复建制后，有的媒体就开始对这些非编制人员进行有条件的招考，招考后即获得正式编制，完成身份转变。但由于招考有年龄、学历等条件限制，也只有部分人获得了编制。②

2. 保留编制身份的案例

如前所述，身份问题是一个敏感的、涉及面广的问题。完全打破身份界限需要诸多与之协调、配套的措施。在实践中，不少传媒组织选择了保持原有身份不变的方式。保持编制身份不变，避免了因为编制身份的丧失而引发的种种不平衡，维持了原有的人事组织架构支撑起来的内部稳定。大多数单位采取"老人老办法，新人新办法"，即对于拥有编制身份的员工，保留事业编制身份和待遇，对于新进的人员实行合同制，工资、福利等按照合同来执行。

山东滨州、云南德宏在组建传媒集团时，采取了保留原有编制身份的做法。例如，德宏传媒集团组建时，提出了"九不变"原则，其中之一就是"事业人员的身份不变，财政供给关系不变"。③ 又如，滨州传媒集团组建时采用了"老人老办法，新人新办法"，保留了"老人"的编制身份。德宏传

---

① 汪林正、汪继武：《体制创新的生动实践——红河新闻传媒集团有限公司改革发展调查》，《红河传媒》2007年第3期，第16~23页。
② 王爱国：《红河大发展，报社怎么办？——从红河日报社近三年的实践谈思想解放》，载于王爱国主编《大河风流——红河日报社创新发展理论与实践》，云南人民出版社，2012，第4~9页；龚建国：《将创新进行到底——对红河日报社发展的思考》，载于王爱国主编《大河风流——红河日报社创新发展理论与实践》，云南人民出版社，2012，第21页。
③ 德宏传媒集团新闻部：《改革历程 发展足印——德宏传媒集团成立五周年纪实》，2013年11月11日，http://v2009.dehong.gov.cn/bm/dhcm/history/2013/1111/93961.html。

媒集团除了强调身份不变和财政供给关系不变外，还明确集团是事业性质，而非企业性质。正因如此，德宏传媒集团成立后，并没有大规模地向社会招聘人员。对于"老人"来说，保留了编制身份，也就感觉不到有太大的变化。

3. 编制身份的影响

传媒组织毕竟不是完全的市场行为主体，传媒除了商品属性外，还有意识形态属性。在21世纪初，国家曾提出整顿报刊市场，取消县级报刊。不少县级报刊虽然不能公开发行，但以内部刊物等形式继续出现，继续承担以前的职责。可见，改革开放以来，传媒组织并没有完全按照企业改革的思路来运行。因此，在发展过程中，大多数传媒组织一般不涉及打破身份的问题，有的还提出不让一个职工下岗、不让职工收入降低。但也有一些传媒组织完全打破了编制身份，大家统一为企业身份，不过这种尝试很快就遇到了困难。新闻宣传不仅是联系群众的重要方式，还是争取舆论主动权的重要工具，要在短时间内打破数十年形成的格局和观念，并不容易。

从实践来看，保留身份的方式比打破身份的方式更流行，因为这样可以把阻力和风险减低。在理论上，放弃编制身份意味着从国家体制中脱离出来。对于有编制的人员来说，数年甚至数十年努力奋斗成为有编制的人的付出都将付诸东流，这让人难以接受，除非他们能够得到足够的补偿。补偿包括两个方面：一是打破身份后收入满意度增加、地位得到提升；二是获得合理的经济补偿。倘若两种补偿都难以获得，人们就不免会产生不同程度的不平衡感。

首先，编制身份对部分员工不仅意味着一种生计来源，还意味着一种职业尊严和社会地位。编制身份所营造的这种氛围，必然会影响传媒组织成员的习性。反过来，这种习性又使得这种氛围更加浓厚。对于没有编制的人员来说，编制身份是令人向往的，解决身份问题往往成为组织奖励和吸引优秀人员的诱人砝码。

为什么打破身份的难度系数大，牵涉面广？长期形成的平等意识发挥了重要的作用。收入差距的扩大动摇了原有的分配格局以及原有的平等观念。实践中编制等身份要素参与到分配中来。平等意识牵涉不同身份成员的利益诉求，不平等在各种比较中容易被意识到。例如，在与组织内部和外部相同身份的人相比的过程中，人们会比较自己的利益、荣誉等方面的得失。在组织内部，在一些有编制身份成员的意识中，没有编制身份的成员是帮手或补充力量，因此，在感情上，他们难以接受非编制人员在收入、荣誉等方面超过自己。同样，没有编制的从业者对因编制身份而存在的诸多差异，也并非没有异议和抱怨。

对于部分非编制的人员来说，由于没有编制身份，他们与有编制的人员在对待单位的情感上可能存在差异，进而在职业道德素养方面也可能存在差异。他们较少会在重要的岗位上履职。他们需要付出更多才能获得相应的回报。在某些时候，这会刺激他们的不满情绪。在某些时候，由于他们的"沉没成本"比其他人要小，因此会作出一些大胆的甚至是不计后果的选择。不少时候，他们会在缺乏心理满足和保障的双重压力中选择离开。

其次，编制身份与身份认同往往联系在一起。打破"大锅饭"和人浮于事的初衷就在于大家形成统一的身份认同，以便能够统一思想，发挥人们的创造力和主动性。然而，身份认同的差异恰恰决定了不同身份者不同的行动选择策略。就像我们在前面看到的那样，若是打破了身份，原来有编制的人员一旦得不到有效的补偿就会努力重返编制。若维持原状，保留编制，部分非编制的人员会努力争取编制身份，若努力无望，就可能会选择离开。可见，编制身份成为传媒组织成员的一种保障、一种奖励，并且成为他们行动理性计算的一部分以及习惯性选择的一部分。

在职业流通中，编制身份不仅是一种保障、奖励，还是一种向上的通道和一种声望。进入传媒组织的途径主要有三种：一是通过工作调动，例如以领导干部的身份调入等；二是通过招工、招考，成为编制内的人员；三是通过传媒组织的招聘流程，成为合同制人员。在编的身份可以分为事业编制、公务员编制和工人编制。这三种不同的身份除非经过必要的手续（例如提拔、招考等），否则不能相互转换。对于传媒组织内的普通成员来说，若能提拔为组织的主要领导干部，将获得公务员身份。对于有编制的成员来说，理论上能够在体制内部实现工作调动。获得编制身份，是组织成员在体制内上升的必要环节，能够影响他们的职业生涯。

三　集体习性的成型

经过了考核、收入分配、社会资源、社会关系、宣传纪律以及身份意识等组织内部管理方式和组织内外的观念氛围的教育、洗礼,组织成员的集体人格和行为模式不断成型。他们之前通过传媒教育等渠道习得的知识和观念会经历实践的检验或筛选。在实践中,他们通过分享、体验组织文化的方式完成对它的理解。尽管认同这种文化和规范的方式可以分主动的和被动的,但只要不离开传媒行业,就意味着他们要完成与这些规范和文化的接触、适应、认同和接纳。

在此前提下,与通过传媒教育习得的知识观念相比,在实践中获得的经验更偏重以下三个方面。一是重视经济收益。为打破大锅饭而建立绩效工资体系、用工制度改革等将经济激励放在了重要的位置。传媒面向市场的一系列举措也把经济收益放在了突出的地位。传媒与经济的共生关系让传媒组织成员能够从中获得更多的经济收益。获得更高的经济收益,自然成为他们选择行为的合理理由。二是遵守宣传纪律。在实践中,通过发生在身边的案例得到的关于遵守宣传纪律的教育比在高校接受的传媒教育更为直接、深刻。三是强化科层意识。传媒组织成员可以走专业技术的道路,不过,他们在实践中获得的知识却强化了科层意识,有的甚至转变为官本位意识。但有科层意识,并不意味着他们能走向仕途,因为那牵涉的因素较多。这只是表明他们能够清楚工作运作的基本规则,并内化在他们的集体人格和行为模式之中。

传媒组织成员的集体习性与上述知识的获得、掌握密切相关,形成了他们特有的工作方式。这些工作方式必须符合传媒工作运行的逻辑和规则,简而言之,要行之有效。如此一来,他们便自觉地把自己融入了组织文化之中。这些工作方式以是否行得通为标准,他们以这种标准筛选他们在大学课堂和书本上获得的知识、形成的观念。于是,在他们的心中,有了两个传媒形象,一个是通过传媒教育树立的、想象的,另一个是通过实践感知的。这两种形象之间存在距离。

自然而然的结果是,既然他们的工作方式重视现实的有效性,那么,他们就得为了"食物和服务"而不断改变自己的工作方式,使之更具效率。他们要不断地改进工作方法以获得更好的回报,其中重要的考量指标就是经济收入(也包括声誉)上的回报。那么,能够带来更好回报的方法就会成为他们学习、模仿的内容。在实践中,就传媒组织而言,学习其他地区的先进经验,模仿其他行业的先进做法,模仿国内外成熟的栏目、版面、节目等的行为屡见不鲜。不能盲目和一味地指责这些行为，有时候这是工作和创新过程中的必然选择，其中包含试错的空间。

传媒组织成员的行为选择逐渐趋于一致，追求效率优先和利益最大化成为普遍的原则。进而，利益安全成为传媒组织成员最为关心的议题。因此，以什么样的话语来描述、概括传媒组织成员为追求效率和利益而对工作方式所作的改变都已经不再重要。随着时代的进步和环境的变化，传媒工作方式也要不断地吐故纳新。只是，过于频繁地改变，尤其是被动地学习、仿习某种范本，可能会使组织成员不堪重负。不少时候，被动地跟从会带来麻木感，应付、选择性执行可能成为一种常态。因为，他们必须维护一种能够或已经带来了利益安全保障的工作方式。于是，传媒组织成员出于趋利避害的本能，总是千方百计地规避危害，努力利用好能够带来利益的资源和环境。

综上所述，组织成员通过专业教育、专业实践来认识和感悟组织文化，完成对组织文化的适应，这是组织成员个体完成文化涵化的过程。

第五章 结论和讨论

本书力图阐释组织文化涵化如何得以实现及其过程,为了避免对空言说,分析了相关的案例,有一部内容可以归为新闻史个案研究之列。在这一章,首先总结组织文化涵化过程,然后对研究的相关争论和研究不足作一些讨论。

第一节 主要结论

本书完成了对组织文化涵化的整体过程的考察,重点分析了涵化的模式、涵化的动力以及涵化的结果等内容,以下是对这三个方面的总结。

一 涵化的模式

组织文化涵化包括从确定范本到仿习范本,再到获取类范本效果等过程。影响组织文化变化的因素中,组织形态发挥了重要的作用。组织形态涉及组织结构、组织治理等组织文化的独特性内容。它的影响涉及组织对范本的选择、仿习以及获得类范本效果等方面。所以,可以尝试构建一个模型来反映这一过程和逻辑关系。

(一) 五个可观察变量

依据我们对传媒业的分析,传媒形态、传媒文化变迁都是潜变量或隐变量。所谓潜变量或隐变量就是无法直接观察的变量,需要通过其他变量来反映。我们选择了五个可观察变量来反映它们,即用传媒结构、传媒治理两个变量来反映传媒形态,用传媒组织成员的习性、传媒政策、传媒组织范本三个变量来反映传媒文化变迁。由传媒组织扩大到一般意义上的组织概念,就得出组织文化涵化的一般模式。简而言之,五个可观察变量分别是组织结构、组织治理、范本、政策、习性，前两个反映组织形态，后面三个反映组织文化变迁①（见图5-1）。

图 5-1　反映组织形态、组织文化变迁的五个可观察变量

在讨论组织文化变迁和组织形态的关系时，研究者们要么采取宏观叙事，要么进行微观分析。这样就有意无意、或多或少地遵循了一种分析模型，即模型 A（见图 5-2）。

图 5-2　模型 A 示意

模型 A 的总体思想是，组织文化变迁影响了组织形态，为了优化组织功能和角色，促进组织发展，需要制定相应的政策。组织文化与组织治理、组织结构密切相联系，要实现组织的发展就需要在组织结构、组织治理上做文章。

不过，在不少地方，模型 A 的解释力不强。因为组织文化变迁由一次次具体的行动推动而成，对组织形态产生影响的是无数次具体行动的累积、叠加。组织形态是历史形成的，一次次具体的行动是历史的一个个片段，或被抛弃，或最终整合到组织文化之中，成为组织形态的有机组成部分。模型 A 忽略了组织形态的历史性。

此外，模型 A 呈现线性影响关系，忽略了组织文化变迁的复杂性。因此，在此基础上，可以将其优化为模型 B（见图 5-3）。

（二）模型优化

在模型 B 中，组织形态由变量组织结构和组织治理来反映，组织文化变

---

① 考虑到"变迁"描述的是结果，"涵化"更多的是描述过程，所以在此使用了"变迁"。

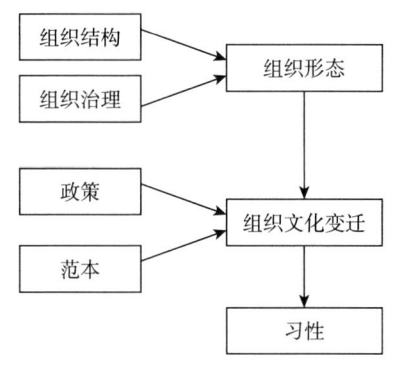

图 5-3　模型 B 示意

迁由政策和范本两个变量来反映。组织形态直接影响了组织文化变迁，间接影响了组织成员的习性。

相比模型 A，模型 B 立足于现实，更有解释力。组织文化变迁涉及国家、组织、成员三者的联系。如果把组织治理理解为行业和个人的生计活动及相应的技能的话，组织文化变迁则是对这种生计活动和技能的调整。对组织而言，这种调整是为了提高组织的效率，对于成员而言，意味着获得物质和精神上的更多收益。模型 B 充分考虑了组织文化变迁的复杂性和探索性，也充分考虑了组织在政治、经济、文化结构中的位置和功能，以及这种位置关系和功能的稳定性。

模型 B 借鉴结构方程模型（Structural Equation Modeling，SEM）的思路，"结构方程模型是反映潜变量之间关系的因果模型与反映指标与潜变量之间关系的因子模型的结合"[①]，选择了五个可观察变量来反映两个潜变量（即组织形态和组织文化变迁）。但是，模型 B 并不是结构方程模型，它无法进行统计验证。由于组织形态与组织文化变迁之间的指向关系是从理论研究和逻辑推理中提出来的，也是经验的和抽象的，所以它们之间没有计量上的一致性。例如，反映组织形态的两个可观察变量（组织结构、组织治理）本身很难观测或用计量模型来表示。因为组织形态是一个历史性的概念，对历史的宏大叙事在很多时候只能算是对历史真相、历史发展规律的探索，谈不上验证性的分析。反映组织文化变迁的三个可观察变量（政策、范本、习性）也是如

---

① 易丹辉编著《结构方程模型：方法与应用》，中国人民大学出版社，2008，第 17 页。

此。尤其是，习性既是主观的也是客观的，既是理性的又是非理性的，难以用计量模型来表示。

因此，模型 B 难以通过数值或计量关系来验证，不可验证成了模型 B 的一大缺憾。所以，模型 B 的提出带探索性质，姑且算一种尝试。

二 涵化的动力

组织接触和接受新事物、新文化的动力源于组织对回报的渴望。关键的一步在于组织上下能够形成合意，达成默契，统一思想。要形成合意离不开对时代背景和条件的准确把握，以及对主流范本的认识。20 世纪 90 年代，我国着力建立社会主义市场经济体制，市场化成为包括传媒业在内的众多行业发展的重要诉求，市场化既是发展的策略，也是可能发展的方向之一。传媒市场化发展的重要事件之一是组建传媒集团，市场化也是传媒集团组建的核心问题。

（一）市场化

市场化在传媒业发展的语境中至少有三层含义：第一，市场化是从经济领域借用过来的概念；第二，市场化是以国外传媒经验为基础的市场经济发展之路；第三，市场化更适合高级次（中央、省级）和经济、文化相对发达地区的传媒业。由此，市场化给中国传媒带来的挑战至少包括三个方面的内容：其一，中国传媒发展的经验、逻辑与以国外传媒经验为基础的市场化发展的不适应；其二，地区经济社会发展水平、区域影响力对传媒市场化的发展空间的限制；其三，中国传媒的双重属性（意识形态属性、产业属性）决定了传媒的市场化要比经济领域的市场化更复杂。

市场化对于传媒组织而言，最直观的功用是弥补政府拨款不足，实现"自力更生、丰衣足食"。市场化作为一种生计形式而存在，不管是对于传媒组织自身实力的提升、当地市场经济的繁荣，还是对于当地传媒从业者收入的提高而言，市场化都是政府拨款之外的主要的、可靠的途径。

显然，在改革开放和社会主义市场经济体制的大背景下，市场化是传媒组织发展的策略，也是内部机制体制改革的目标指向。在传媒的双重属性之下，意识形态属性是传媒的核心，市场化是一种发展策略，市场没有在资源配置中起完全的支配作用。市场作为一种提高生计水平的策略而存在。

市场化是由传媒领域的生产者提出和推行的。组建传媒集团的目的之一是整合资源，提高传媒工作效率，这在客观上帮助当地诞生了具有资源优势的传媒组织。不过，由于不能强制要求本地群众只消费本地传媒组织的产品和服务，传媒组织并不能对消费市场形成垄断。这也是由生产者提出和推行市场化的一般结果。

（二）市场化的技术性环节

如何实现市场化？这就进入了一个技术性的环节。市场化的技术性问题是传媒组织用力最多、关注最多的地方，因为理论性难题大可交给理论界去讨论、解决。讨论这些技术性问题，就是思考如何实现相关政策或方案的有创新、有特色的技术性复制或仿制。传媒组织只需结合自身的实际情况，环顾四周，寻找一个学习范本稍加改造即可。常见的思路是不争论，也不给争论的空间，摸着石头过河，别人都这样干了，自己也可以跟着干。这也是仿习范本过程中常见的现象。

范本大致有三个来源：一是其他组织（包括国内、国外）的经验；二是其他行业的做法；三是历史上曾出现过的做法。之所以把推进市场化的手段归因于学习他人的经验，不是为了否定自己的创造，而是基于一个客观的事实，即任何行为都不可能是无源之水、无本之木。创新往往隐藏在仿习范本和对历史传统的继承之中。

学习的过程也是仿习的过程，仿习使得组织的模式趋于一致，但也促成了多样性的存在。因为在仿习的过程中，组织依据自己的偏好和特殊性，对范本进行了必要的改造或创造性仿制。其结果是，虽然都是走类似的道路，但大家具体的操作却不尽相同，形成了差异。假设有一个值得大家学习的范本存在，仿制之后又形成了一个范本，仿制的范本再经过仿制，最终的范本将不复是最初的那个范本。一次次仿制的过程，也可能是最初的范本一次次被"蚕食"的过程。这种"蚕食"可以理解为一种量变、一种小心谨慎的改变。

某些创新往往隐藏在仿制之中，并且小心谨慎地推进，唯有创新（创新的举措）不至于引起强烈震动时，才不至于胎死腹中或遭遇纠正，因而能以较小的风险和代价换来创造性仿制的施行。当然，对较小风险和代价的追求，也容易滑向照抄照搬的境地，以至于"换汤不换药"创新性弱的仿制行为大行其道。

在我们所分析的案例中，很难找到市场化最初的范本，看到的是种种不同的仿制品，即类范本。它们直接借鉴了经济领域中的市场化做法，例如量化绩效考核等；借鉴了国内外传媒组织的经营管理方法，例如广告经营业务等；借鉴了国内外知名媒体的节目（栏目）的模式和编辑组织方法等。虽然大体上一致，但仍不同程度地保留自己的特殊性或特色。考察、学习其他地区和组织的经验是市场化发展过程中重要的一环。

谁是市场化发展中第一个吃螃蟹的人，现在看来已无关紧要，已有先行者把其他组织和经济领域的做法借鉴过来了。对于后来跟进者来说，他们避免了大量不必要的争论，尤其是避免了对市场化合法性的争论——对当时的中国传媒组织而言，由于不是独立的市场主体，难以获得独立的市场主体地位，对市场化合法性的顾虑就越大。因此，在避免了对市场化合法性的争论后，传媒组织便能轻装上阵，开始仿习的旅程。

在仿习的过程中，组织必须保证自己行为的合法性，或为自己的仿习行为提供一个合法的解释。例如，传媒组织特别是欠发达地区基层传媒组织，历史上并无以市场为导向办商业性报刊的传统，所属行政区的经济实力、文化氛围也难以匹敌沿海发达地区或区域中心城市。在此条件下，传媒组织欲通过推行市场化并获得市场化的回报，实现跨越式发展、弯道超车，就是实行仿习的合法性强有力的解释，成为特定语境中不容批驳的"正确观念"。这样的观念又为传媒组织在仿习中发挥创造性提供了合法性的解释。在此情况下，范本的存在，为传媒组织积极推进市场化提供了方便。

（三）新问题的产生

仿习能够节约大量的时间和资源成本，促进"后发优势"的发挥，这是必须肯定的，但也会把范本原本的、固有的矛盾一并仿制过来。原本是借市场化解决的问题，在引进市场化之后，市场化本身就变成了一个新问题。这样一来，原来的一个问题就变成了两个问题。

在仿习范本时，范本的固有矛盾以及不完善的地方被一并仿制是不可避免的，可能造成范本经验与当地水土不服，运行困难，乃至出现南橘北枳的现象。组织在创造性仿制过程中，范本的固有矛盾或缺陷与当地环境发生反应后所产生的影响是不可忽视的。这些矛盾，在一些地方可以得到很好的抑制，被控制在彼此可以接受的可控范围内，而在另一些地方则会激发出更大的矛盾，引发内外的激烈反应，甚至到无法收拾的地步。相同的方法，取得的结果却截然相反，这也是仿习中可能存在的现象。

对范本的仿习以及在它基础上的创新，需要组织内部达成以生计为基础的平衡。这种平衡取决于参与各方的默契。默契的达成具有微妙性，不成文，但有迹可循。默契有着深深的与观念和传统相关联的印记，是主观的观念，也是一种集体的观念。

在仿习范本之前，对范本的有效宣传以及对未来的美好承诺是不可缺少的。在语言和逻辑上达成默契，依赖于社会大背景所形成的影响、压力，这是最初的默契。最初的默契将一直延续下去，除非在仿习范本的实施过程中默契被打破。

三 涵化的结果

尽管组织文化呈现的涵化结果是静态的，但涵化的过程却是动态的。在涵化过程中可以看到组织内部力图实现组织内外均衡的种种努力和尝试，这些行动建立在评估现实和计算利益的基础上。这种均衡是由多种力量在特定历史条件下推动形成的。组织文化既有不断变化的一面，也有达到整合趋同的一面。本尼迪克特认为："一种文化，就象一个人，或多或少有一种思想与行为的一致模式。"[1] 虽然不少人把文化趋向一致的原因归结为利己主义，但本书更愿意把原因理解为出于生计的需要。因为在生计的基础上，才有组织内外的团结及其相应的职业规范。

组织成员出于生计的需要以及对回报的渴望，主动或被动地不断优化、调整组织的体制机制和自己的行为方式。之所以从生计的角度来考察，是因为，在社会发展大潮中人们做出反应的基础是生计需要，例如根据新的形势和要求调用资源、增加或改善生计的技能、改变职业观念和习性等。

---

[1] 露丝·本尼迪克特：《文化模式》，王炜等译，社会科学文献出版社，2009，第36页。

组织的发展不是某个单方主体的事情,牵涉政府、组织、从业者之间的位置关系和互动关系。组织中不同位置的成员采用的行动策略和方式也不相同。究其原因乃是不同位置的组织成员除了拥有某些共性外,还具有一些特殊性。从生计的角度出发,可以理解为生计弹性的不同。简而言之,生计弹性就是相同的实践或行动对于不同组织成员的生计有着不同的意义。例如,某种实践对于一些组织成员来说意味着生计的全部,一旦发生改变,就意味着生计方式要发生改变,然而对于另一些组织成员来说却微不足道,即使发生改变,也只对其生计产生零星的、局部的影响。对组织成员生计弹性的忽视,会造成相关实践或行动充满不确定性和不稳定的因素,并为之付出代价。

我们以传媒组织为例,来分析组织成员的生计弹性。在组织发展过程中,非组织成员不能从市场化中获得直接的生计回报。一些非组织成员接受传媒组织的补贴也是被禁止的,尽管他们可能影响甚至决定了传媒组织的市场化方案。他们与传媒组织之间保持了生计上的距离,由于没有直接的生计关系,他们可以超脱传媒组织本身来思考。对于他们而言,传媒之于他们,不是生计上的意义,而在于治理、管理业绩上的意义。

与此同时,组织成员直接从市场化中获得生计回报,他们有自己的生计弹性。传媒组织经济效益的好坏直接与成员的收入挂钩已经成为普遍的现象。但组织内部成员的生计弹性并不相同。理论上说,传媒组织的市场化发展以及经济效益的好坏对大家的生计都有重要意义,不过,组织中占支配地位的成员能够凭借职位、贡献等从中获得更多的生计回报。除了生计回报外,他们会因为拥有良好的工作业绩、象征资本,以及其他决定性资源等获得更好的前途发展。在某些情况下,他们更能全身而退。在相同的情况下,一般成员若缺乏起作用的资源的话,面对生计的、声望的压力,除了辞职外,只能选择承担风险。因此,组织中占支配地位的成员的生计弹性高于一般成员,承担的生计风险更低。

综上所述,正是由于组织成员的生计弹性不同,他们感受和直接承担文化变动的结果也不同。可以看到,生计弹性越低的成员和组织文化变动结果之间的联系越紧密,也越是从生计的角度来感知组织文化的变动。

在组织内部,适应新政策、新举措带来的变化并非一帆风顺的过程,因为它引起的组织成员的适应性反应可能会超出人们的预期。组织内部出现争议也是常有之事。然而并非所有的争议都有自动的解决机制，一些争议的解决是组织成员不再沉默的结果，即打破原先的默契状态导致的结果。因为组织成员在组织中的位置不同，打破默契状态的方式也有所不同，触发他们不再沉默的契机也不一样。组织内部生计弹性偏低的人员更能直观地感知到新的政策对他们生计安全的影响。只有当这种感受成为一种集体的、广泛的感知时，也就是更多的甚至不同身份的人员都产生了这种感知，打破默契的声音才能在组织内形成压力。不再沉默的集体之声能否打破之前各方达成的平衡，还取决于组织内部占支配地位成员的立场和对形势的判断。尽管他们的生计弹性较高，但他们还必须考虑除了生计回报之外的其他回报。

成本和风险最低的办法是继续保持组织内部已经达成的默契，让保持沉默的状态延续。面对总体上大家的生计都有了提高但仍存在内部差距，以及人们的获得感、成就感下降等的情况，部分组织成员长久以来形成的观念和习性将面临新的压力和挑战。但只有少数声音在某些时候能够形成压力性舆论，触发争议解决机制，大多数声音因为种种原因会消失于日常生活中。

触发争议解决机制不管从哪方面来讲都是高成本的，人们只有当生计安全受到威胁以及从大局来考虑时才会去触发。通常人们总是想方设法与组织内外的决定性力量取得联系，争取他们的理解和支持，并最终形成联合压力以触发争议解决机制。一旦争议解决机制开始运转，首要的目标便是恢复大家已经达成的默契状态，以维持局面的稳定。

第二节　研究方法的讨论

本书有相当一部分内容来源于个案研究。考察个案的意义是什么呢？这涉及两个问题：一是个案研究的代表性和功用问题，二是个案的知识性贡献问题。下面就这两个问题进行讨论。

一　个案的代表性和功用

本书考察了多个案例，尤其是红河个案。个案的研究价值是什么？这个问题在研究过程中被直接或间接地提出来。这里仅从研究方法的角度对这个问题作出阐述。

（一）个案的简明概括

在微观中，红河个案是一段有血有肉的历史，正所谓"麻雀虽小，五脏俱全"。它折射出中国传媒业自20世纪90年代以来波澜壮阔的市场化发展图景。前面已有详尽的描述，在此作一个简明的概括。

第一，个案所揭示的是市场经济背景下中国传媒发展的普遍思路。

20世纪70年代末，中国开始改革开放，并取得了伟大的成就。传媒也随之进入了新的发展时期。传媒组织按照经济改革的逻辑，努力发挥传媒的产业属性，前提是保证意识形态属性、"喉舌功能"不变。首先开始的是传媒业务的改革，传媒的双重属性获得确认，市场因素得到承认并受到欢迎。传媒发展选择了一条风险小、摩擦小的增量发展道路。

20世纪90年代，都市报热在中国兴起。1996年，广州日报报业集团成立，而后传媒集团逐步在全国其他地方组建。传媒集团化发展的目的是改变中国传媒业小、弱、散的面貌，但遇到的困难也较大。东部经济发达地区成立传媒集团较早，中部地区跟进，西部地区较为迟缓。

第二，红河个案搭上了国家发展文化产业的直通车。国家鼓励发展文化产业，不仅赋予了它合法性和正当性，也保证了相关政策举措的顺利进行。

进入21世纪，传媒被列为文化产业之一，成立传媒集团是发展文化产业的路径之一。从2003年7月到2005年12月，我国在上海、北京、重庆等地进行了文化体制改革试点。中央明确了"党报党刊、电台电视台意识形态属性最强，一般报刊、出版社和文艺院团次之"[①]的提法，同时提出要注重文化产品的产业属性和健身益智等多方面的功能。2005年，中央出台了《关于深化文化体制改革的若干意见》。2006年3月，全国文化体制改革工作会议召开，中央要求各省成立领导机构，指导和协调本地区本部门的改革工作。云南省随后传达了这次会议精神，红河州积极贯彻，准备成立传媒集团。同年7月，红河传媒集团成立。

第三，红河个案极力推行的产业发展模式困难较大。

---

① 李长春：《文化强国之路——文化体制改革的探索与实践》（上），人民出版社，2013，第360页。

从20世纪90年代开始，红河州的传媒组织历经了多次内部管理措施、工作方法改变等业务改革。在集团组建之前，红河州的传媒组织通过业务改革和国家政策的支持，享受中国经济和社会改革的红利。传媒集团组建后，原有的运行方式被打破，新的方式涉及内部管理、内部员工的团结、收入分配等方面，市场化因素由业务领域向更深层次推进，很快就遭遇了产业发展与原有的资源禀赋以及与当地环境不相适应的现实问题。

就红河个案而言，直接把事业单位转制成企业，但在产业发展过程中遇到缺乏人才、资金等难题；打破员工身份，造成部分员工心理落差较大；与向社会招聘的员工相比，有编制的员工的心理优势仍在，新的不公平因素也存在；内部收入差距扩大，不满情绪蔓延；市场化带来的无情竞争，导致部分员工内心焦虑。

相对而言，德宏、滨州传媒集团采用了保留事业编制身份等风险较小的方式，不过，其产业发展依然受制于多种因素，也有不少难题需要解决。

（二）个案研究与"多打深井"

在学术研究中，个案研究有一定的价值，有的研究者大力提倡个案研究。例如方汉奇教授认为，提高新闻史的整体水平要"多打深井，多做个案研究"。[①] 但个案的代表性问题以及研究结果的普适性问题常常引起人们的争议。个案研究是否有价值，这不是问题。问题在于什么样的个案是值得研究的，或研究"这个"个案有什么价值。这才是问题的关键。

从方汉奇教授的表述来看，"在历史上有重要影响"是判断个案是否值得研究的重要标准。从语义上来理解，"历史上有重要影响"指向了个案的代表性和典型性。研究历史上有代表性、典型性个案的价值毋庸置疑。由此也产生了一个疑问：那些在历史上代表性不强、地方性的个案是否有研究的价值？尽管历史书写有"常事不书"的传统，但不能否认常事也是历史的一部分，至少也是社会生活史的一部分。

方汉奇教授在提倡"多做个案研究"的时候，是和"多打深井"并列提出来的。其原文是：

---

① 方汉奇、曹立新：《多打深井多作个案研究——与方汉奇教授谈新闻史研究》，《新闻大学》2007年第3期，第1~4页。

多打深井，多做个案研究。面上的研究，前人之备述也。据说"通史"类的新闻史教材目前已经有五六十种之多，其中很多属于重复劳动，再投入力量，近期内已经没有太大的意义。希望大家多花一点力气做基础性的工作，多打深井，多做个案研究。打深井，意味着开掘要深，要达到前人没有达到的深度，要有重要的新的发现和新的突破。多做个案研究，指的是要重视报刊原件、新解密的档案资料和口述历史的搜集整理工作，加强历史上有重要影响的报刊的报人的个案研究。只有这样，才能提高新闻史的整体水平，开拓出新闻史研究的新局面。①

在这段话中，方汉奇教授把"多打深井"和"多做个案研究"视为提高新闻史的整体水平的重要两个方面。他把个案研究理解为两个方面：一是对历史资料（包括口述历史）的搜集整理工作，二是对"历史上有重要影响的报刊的报人"的个案研究。这些论述很有参考意义。

由此，我们认为，个案的价值不等同于个案研究的价值。梁启超曾言："凡学问必有客观主观二界。客观者，谓所研究之事物也；主观者，谓能研究此事物之心灵也（亦名所界、能界。能、所二字，佛典译语，常用为名词）。和合二观，然后学问出焉。"② 就此而论，不管是重要的还是非重要的个案都是客观存在的，是"所界"，而研究者的研究是主观的，是"能界"。可以看到，个案的重要与非重要乃是研究者主观的"能指"，而非个案客观的"所指"。

就个案所存在的社会环境而言，个案必不是孤立的、偶发的，必然折射出社会环境，成为社会生活的缩影。如何挖掘其深度，则是研究者主观能动性的工作，也就是方汉奇教授所说的"打深井"的工作。因此，对于代表性不强、地方性的个案，若能深挖掘，达到一定的深度，乃至有重要的新发现和新的突破，也是有价值的研究。

所以，对于"历史上有重要影响的"个案的研究，其研究价值已经彰显，

---

① 方汉奇、曹立新：《多打深井多作个案研究——与方汉奇教授谈新闻史研究》，《新闻大学》2007年第3期，第4页。
② 梁启超：《中国历史研究法》，中华书局，2009，第185页。

而对代表性不强、地方性的个案的研究，则需要把"打深井"置于它之前，以起语义限定的作用，即多做"打深井"的个案研究。对这类个案的研究，其价值除了地方史志价值外，还在于可以作出前人未能作出的阐述和解释，提供关于一般理论、概念的地方性理解，以增加地方性知识。

（三）个案研究与普适性

作为定性研究的一种方法，个案研究的不足早已为大家所熟知。它的研究结论（结果）是可以推广的吗？结果具有概括、推广的意义吗？[1] 这讲的是一个普适性问题。在研究中，研究者们对普适性常常有三种对待方式。

第一种方式是追求研究结果或结论的普适性。显然，之所以有"研究结果具有概括、推广的意义吗？"这样的疑问，一是人们出于功用的目的，二是基于人们对探索出客观规律的期待。人们期待研究结果能够揭示某种客观规律，以指导人们的实践，这种期待是常见的。如果个案的代表性不足，自然会影响它的结果的推广，导致其功用价值不大。反之，则表明它能够为人们提供更多的借鉴和指导实践的意义。人们期待个案研究的结果能够超出个案和情境（语境）的限制而具有普适性。这种方式的确存在于学术研究中，在定性研究中很常见。

第二种方式是放弃结论的普适性，而只关心研究结果能够解释的某种特定情境或场景，例如，在某种特定环境中才有的社会活动。其依据是：个案有其特定的对象和情境（语境），其结论是否能够推而广之，必然有一定的概率，那么，也就存在个案的结论没有普适性的概率。基于这样的认识，有的研究者"并不关心自己的研究结果是否具有概括性，而是更加关心他们可以将概括性用于哪些情境和研究对象"。[2]

第三种方式是研究者追求理论在普适性之外的、不能被已有的理论解释的例外。罗伯特·C. 波格丹和萨莉·诺普·比克伦认为，在这些研究者心中，即使对非正常类型的描述也是有价值的，因为理论应涵盖所有的情况，"自己的工作有潜力去创造不规则的异常事物，而其他研究人员可能不得不对

---

[1] 罗伯特·C. 波格丹、萨莉·诺普·比克伦：《教育研究方法：定性研究的视角》（第四版），钟周等译，中国人民大学出版社，2008，第27页。
[2] 罗伯特·C. 波格丹、萨莉·诺普·比克伦：《教育研究方法：定性研究的视角》（第四版），钟周等译，中国人民大学出版社，2008，第28页。

它作出解释。有些解释可能会扩展现象的概念"。①

按照上述第三种个案处理方式,本书所关注的案例可以扩展新闻传播理论和传媒组织管理等方面的知识,使得未来的研究者不能忽视它。它的研究价值集中体现在它对历史解释的贡献上,它并非孤立的和随意的事件。

个案并不是孤立的案例,研究时要注意事实与事实之间的联系。对于历史研究而言,首要的是要成为"信史"。所谓"得一近于客观性质的历史","夫然后有信史,有信史然后有良史"。② 尽管过去了的就是历史,但过去的并不都是"史"。梁启超认为,"事实之偶发的、孤立的、断灭的,皆非史的范围","是故善治史者不徒致力于各个之事实,而最要着眼于事实与事实之间"。③ 由此观之,有两点尤其要引起注意。

一是本书描述的案例乃是中国传媒发展的一部分。中国传媒业是按部门、按行政区划和行政级次分配文化资源和产品的。尽管不同层次、不同地区会有差异,但在管理模式、新闻编辑报道等方面基本相似。乍一看,地市级、县级传媒组织就是中央级、省级传媒组织的缩小版。虽然不同地区、不同级次的传媒组织的发展实现方式不同,有先也有后,但总体相似。每一次重大的发展举措都可被视为一次文化整合,经过多次的整合沉淀后,传媒组织呈现一些共同特征

二是个案偶发的背后有必发性因素。本书考察的云南、山东的传媒组织几乎在同一时期选择了集团化发展的道路。它们都是地市级传媒组织,属于基层传媒组织。受行政区域等因素的限制,它们主要在所属行政区域内发挥舆论影响力。不过,事物具有两面性,正是因为基层传媒组织的影响力有限,反而可以在某些领域大胆尝试、大胆改革。中国改革开放以来从基层发轫的改革壮举不在少数。最为大家熟悉的安徽省凤阳县小岗村的农村土地承包,拉开了中国农村改革的序幕。

基层之所以能够在某些改革上大胆尝试,敢为天下先,除了上述原因外,还有两个原因不能忽视。一是中国组织文化的趋同性和运行模式的一致性。

---

① 罗伯特·C. 波格丹、萨莉·诺普·比克伦:《教育研究方法:定性研究的视角》(第四版),钟周等译,中国人民大学出版社,2008,第 28 页。
② 梁启超:《中国历史研究法》,中华书局,2009,第 41 页。
③ 梁启超:《中国历史研究法》,中华书局,2009,第 121 页。

二是基层更为敏锐的触觉感受，"春江水暖鸭先知"。相对于中央、省级单位，基层能够得到的政策和财政支持相对较少，为了解决生计问题，基层只得在寄希望于政府的同时发挥自己的主观能动性。远离中心的位置反而有利于基层进行大胆探索：成功了，可以从暗处走向光明，宣传推广；失败了，所造成的影响也是有限的，纠偏也很容易。

本书分析的云南、山东组建的传媒集团案例既是基层发扬敢为天下先精神的改革探索，也是中国传媒市场化和集团化发展的一个缩影，从中可以看到跨媒介整合（融合）、媒体跨区域发展、员工身份转变、市场化方向发展、传媒文化产业发展等方面的情况。当然，一些跨界探索超出了中国传媒发展常见模式、普遍状态，出现了一些分歧，对分歧的处理也反映了传媒治理的普遍逻辑。在总体上，有的组织运行良好，有的组织停止了运行，这些都充分表明了中国传媒发展的过程中充满了复杂性和曲折性，涉及多种利益格局的整合与调整。

（四）个案研究的信度、效度

信度和效度是衡量一个研究好坏的指标。个案研究总体上属于定性研究。定量研究的信度和效度可以用统计指标来衡量，但个案研究的信度和效度却难以用类似的指标来衡量。一般情况下，研究者们认为，定性研究的信度是"所收集的资料与研究情境中实际发生事件的吻合程度"，效度则"依赖于对结果的逻辑分析"。[1] 好的个案研究包含两个方面：一是收集的资料如何，二是对这些资料的分析、解释如何。

寻找事实，描述、分析和解释过去的事件，是历史研究的工作。好的历史研究取决于收集资料和解释历史的质量。历史研究包括两个方面：一是史料的发现、收集，二是史料的分析、解释。按梁启超的说法，历史研究除了"求得真事实"外，更在于在分析中"予以新意义""予以新价值"，目的在于"供吾人活动之资鉴"。所以，好的历史研究者要求具备"史德、史学、史识、史才"。[2]

---

[1] 威廉·维尔斯玛、斯蒂芬·G.于尔斯：《教育研究方法导论》（第9版），袁振国主译，教育科学出版社，2010，第250页。

[2] 梁启超：《中国历史研究法补编》，中华书局，2010，第6~14页。

就个案研究而言，由于研究结果的普适性受限，研究者难以期待研究结果的可推广性。作为新闻史的个案研究，自然也是如此，这也是类似本书描述的个案常受到质疑的原因所在。质疑的根源在于个案本身，即个案是否具有典型性、代表性。从全国的视角来说，红河个案作为一个欠发达地区的地方性个案的确不具有典型性和代表性。倘若要从总结传媒市场化、集团化的发展经验、教训，为其他地区提供参考这个角度来观照此个案，它的参考价值是非常有限的。倘若要通过对此个案的历史描述来解释某种观念，也是徒劳的，因为它在历史长河中的时间不过三年。

然而，作为新闻史的个案研究，若能"求得真事实"，为新闻史保留史料也是值得的。至于研究结果是否有"推广"的意义，以及是否有助于给人们提供帮助，研究结果是否有可比性和可转化性乃至可推广性，则是读者的工作。其原因如下。

首先，作为历史研究，研究者面临"历史的目的"的问题。梁启超明确说："无论研究何种学问，都要有目的。"对于历史的目的，他说："简单一句话，历史的目的在将过去的真事实予以新意义或新价值，以供现代人活动之资鉴。"[①] 无论是个案研究还是历史研究，都有一个功用的问题。

其次，虽然历史研究讲功用，强调能够给人以史为鉴的功用，但这个"鉴"却是读者自己的工作。历史的多义，使得读者得到的"鉴"也是多样的。伽达默尔认为历史既非客观的，也非主观的，"历史既不是人的主观创造，也不是对过去的客观事实的重新发现或复制"。[②] 保罗·利科认为，历史其实也是"文学的人造物"，历史与文学一样是"现实虚构的再现"，历史既是虚构，又是现实的再现。[③] 他将编史工作看成一种叙事，这种叙事展示的是"作品的世界"。这正是梁启超所谓的"历史的目的"的第二点和第三点，即"予以新意义"和"予以新价值"。因此，以史为鉴，并无一个确切的内容和范围，读者能得到哪些"鉴"，取决于读者自身的目的、需要、水平、层次等条件。

由此可知，对于历史个案的研究，读者承担个案研究的可比性、可转化

[①] 梁启超：《中国历史研究法补编》，中华书局，2010，第6页。
[②] 赵敦华：《现代西方哲学新编》，北京大学出版社，2001，第116页。
[③] 张汝伦：《现代西方哲学十五讲》，北京大学出版社，2003，第309页。

性、可推广性的工作,作者则要确保研究的信度和效度,即真实的史料、高质量的历史分析和解释。由此又引申出作者即研究者的素质问题。梁启超说:"是故善为史者,必研究人群进化之现象,而求其公理公例之所在,于是有所谓历史哲学出焉。历史与历史哲学虽殊科,要之,苟无哲学之理想者,必不能为良史,有断然也。"① 这实则与中国传统史学提出的"史德、史学、史识、史才"之说相契合。

显然,若以梁启超所说的"研究人群进化之现象,而求其公理公例之所在"的标准来考察本书,本书未能达到该标准。诚然,如前面所说,红河个案等案例的参考价值是有限的。因而,应当极力避免从总结经验、教训这个角度来考察这些个案。这样就可以避免一种研究倾向,即从历史总结的角度对个案"盖棺论定",对过去的事实、人物作褒贬,以达到"隐恶扬善"的目的。相反,应当把它当作中国传媒发展的众多面孔中的一个面孔,甚至是"不规则的异常事物"。在此面孔之下隐藏着中国传媒运行的内在逻辑,以及传媒组织为争取更好发展而做出的选择与探索。

梁启超认为历史要起到"资鉴"的作用。与《资治通鉴》中针对治国者的"资鉴"不同,梁启超认为"资鉴"当是"国民资治通鉴"或"人类资治通鉴","使读者领会团体生活之意义,以助成其为一国民为一世界人之资格也"。② 简单地说,不管是个案研究还是历史研究都应当对社会中的人有所功用。

生动、翔实记录改革开放以来中国传媒从业者在面对市场经济改革和建设市场经济体制过程中的探索,可以为地方保留一段历史印记,也可以为中国新闻史增添一些案例。不对他们以及他们的事迹作"盖棺论定"式的阐述,而是详述他们的行动背景,以及他们应对变化时所采取的行动策略,这些看似零星、低价值的行动,却是他们的社会生活史的一部分。对他们以及他们的社会生活史,我们应予以起码的尊重。

综上所述,我们认为新闻史的个案价值并不等同于个案的研究价值。新闻史个案研究的价值体现在其对历史的解释,尤其是有深度挖掘的历史解释。

---

① 梁启超:《中国历史研究法》,中华书局,2009,第185页。
② 梁启超:《中国历史研究法》,中华书局,2009,第2页。

个案不仅保留了史料，也记录了传媒从业者的社会生活史。个案不是孤立的，研究者要弄清个案的来龙去脉，分析、解释它们与社会历史、社会其他要素的关联互动，让读者从中看到个案中人们的社会生活史画面，甚至能在这个过程中完成对历史所蕴含的丰富信息和思想观念的理解与把握。

二 个案的知识性贡献

虽然个案的代表性被质疑，但它也提供了一种地方性的知识。个案提供的包括地方性知识在内的知识是学术研究的成果之一，个案能够作为案例为拓展广为人知的理论提供可能，甚至提供必要的补充和修正。以本书为例，我们对案例的分析是在场域理论、创新扩散理论与文化整合理论框架下展开的，我们的分析也为这些理论及其解释效力提供了有益的补充。

（一）场域理论框架

"场域"是布尔迪厄社会学研究中的重要概念。场域或场是来源于物理学的概念，早期运用于心理学的研究，后引入社会学的研究中。布尔迪厄等解释说："一个场域可以被定义为各种位置之间存在的客观关系的一个网络，或一个构型。"[①] 场域理论为本书的分析提供了宏观的框架。

首先，在宏观上，本书把分析的案例视为中国传媒结构变迁历史的一部分。从结构变迁的角度来考察，能够看清传媒业发展的动力。场域理论把社会活动的相关参与者按照位置关系，共同置于一个场域内来考察他们的行动策略。本书也把不同身份、位置的参与者置于一个场域来分析，而不是把他们分割开来。

中国传媒发展的历程包含形成传媒双重结构的具体实践行动。改革开放之初，传媒组织为了"食物与服务"的改善，采取一系列的举措来推动传媒发展。在描述这些经历时，本书指出了传媒场中参与者存在不同的生计方式，不同参与者的生计弹性也不同。不同生计弹性的参与者，拥有不同的诉求和

---

① 这段话大意是说，这些位置的界定，依据的是这些位置在不同类型的权力（或资本）分配结构中实际和潜在的处境，以及它们与其他位置之间的客观关系，包括支配关系、屈服关系、结构上的对应关系等。占有这些权力（资本）就意味着把持了在这一场域中利害攸关的专门利润。参见皮埃尔·布迪厄、华康德《实践与反思——反思社会学导引》，李猛、李康译，中央编译出版社，1998，第133页。

策略选择。他们之间的互动既像场域理论所揭示的那样充满了斗争，也如博弈论所揭示的那样存在共谋与达成均衡。这是一幅生动的历史画卷，也是中国改革开放以来社会文化变迁的一个缩影。

要记录这段历史，没有一个详尽的个案不能完成这个任务。刘海龙曾指出布尔迪厄场域理论的局限，他认为，"布迪厄对电视场的讨论没有从场域的生成角度来进行历史的描述，也缺乏对微观行动者与宏观结构之间精细地联结，对行动者本人的策略与选择关注得也不多"。[①] 简而言之，宏观的理论分析框架需要微观的个案描述的支撑。深度描写个案有助于人们了解中国的传媒发展内在逻辑。

其次，在微观上，本书借鉴了布尔迪厄理论中的实践、习性等概念。布尔迪厄认为实践和实践认识方式是真正的科学认识。布尔迪厄关于习性既是主观的又是客观的观点，是意图打破主体与客体、主观主义与客观主义、行动与结构等之间二元对立的努力，是当代西方学术的一种共同理论取向。布尔迪厄提出的关系主义、"场域"和"习性"理论，以及吉登斯提出"结构化理论"等是这方面的代表性成果。尽管致力于消解二元对立，但他们的分析仍含有二元对立的思维痕迹。

本书虽未过多地涉及习性的内容，但也指出了组织成员会根据自身生计的弹性情况选择行动的策略。生计弹性低的成员更多地把行动策略与他们的生计安全联系起来。生计弹性高的成员则更愿意以超然的态度来思考传媒和传媒政策，并把传媒工作与政治、经济或某些观念和理想联系起来。双方不同的生计弹性影响了他们的心理、态度和行为，分歧和矛盾便孕育于此。同时，双方又会因为各自的生计安全而结盟，共谋形成默契，达成均衡或维持均衡的局面。显然，这也是组织成员习性的一部分。所以，我们认为习性的养成与生计和生计弹性有关，从生计的视角可以解释习性的养成及其作用。

（二）创新扩散与文化整合理论框架

创新扩散理论为我们分析"市场化"如何扩散提供了帮助。在分析"市场化"的扩散时，我们能明显地看到观念扩散与技术扩散在很多方面的

[①] 刘海龙：《当代媒介场研究导论》，《国际新闻界》2005年第2期，第53~59页。

不同。创新扩散理论和文化整合理论是有机联系的，扩散的过程也是文化整合的过程，统一在社会化过程之中。这些发现有助于拓展创新扩散理论的解释范围。接触新事物的前提是新事物处于传播或扩散的状态，即新事物在向外扩散，接触这些新事物是文化涵化的基础，所以文化涵化也是新事物扩散的结果。

1. 创新扩散理论框架

创新扩散理论最初是研究技术的扩散。罗杰斯在《创新的扩散》一书中介绍了该理论的研究历史。由于大多数扩散研究所调查的创新是指技术创新，这导致该领域的内容被研究得差不多了。[①] 20世纪60年代中期，原先的各个扩散研究传统之间的壁垒开始消失。70年代以后，相关的研究就处于一个低潮期了。罗杰斯认为，创新不仅表现在技术层面，也表现在思想和观念层面，创新是"一种思想、一种实践或是一个被个人或其他采纳团体认为是崭新的东西"。[②] 罗杰斯在书中列举了大量技术扩散的例子，虽然他描述了钢斧被介绍给原始村庄引起的文化变迁，但仍是着眼于钢斧——一种新的技术产品的扩散来讲述的。

不能把技术的扩散等同于观念的扩散，二者的扩散方式有别。市场化的扩散明显不同于一般的技术创新的扩散，因为市场化本质上是一种观念，指向一种经济制度。就历史发展而言，制度的扩散不同于技术创新扩散的"S形扩散曲线"。"S形扩散曲线"是创新扩散理论中著名的理论，最早由法国的加布里埃尔·塔尔德提出。[③] 罗杰斯也认同"S形扩散曲线"，并引入了"临界大多数""社会学习"等概念。

根据"S形扩散曲线"，创新在扩散的过程中，一开始的扩散速度较慢，之后速度加快，当其接近最大饱和点时又慢下来。这条曲线形成的原因是"同一系统内的不同成员具有不同的采纳门槛"。[④] 这种解释把是否采纳新事物的决定权放到了社会成员的手中。决定社会成员是否采纳的因素众多，包

[①] 埃弗雷特·M. 罗杰斯：《创新的扩散》（第4版），辛欣译，中央编译出版社，2002，第120页。
[②] 埃弗雷特·M. 罗杰斯：《创新的扩散》（第4版），辛欣译，中央编译出版社，2002，第120页。
[③] E. M. 罗杰斯：《创新的扩散》（第五版），唐兴通、郑常青、张延臣译，电子工业出版社，2016，第45页。
[④] 埃弗雷特·M. 罗杰斯：《创新的扩散》（第4版），辛欣译，中央编译出版社，2002，第301页。

括创新（之物）的相对优势、相容性（创新与现有的各种价值观、以往的各种实践经验以及潜在采纳者的需求相一致的程度）、复杂性、可观察和可实验性，以及一项创新与另一项创新的紧密关系的技术群。显然，从技术的扩散实践中可以得出创新扩散是以效用为考量标准的结论。

可以看到，技术创新扩散要依靠"典型"的示范和人际关系网络。观念、体制的扩散除了"范本"的示范外，还依赖复杂的政治、经济因素。当代中国传媒业是为了社会政治建设的需要而在全国组建的，服从了社会效益第一的原则。这和技术创新的扩散有很大的不同，不仅考量的重点不一样，推进的方式也不一样。

2. 文化整合理论框架

从传媒组织接触市场化和进行市场化发展的例子中，可以看到市场化的扩散是一个社会化的过程。从市场化的角度来说，这是一个创新扩散的过程，一种新的思想和观念的扩散。不过，从传媒组织的角度来说，这也是一个文化整合的过程，即把市场化整合进入组织文化中。

市场化扩散的速度和范围反映了市场化与组织文化的整合情况。从中国传媒业的整体情况来看，市场化水平在不同地域、级别、类型的传媒组织中是不平衡的，这种不平衡正是文化整合的结果之一。传媒的发展是复杂的系统工程，也是传媒组织中各方力量在选择、试错、形成传媒运行模式以及沉淀出传媒组织文化的发展过程。

文化整合可能会让某些传统观念失去魅力，同时彰显新的时代观念。市场化对组织文化的种种冲击，以及人们对它可能的冲击的预期，影响了市场化与当地文化的相容性。就市场化的扩散来说，如果它在传媒组织内引发了顾虑和内耗，就会影响当地传媒组织对市场化的态度和采纳行为。尤其是在市场基础薄弱的地方，这种影响是显著的。在市场基础较好的地方，二者较为容易实现整合，而在市场基础薄弱的地方，整合会遇到更多的困难，由此也形成了各地市场化整合的不平衡。

究其原因，不平衡的整合局面，不在于市场的多义性，而在于整合者的多义性。多义性出现的原因不仅仅是罗杰斯所说的"同一系统内的不同成员具有不同的采纳门槛"，深层的原因是不同成员基于生计基础对市场化的反思。传媒组织都可以通过仿习范本来实现市场化，获得的效果却难以一致，这是基础和资源不同导致的结果。

创造性仿制和变通既彰显了类似文化整合的选择功能，也起到了文化沉淀的作用，塑造了组织文化历史与现实的面貌。尽管整合者对市场化的理解是多义的、行动是多元的，但在长年的整合过程中，组织文化发生了不可逆的变化。当下不少传媒组织文化中有市场化的影子也成为常态。市场尽管被作为一种手段，但其背后的商业逻辑和效率逻辑深刻影响了中国传媒组织的管理方式和管理技术的发展。

对于整合，从微观的个人生计角度来说有另一番意义。市场化整合意味着生计方式的调整和改变，由此带来的是收益的得失以及荣辱沉浮。这首先取决于个人自身的素质和精神面貌、他们遇到什么样的范本，以及在仿习范本过程中他们的现实情况有多少被考虑或被照顾。其次，与范本所指向的观念、行为规范，人们在社会文化中生成的习性的相容性，以及他们对平等、公平、自由等祈盼的相容性等相关。作为一种手段的市场化，它指向效率的提升，也指向基于此的实用主义并带来了实用主义的盛行。我们在享有市场化带来的好处的同时，也要看到市场化对传媒组织内原有文化的影响。最后，整合离不开组织内部达成的默契。在整合过程中，基于生计的考虑往往成为打破默契的主观动机。

第三节　研究不足

历史的解释是多义的，本书只是其中的一义。从研究视角上说，本书力图通过"深打井"描绘个案来阐释组织文化涵化的相关过程，并由此勾勒组织文化涵化的基本轨迹，总结出相应的模型。下面就研究的不足做几点说明。

一是把个案的历史置于场域理论的框架之下，重点分析了媒介生产者（传播者）的行动，忽略了媒介消费者（受众）的行动。本书在调查环节对媒介生产者做了大量的访谈，但没有把媒介消费者列入访谈的范围。若能从媒介消费者的角度来观察传媒文化的变迁，就更丰富了。

二是本书力图描述历史事件，对已经发生的历史事实进行了详尽的分析，但对主体的未来发展缺乏分析。

尽管统计学的理论已经表明任何模型对未来的预测都有时间的限制，但仍有不少人坚持认为，对历史的描述应当能够解释现状并预测未来。在当下，传统媒体面临的最严峻的挑战之一是新媒体的冲击。在新媒体环境下，传统传媒业如何发展仍然是一个严峻的课题。有研究者指出："传媒业最大的变量是以互联网为代表的新媒体的出现，最大的挑战莫过于传媒业原有的垄断基础面临消解，这直接导致基于强化垄断而获得的传媒集团竞争优势难以为继，传媒集团化需要引入新的发展思路。"[1]

显然，以往的发展经验在新媒体环境下略显陈旧、过时。比起市场化对传媒的冲击，传媒业更能感受到新媒体技术带来的冲击才是革命性的、颠覆式的。因为这次传媒变革的主导权并不在传媒工作者或传媒生产者手中，传媒工作者手中也没有纠偏机制的按钮。这是世界传媒发展的潮流和大变局。埃里克·克里纳伯格曾说："数字技术已经改变了新闻界的新闻生产，但并不是依据新闻从业者的好恶。"[2]

很遗憾，囿于本书的主题，本书在这方面没有过多的涉及。不过，在行文即将结束之际，可以就此话题作一些必要的阐释。

从历史角度来说，传媒业的发展是没有终点的，发展的内容依据当时的社会环境、时代主题、传媒业的职责与任务等而定。传媒业的发展是时代的产物。站在新媒体飞速发展的关口，传媒业的发展又增加了新的内容。

首先，此阶段的发展内容和方向不再只由传媒领域的生产者提出。传媒生产者提出的变革（例如市场化变革）要给予生产者以充分的保护或保障，最常见的是赋予其优势资源地位。传媒生产者回应时代发展的要求，针对新的任务，建立、优化和完善相关机制和政策以应对新挑战。中国传媒业运用这一模式陆续完成了它在不同历史阶段的任务。

虽然新媒体只是信息传播的手段或渠道，但它的飞速发展终结了传统传媒生产者的垄断地位。在新媒体时代，传统媒体（报刊、电视、电台等）受到了业余、草根信息传播者的冲击。新媒体传播的多元性、草根性等特性，对传统的信息传播模式造成了革命性的影响。在"人人都是传播者""所有人

---

[1] 朱春阳、谢晨静：《传媒业集团化17年：问题反思与发展方向——以上海报业集团组建为基点的讨论》，《新闻记者》2013年第12期，第17~22页。

[2] Eric Klinenberg, "Convergence: News Production in a Digital Age," *Annals of the American Academy of Political and Social Science*, 2005 (597): 48-64.

对所有人的传播""人人拥有麦克风"的新传播模式和环境下,相比传统媒体,新媒体才是更"大众"的大众传播媒介。新媒体的发展,回应了大众的需求,并且以绕开传统媒体的方式回应和满足了大众信息传播的需求,例如社交需求、商业需求。

传统的传媒生产者的优势地位被新媒体瓦解了,直接的后果是传统媒体受众尤其是年轻受众的流失。传统媒体正在失去年轻人。调查表明,传统媒体的新闻客户端对网民的渗透率为 53.42%,腾讯、凤凰网等新闻客户端的受欢迎程度远远高于传统媒体。① 这种状况即便在基层地方传媒业也存在。新闻的"地域性""接近性"特性曾是地方传媒业存在的理论依据,但今天,新媒体尤其是社交媒体的信息传播已经比传统媒体更具有"地域性""接近性"。除了时政、政务新闻等传统宣传领域外,传统媒体的自留地在不断缩小。

其次,新媒体带来了更多传播和获取信息的渠道,给受众更多的选择余地。新媒体环境为受众信息交流和生活带来了便利,也让参与、利用新媒体的主体多元化、复杂化。传统媒体或主动或被动地融入新媒体时代。与以往不同,当前在利用新媒体拓展宣传渠道方面,传统媒体不再拥有优势地位,而是与其他参与主体一样站在相同的起跑线上。它的优势地位在逐步动摇,在某些信息传播领域如社交平台、电商交易等领域甚至只有少量的发言权。传统媒体面临被留在上一个传播阶段的危险。

最后,新媒体的飞速发展为传媒业的发展增加了新的诉求和内容。对大多数传媒组织而言,这将是一个新的旅程。在新路途中,在市场化发展阶段所形成的模式将得到延续;创造性仿制的方式依然发挥着作用;范本也和上一阶段类似,即从其他领域、其他传媒组织借鉴过来。尽管这些方法没有根本性的变化,但传媒业的地位发生了前所未有的改变。一旦不再拥有优势地位,传媒业将面临更大的挑战和困难。

面对新媒体的发展和一个新传播时代的开启,传媒场域内的结构关系和行为模式将不可避免地被推向前台,接受又一轮的检验。在未来,它将继续吸引新闻传播学、社会学、历史学等学科的研究目光。

---

① 王超群:《手机新闻客户端使用情况调查》,《中国出版》2014 年第 18 期,第 12~15 页。

附　录　全国传媒集团不完全统计表

全国传媒集团不完全统计（截至 2014 年）

序号	省份	集团名称	类别	级别	成立年份
1	安徽	安徽日报报业集团	报业集团	省级	2003
2	安徽	合肥报业传媒集团	报业集团	地市级	2010
3	安徽	芜湖日报报业集团	报业集团	地市级	2006
4	安徽	安徽广播电视台	事业体制，经营资产重组为台属企业集团公司	省级	2010
5	北京	北京日报报业集团	报业集团	省级	2000
6	北京	中国文化传媒集团	报业集团	中央级	2009
7	北京	北京广播影视集团	广电集团	省级	2001
8	北京	中国广播电影电视集团	广电集团	中央级	2001
9	北京	中国体育报业总社	媒体出版集团和信息服务企业	中央级	1999
10	北京	北青传媒	媒体出版集团和信息服务企业	省级	2001
11	北京	计算机世界传媒集团	媒体出版集团和信息服务企业	中央级	1980
12	北京	精品传媒集团	媒体出版集团和信息服务企业	其他	2010
13	北京	时尚传媒集团	媒体出版集团和信息服务企业	其他	1993
14	北京	光明日报报业集团	报业集团	中央级	1998
15	北京	经济日报报业集团	报业集团	中央级	1998
16	福建	福建日报报业集团	报业集团	省级	2002
17	福建	福建省广播影视集团	广电集团	省级	2004
18	福建	厦门广播电视集团	广电集团	地市级	2004
19	甘肃	甘肃日报报业集团	报业集团	省级	2002
20	甘肃	甘肃省广播电影电视总台	广电集团	省级	2004
21	广东	南方报业传媒集团	报业集团	省级	1998

续表

序号	省份	集团名称	类别	级别	成立年份
22	广东	广州日报报业集团	报业集团	地市级	1996
23	广东	深圳报业集团	报业集团	地市级	2002
24	广东	羊城晚报报业集团	报业集团	地市级	1998
25	广东	东莞报业传媒集团	报业集团	地市级	2010
26	广东	中山日报报业集团	报业集团	地市级	2006
27	广东	惠州报业传媒集团	报业集团	地市级	2007
28	广东	广东南方广播影视传媒集团	广电集团	省级	2004
29	广东	深圳广播电影电视集团	广电集团	地市级	2004
30	广东	佛山传媒集团	综合集团	地市级	2003
31	广西	广西日报传媒集团	报业集团	省级	2009
32	贵州	贵州日报报业集团	报业集团	省级	2004
33	贵州	贵州广播电视台	事业体制，经营资产重组为台属企业集团公司	省级	2011
34	海南	海南日报报业集团	报业集团	省级	2002
35	海南	海南广播电视总台	事业体制，经营资产重组为台属企业集团公司	省级	2012
36	河北	河北日报报业集团	报业集团	省级	2002
37	河南	河南日报报业集团	报业集团	省级	2000
38	河南	洛阳日报报业集团	报业集团	地市级	2009
39	河南	商丘日报报业集团	报业集团	地市级	2007
40	黑龙江	黑龙江日报报业集团	报业集团	省级	2002
41	黑龙江	哈尔滨日报报业集团	报业集团	地市级	1999
42	黑龙江	生活报传媒集团	报业集团	地市级	2009
43	黑龙江	齐齐哈尔日报报业集团	报业集团	地市级	2003
44	黑龙江	鸡西新闻传媒集团	综合集团	地市级	2009
45	黑龙江	大庆新闻传媒集团	综合集团	地市级	2010
46	黑龙江	牡丹江新闻传媒集团	综合集团	地市级	2004
47	湖北	湖北日报传媒集团	报业集团	省级	2001
48	湖北	长江日报报业集团	报业集团	地市级	2003
49	湖北	荆州日报传媒集团	报业集团	地市级	2010

续表

序号	省份	集团名称	类别	级别	成立年份
50	湖北	三峡日报传媒集团	报业集团	地市级	2009
51	湖北	荆门日报传媒集团	报业集团	地市级	2009
52	湖北	黄石日报传媒集团	报业集团	地市级	2009
53	湖北	湖北广播电视总台	广电集团	省级	2006
54	湖北	武汉广播电视总台	广电集团	地市级	2002
55	湖北	湖北知音传媒集团	报刊或期刊集团	省级	2006
56	湖北	今古传奇报刊集团	报刊或期刊集团	省级	2003
57	湖南	湖南日报报业集团	报业集团	省级	2001
58	湖南	长沙晚报报业集团	报业集团	地市级	2001
59	湖南	潇湘晨报系	报业集团	地市级	2001
60	湖南	体坛传媒	报业集团	地市级	2003
61	湖南	长沙广播电视集团	广电集团	地市级	2003
62	湖南	湖南广播影视集团	广电集团	省级	2000
63	吉林	吉林日报报业集团	报业集团	省级	2001
64	吉林	长春日报报业集团	报业集团	地市级	2001
65	江苏	新华日报报业集团	报业集团	省级	2001
66	江苏	无锡日报报业集团	报业集团	地市级	2002
67	江苏	南京日报报业集团	报业集团	地市级	2002
68	江苏	苏州日报报业集团	报业集团	地市级	2003
69	江苏	徐州报业传媒集团	报业集团	地市级	2008
70	江苏	镇江报业传媒集团	报业集团	地市级	2010
71	江苏	盐阜大众报报业集团	报业集团	地市级	2003
72	江苏	淮安报业传媒集团	报业集团	地市级	2011
73	江苏	无锡广播电视集团	广电集团	地市级	1999
74	江苏	江苏广播电视总台（集团）	广电集团	省级	2001
75	江苏	南京广播电视集团	广电集团	地市级	2002
76	江苏	江阴市广播电视集团（台）	广电集团	县级	2001
77	江西	江西日报传媒集团公司	报业集团	省级	2007
78	江西	南昌日报传媒集团	报业集团	地市级	2011
79	江西	赣南日报报业集团	报业集团	地市级	2004

续表

序号	省份	集团名称	类别	级别	成立年份
80	江西	江西广播电视台	事业体制，经营资产重组为台属企业集团公司	省级	2012
81	辽宁	辽宁日报传媒集团	报业集团	省级	1999
82	辽宁	沈阳日报报业集团	报业集团	地市级	1999
83	辽宁	大连报业集团	报业集团	地市级	2004
84	辽宁	鞍山报业集团	报业集团	地市级	1998
85	辽宁	辽宁广播电视台	事业体制，经营资产重组为台属企业集团公司	省级	2009
86	内蒙古	内蒙古日报传媒集团	报业集团	省级	2008
87	内蒙古	赤峰日报传媒集团	报业集团	地市级	2010
88	宁夏	宁夏日报报业集团	报业集团	省级	2006
89	宁夏	石嘴山日报报业集团	报业集团	地市级	2006
90	宁夏	宁夏广播电视总台	广电集团	省级	2005
91	青海	青海广播电视台	事业体制，经营资产重组为台属企业集团公司	省级	2011
92	山东	大众报业集团	报业集团	省级	2000
93	山东	济南日报报业集团	报业集团	地市级	2002
94	山东	青岛日报报业集团	报业集团	地市级	2002
95	山东	齐鲁传媒集团	报业集团	地市级	2012
96	山东	鲁商传媒集团	报业集团	地市级	2010
97	山东	烟台日报传媒集团	报业集团	地市级	2005
98	山东	临沂日报报业集团	报业集团	地市级	2006
99	山东	威海报业集团	报业集团	地市级	2010
100	山东	潍坊报业集团	报业集团	地市级	2009
101	山东	山东广播电视总台	广电集团	省级	2001
102	山东	滨州传媒集团	综合集团	地市级	2008
103	山西	山西日报报业集团	报业集团	省级	2002
104	山西	太原日报报业集团	报业集团	地市级	2009
105	山西	山西广播电视传媒集团	广电集团	省级	2011
106	陕西	陕西日报传媒集团	报业集团	省级	2012

续表

序号	省份	集团名称	类别	级别	成立年份
107	陕西	华商传媒集团	报业集团	地市级	2000
108	陕西	陕西广播电视台	事业体制，经营资产重组为台属企业集团公司	省级	2011
109	陕西	陕西女友传媒集团	报刊或期刊集团	地市级	2011
110	上海	上海报业集团	报业集团	省级	2013
111	上海	上海文广广播影视集团	广电集团	省级	2001
112	四川	四川日报报业集团	报业集团	省级	2000
113	四川	四川广播电视集团	广电集团	省级	2003
114	四川	成都传媒集团	综合集团	地市级	2006
115	四川	四川党建期刊集团	报刊或期刊集团	省级	2001
116	天津	天津日报报业集团	报业集团	省级	2002
117	天津	今晚传媒集团	报业集团	省级	2005
118	天津	天津广播电视电影集团	广电集团	省级	2002
119	西藏	西藏传媒集团	报业集团	省级	2012
120	云南	云南日报报业集团	报业集团	省级	2001
121	云南	昆明报业传媒集团	报业集团	地市级	2009
122	云南	红河新闻传媒集团	综合集团	地市级	2006
123	云南	德宏新闻传媒集团	综合集团	地市级	2008
124	云南	云南广播电视台	事业体制，经营资产重组为台属企业集团公司	省级	2012
125	浙江	浙江日报报业集团	报业集团	省级	2000
126	浙江	杭州日报报业集团	报业集团	地市级	2001
127	浙江	宁波日报报业集团	报业集团	地市级	2002
128	浙江	浙青传媒	报业集团	省级	2009
129	浙江	嘉兴日报报业传媒集团	报业集团	地市级	2009
130	浙江	台州日报报业传媒集团	报业集团	地市级	2011
131	浙江	浙江广播电视集团	广电集团	省级	2001
132	浙江	杭州文化广播电视集团	广电集团	地市级	2005
133	浙江	宁波广播电视集团	广电集团	地市级	2003
134	浙江	温州广播电视总台	广电集团	地市级	2010

续表

序号	省份	集团名称	类别	级别	成立年份
135	重庆	重庆日报报业集团	报业集团	省级	2001
136	重庆	重庆广播电视总台（集团）	广电集团	省级	2004
137	重庆	商界传媒集团	期刊集团	省级	1994

资料来源：童兵、陈绚主编《新闻传播学大辞典》，中国大百科全书出版社，2014，第503~707页；刘习良主编《中国广播电视改革发展十年回眸（2001年~2010年）》，中国国际广播出版社，2012，第29~34页；相关媒体的网站。

参考文献

一 中文文献

[1] 埃弗雷特·M.罗杰斯:《创新的扩散》(第4版),辛欣译,中央编译出版社,2002。

[2] 埃米尔·涂尔干:《社会分工论》,渠东译,生活·读书·新知三联书店,2013。

[3] 安东尼·吉登斯:《社会的构成》,李康、李猛译,生活·读书·新知三联书店,1998。

[4] 安东尼·吉登斯:《社会学方法的新规则——一种对解释社会学的建设性批判》,田佑中、刘江涛译,社会科学文献出版社,2003。

[5] 安东尼·吉登斯:《现代性与自我认同》,赵旭东、方文译,生活·读书·新知三联书店,1998。

[6] 白红义:《以新闻为业:当代中国调查记者的职业意识研究》,上海交通大学出版社,2013。

[7] 保罗·法伊尔阿本德:《反对方法——无政府主义知识纲要》,周昌忠译,上海译文出版社,1992。

[8] 保罗·法伊尔阿本德:《自由社会中的科学》,兰征译,上海译文出版社,2005。

[9] 边燕杰主编《市场转型与社会分层——美国社会学者分析中国》,生活·读书·新知三联书店,2002。

[10] 布莱恩·特纳编《Blackwell社会理论指南》(第2版),李康译,上海人民出版社,2003。

[11] 布罗尼斯拉夫·马林诺夫斯基:《西太平洋上的航海者》,张云江译,九州出版社,2007。

[12] C. 恩伯、M. 恩伯：《文化的变异——现代文化人类学通论》，杜杉杉译，辽宁人民出版社，1988。

[13] 蔡雯：《媒体融合与融合新闻》，人民出版社，2012。

[14] 蔡雯：《新闻传播的策划与组织》，新华出版社，2001。

[15] 操竹霞：《皖江城市带回族文化涵化研究——以几个回族传统社区为例》，世界图书出版公司，2014。

[16] 陈思和主编《中国当代文学史教程》（第二版），复旦大学出版社，2009。

[17] 陈嬿如：《心传：传播学理论的新探索》，厦门大学出版社，2010。

[18] 程丽银、胡彦辉、张何英：《杨福生率州委州政府调研组到红河新闻传媒集团专题调研》，《红河传媒》2009年第2期。

[19] 夏春涛：《把握国家治理现代化的正确方向》，《求是》2014年第8期。

[20] 丹尼尔·C. 哈林、保罗·曼奇尼：《比较媒介体制：媒介与政治的三种模式》，陈娟、展江等译，中国人民大学出版社，2012。

[21] 丁文江、赵丰田编《梁启超年谱长编》，上海人民出版社，1983。

[22] 《范敬宜文集 总编辑手记》，清华大学出版社，2010。

[23] 方汉奇、曹立新：《多打深井多作个案研究——与方汉奇教授谈新闻史研究》，《新闻大学》2007年第3期。

[24] 方汉奇主编《中国新闻传播史》（第二版），中国人民大学出版社，2009。

[25] 冯友兰：《中国哲学简史》，北京大学出版社，2013。

[26] 弗洛伊德：《一种幻想的未来：文明及其不满》，严志军、张沫译，河北教育出版社，2003。

[27] 傅平：《传媒变革——中国传媒集团组织转型与重塑》，上海文艺出版社，2005。

[28] 盖伊·塔奇曼：《做新闻》，麻争旗、刘笑盈、徐扬译，华夏出版社，2008。

[29] 《甘惜分自选集》，中国人民大学出版社，2007。

[30] 龚建国：《把握定位、坚持导向——兼谈〈红河日报〉对时政报道的改造》，《红河传媒》2007年第3期。

[31] 龚佩华：《人类学文化变迁理论与黔东南民族文化变迁研究》，《中山大学学报》（社会科学版）1993年第1期。

[32] 郭庆光：《传播学教程》（第二版），中国人民大学出版社，2011。

［33］哈贝马斯：《公共领域的结构转型》，曹卫东等译，学林出版社，1999。

［34］何劲松：《"走得远比走得快更重要"的时代意涵初探》，《红河日报》2009年5月4日。

［35］红河日报社：《对〈红河日报〉读者问卷调查的统计与分析》，《红河传媒》2007年第2期。

［36］《红河传媒集团筹备工作组第二次会议纪要》，《红河传媒》2006年第1期。

［37］红河哈尼族彝族自治州人民政府研究室编《红河政府工作报告汇编》，2009。

［38］红河州地方志办公室编《红河州年鉴2013》，云南人民出版社，2013。

［39］红河州委党史研究室：《改革开放三十年——中共红河州委重要文件集》（下），2008。

［40］胡彦辉：《红河新发展走得远比走得快更重要》，《红河日报》2009年3月24日。

［41］黄昌林：《融合后的传媒运作新模式——以成都传媒集团媒体融合为例》，《编辑之友》2009年第5期。

［42］黄克剑：《名家琦辞疏解——惠施公孙龙研究》，中华书局，2010。

［43］黄培伦编著《组织行为学》（第二版），华南理工大学出版社，2016。

［44］黄淑娉、龚佩华：《文化人类学理论方法研究》，广东高等教育出版社，2004。

［45］黄勇：《广播影视发展改革宏观思考》，中国传媒大学出版社，2005。

［46］黄勇：《第三次突破——新世纪广播影视发展纵论》，中国广播电视出版社，2012。

［47］集团行政部：《切实做快做优报刊发行工作》，《红河传媒》2006年第1期。

［48］江泽民：《论社会主义市场经济》，中央文献出版社。

［49］卡尔·波普尔：《开放社会及其敌人》（第一卷），陆衡、张群群等译，中国社会科学出版社，1999。

［50］柯林伍德：《历史的观念》（增补版），何兆武、张文杰、陈新译，北京大学出版社，2010。

[51] 克里斯托夫·武尔夫：《人类学：历史、文化与哲学》，张志坤译，人民出版社，2023。

[52] 拉尔斐·比尔斯等：《文化人类学》，骆继光等译，河北教育出版社，1993。

[53] 李长春：《文化强国之路——文化体制改革的探索与实践》（上），人民出版社，2013。

[54] 李华兴、吴前进：《迁移·涵化·共生——美国华侨、华人文化变迁考察》，《上海社会科学院学术季刊》1993年第4期。

[55] 李金铨主编《文人论政——知识分子与报刊》，广西师范大学出版社，2008。

[56] 李良荣：《三级办报 明智之举》，《新闻记者》2003年第9期。

[57] 李良荣：《李良荣自选集》，复旦大学出版社，2004。

[58] 李良荣：《论中国新闻改革的优先目标——写在新闻改革30周年前夕》，《现代传播（中国传媒大学学报）》2007年第4期。

[59] 李良荣：《新闻学概论》（第四版），复旦大学出版社，2011。

[60] 李良荣：《新世纪的探索：李良荣新世纪新闻学研究文集》，暨南大学出版社，2012。

[61] 李良荣、林晖：《关于中国新闻媒介总体格局的探讨——二级电视、三级报纸、四级广播的构想》，《新闻大学》2000年第1期。

[62] 李良荣等：《历史的选择》，武汉大学出版社，2009。

[63] 李强：《社会分层十讲》（第二版），社会科学文献出版社，2011。

[64] 李泉兵、董光荣、胡彦辉：《红河新闻传媒集团蒙个开弥勒分公司挂牌成立》，《红河传媒》2007年第4期。

[65] 李泉兵：《为实现"三保"目标提供强有力舆论保障》，《红河日报》2009年8月19日。

[66] 李涛：《为发展红河新闻传媒业不懈努力——写在红河新闻传媒集团成立一周年之际》，《红河传媒》2007年第3期。

[67] 李孝培：《迈开大步朝前走——写在弥勒有限公司整合10个月后》，《红河传媒》2008年第2期。

[68] 李约瑟：《中国科学技术史》（第一卷第二分册），《中国科学技术史》翻译小组译，科学出版社，1975。

［69］李瞻：《新闻学原理》，台湾政治大学新闻研究所，1988。

［70］梁启超：《梁启超读本》，老愚评注，内蒙古大学出版社，2008。

［71］梁启超：《中国历史研究法》，中华书局，2009。

［72］梁启超：《中国历史研究法补编》，中华书局，2010。

［73］林毅夫、蔡昉、李周：《中国的奇迹：发展战略与经济改革》（增订版），格致出版社、上海三联书店、上海人民出版社，2012。

［74］林语堂：《中国新闻舆论史》，王海、何洪亮主译，中国人民大学出版社，2008。

［75］刘伯贤：《入世背景下的党报运营——一种媒介生态学视角》，中国传媒大学出版社，2007。

［76］刘海贵：《中国新闻传播教育改革企盼标志性突破》，《西南民族大学学报》（人文社科版）2008年第2期。

［77］刘海龙：《当代媒介场研究导论》，《国际新闻界》2005年第2期。

［78］刘习良主编《中国广播电视改革发展十年回眸（2001年~2010年）》，中国国际广播出版社，2012。

［79］刘一平：《深化和完善新闻传媒体制改革，为促进红河新发展做出新贡献》，《红河传媒》2008年第2期。

［80］刘一平：《思想大解放，改革大深化，为推动红河新发展注入强大动力》，《红河日报》2008年5月8日。

［81］刘一平：《解放思想振奋精神开拓进取谱写红河发展新篇章》，《红河日报》2008年6月6日。

［82］刘一平：《再接再厉乘势而上为加快推动红河新发展努力奋斗——在中国共产党红河哈尼族彝族自治州第六届代表大会第四次会议上的报告》，《红河日报》2010年1月17日。

［83］刘玉莹：《基层故事：地市级党报的新闻改革实践——对〈红河日报〉的个案研究》，硕士学位论文，云南大学，2009。

［84］刘云山：《扎实开展"走基层、转作风、改文风"活动》，《党建》2011年第9期。

［85］鲁思·本尼迪克特：《菊与刀——日本文化的类型》，吕万和等译，商务印书馆，1990。

[86] 陆学艺主编《当代中国社会阶层研究报告》，社会科学文献出版社，2002。

[87] 陆晔、潘忠党：《成名的想象：中国社会转型过程中新闻从业者的专业主义话语建构》，《新闻学研究》（台北）2002年总第71期。

[88] 陆益龙：《定性研究社会方法》，商务印书馆，2011。

[89] 露丝·本尼迪克特：《文化模式》，王炜等译，社会科学文献出版社，2009。

[90] 罗伯特·C. 波格丹、萨莉·诺普·比克伦：《教育研究方法：定性研究的视角》（第四版），钟周等译，中国人民大学出版社，2008。

[91] 罗钢、刘象愚主编《文化研究读本》，中国社会科学出版社，2000。

[92] 马克斯·韦伯：《经济与社会》（第一卷），阎克文译，上海人民出版社，2010。

[93] 马克斯·韦伯：《学术与政治》，冯克利译，生活·读书·新知三联书店，2005。

[94] 马亚：《红河新闻传媒集团2008年经营管理意见报告》，《红河传媒》2008年第1期。

[95] 苗羊宝：《在红河州新闻传媒集团改革工作暨红河新闻传媒集团成立一周年座谈会上的讲话》，《红河传媒》2007年第4期。

[96] 倪志伟：《自下而上的经济发展和国家的作用》，郭佩惠译，《国外理论动态》2013年第9期。

[97] 皮埃尔·布迪厄、华康德：《实践与反思——反思社会学导引》，李猛、李康译，中央编译出版社，1998。

[98] 皮埃尔·布尔迪厄：《关于电视》，许钧译，南京大学出版社，2011。

[99] 皮埃尔·布尔迪厄、罗杰·夏蒂埃：《社会学家与历史学家——布尔迪厄与夏蒂埃对话录》，马胜利译，北京大学出版社，2012。

[100] 皮埃尔·布尔迪厄：《实践感》，蒋梓骅译，译林出版社，2012。

[101] 皮埃尔·布尔迪厄：《男性统治》，刘晖译，中国人民大学出版社，2012。

[102] 钱理群、温儒敏、吴福辉：《中国现代文学三十年》（修订本），北京大学出版社，1998。

[103] 乔均：《关于大企业集团化战略发展的若干问题研究》，《理论与改革》1998年第4期。

[104] 乔伊斯·阿普尔比等：《历史的真相》，刘北成、薛绚译，上海人民出

版社，2011。

[105] 秦汉：《媒介体制：一个亟待梳理的研究领域——专访加利福尼亚大学圣地亚哥分校传播学院教授丹尼尔·哈林》，《国际新闻界》2016年第2期。

[106] 冉继军：《国外大型传媒集团战略革新对中国的启示》，《中国科技论坛》2013年第3期。

[107] 孙英春：《跨文化传播学》，北京大学出版社，2015。

[108] 孙家正：《高举邓小平理论伟大旗帜努力建设有中国特色社会主义的广播影视事业——在全国广播影视厅局长会议上的报告（摘要）》，《中国广播电视学刊》1998年第2期。

[109] 孙旭培：《当代中国新闻改革》，人民出版社，2004。

[110] 孙旭培：《通向新闻自由与法治的途中——孙旭培自选集》，知识产权出版社，2013。

[111] 《孙中山选集》（上），人民出版社，2011。

[112] 童兵、陈绚主编《新闻传播学大辞典》，中国大百科全书出版社，2014。

[113] 《童兵自选集——新闻科学：观察与思考》，复旦大学出版社，2004。

[114] 托德·吉特林：《新左派运动的媒介镜像》，张锐译，华夏出版社，2007。

[115] 托马斯·库恩：《结构之后的路》，邱慧译，北京大学出版社，2012。

[116] 托马斯·库恩：《科学革命的结构》，金吾伦、胡新和译，北京大学出版社，2003。

[117] 万雪松：《改革创新传媒发展不变的主题——漫谈电视传媒企业化运作》，《红河传媒》2008年第2期。

[118] 汪继武：《改革要注重可持续发展——访红河州委书记刘一平》，《云南日报》2010年1月15日。

[119] 汪林正、汪继武：《体制创新的生动实践——红河新闻传媒集团有限公司改革发展调查》，《红河传媒》2007年第3期。

[120] 王斌、王雅贤：《"政经博弈说"及其发展：中国新闻改革中国家-市场关系的理论考察》，《国际新闻界》2016年第9期。

[121] 王丽萍：《力推"三报一刊"，促进红河报业更快更好发展——在红河传媒集团编辑委员会第一次扩大会议上的总结讲话》，《红河传媒》2006年第1期。

[122] 王丽萍：《发展传媒文化产业，促进新闻事业做大做强——在红河新闻传媒集团第一届一次职工代表大会暨一届二次工会会员代表大会上的报告》，《红河传媒》2008年第1期。

[123] 王丽萍：《以科学发展观为指导，努力推动集团新发展——在红河新闻传媒集团年度工作会议上的报告》，《红河传媒》2008年增刊。

[124] 王丽萍：《以科学发展观为统领，切实深化完善体制机制改革，推动红河新闻传媒又好又快发展——在红河新闻传媒集团一届二次职工代表大会暨一届三次工会会员代表大会上的工作报告（摘要）》，《红河传媒》2009年第1期。

[125] 王淑英、温蓉：《族群认同与涵化——对裕固族口头传统中"东迁"主题的再认识》，《青海民族研究》2008年第3期。

[126] 王韬：《弢园文录外编》，辽宁人民出版社，1994。

[127] 王永刚、黄华、马玉龙、雷桐苏：《云南省文化体制改革工作会议暨第三期文化产业高级研修班在大理举行》，《云南日报》2006年4月24日。

[128] 王爱国主编《大河风流——红河日报社创新发展理论与实践》，云南人民出版社，2012。

[129] 王作舟：《云南新闻史话》，云南大学出版社，2008。

[130] 威廉·维尔斯玛、斯蒂芬·G.于尔斯：《教育研究方法导论》（第9版），袁振国主译，教育科学出版社，2010。

[131] 文丰：《把传统产业"蛋糕"做大——红河新闻传媒集团影视广告分公司发展纪实》，《红河传媒》2007年第3期。

[132] 吴冰：《闻鸡而起舞，雏凤试新声》，《红河传媒》2006年第2期。

[133] 吴廷俊：《中国新闻史新修》，复旦大学出版社，2008。

[134] 吴廷俊：《"政治家办报"——研究二十世纪五六十年代中国新闻史的一个关键词》，《国际新闻界》2010年第3期。

[135] 小方：《回眸红河新闻传媒集团走过的日子》，《红河传媒》2009年第3期。

[136] 夏可君编《〈友爱的政治学〉及其他》，吉林人民出版社，2006。

[137] 夏晓虹编《梁启超文选》（上），中国广播电视出版社，1992。

[138] 徐宝璜：《新闻学》，中国人民大学出版社，1994。

[139] 徐光春：《新世纪广播影视散论》，安徽教育出版社，2003。

[140] 徐光春：《中国广播影视的改革与创新》，作家出版社，2006。

[141] 雅克·德里达：《书写与差异》，张宁译，生活·读书·新知三联书店，2001。

[142] 杨保军：《新闻活动论》，中国人民大学出版社，2006。

[143] 杨保军：《新闻真实论》，中国人民大学出版社，2006。

[144] 杨保军：《新闻理论教程》（第二版），中国人民大学出版社，2010。

[145] 杨红伟：《红河集团隆重成立》，《红河传媒》2006年第1期。

[146] 易丹辉编著《结构方程模型：方法与应用》，中国人民大学出版社，2008。

[147] 尹明华：《传媒再造》，上海三联书店，2007。

[148] 喻国明主编《中国传媒发展指数报告2014》，中国人民大学出版社，2014。

[149] 《喻国明自选集——别无选择：一个传媒学人的理论告白》，复旦大学出版社，2004。

[150] 岳玉宗：《积极审慎推进红河州综合改革试点工作》，《云南经济日报》2009年9月29日。

[151] 詹新惠：《党报集团资本运营研究：现状·问题·路径》，中国传媒大学出版社，2009。

[152] 张昆：《媒介转型对新闻教育的挑战》，《今传媒》2010年第9期

[153] 张立文：《和合哲学论》，人民出版社，2004。

[154] 张汝伦：《现代西方哲学十五讲》，北京大学出版社，2003。

[155] 张维迎：《博弈与社会》，北京大学出版社，2013。

[156] 赵敦华：《现代西方哲学新编》，北京大学出版社，2001。

[157] 赵敦华：《赵敦华讲波普尔》，北京大学出版社，2006。

[158] 赵凯主编《王中文集》，复旦大学出版社，2004。

[159] 郑保卫主编《中国共产党新闻思想史》，福建人民出版社，2004。

[160] 郑杭生、杨敏：《社会互构论：世界眼光下的中国特色社会学理论的新探索——当代中国"个人与社会关系研究"》，中国人民大学出版社，2010。

[161] 郑杭生：《中国特色社会学理论的深化（上卷）："实践结构论"的提

出与"理论自觉"的轨迹》,中国人民大学出版社,2010。

［162］中共红河州委办公室、红河州人民政府办公室:《关于印发〈红河州新闻传媒改革方案〉的通知》(红办发〔2006〕77号),2006。

［163］中共云南省委、云南省人民政府:《关于进一步深化改革的决定》,《云南日报》2008年5月6日。

［164］朱春阳、谢晨静:《传媒业集团化17年:问题反思与发展方向——以上海报业集团组建为基点的讨论》,《新闻记者》2013年第12期。

［165］朱清河、张荣华:《"政治家办报"的历史起点与逻辑归点》,《新闻与传播研究》2009年第4期。

二 外文文献

［1］Anthony Giddens, *The Constitution of Society: Outline of the Theory of Structuration*, Cambridge: Polity Press, 1984.

［2］David H. Weaver & Maxwell E. McCombs, "Journalism and Social Science: A New Relationship?" *The Public Opinion Quarterly*, 1980 (4).

［3］Eric Klinenberg, "Convergence: News Production in a Digital Age," *Annals of the American Academy of Political and Social Science*, 2005 (597).

［4］Feng Chen & Ting Gong, "Party Versus Market in Post-Mao China: The Erosion of the Leninist Organization Form Below," *Journal of Communist Studies and Transition Politics*, 1997 (3).

［5］George Gerbner & Larry Gross, "Living with Television: The Violence Profile," *Journal of Communication*, 1976, 26 (2).

［6］Ira J. Cohen, *Structuration Theory: Anthony Giddens and the Constitution of Social Life*, London: Macmillan, 1989.

［7］John Tebble, "Journalism: Public Enlightenment or Private Interest?" *Annals of the American Academy of Political and Social Science*, 1966 (3).

［8］Kim Gordon, "Government Allows a New Public Sphere to Evolve in China," *Media Development*, 1997 (4).

［9］Mark Deuze, "What is Journalism?: Professional Identity and Ideology of Journalists Reconsidered," *Journalism*, 2005 (6).

［10］ Martin Loffelholz & David Weaver, *Global Journalism Research: Theories, Methods, Findings, Future*, Oxford: Blackwell Publishing Ltd. , 2008.

［11］ Morris Janowitz, "Professional Models in Journalism: The Gatekeeper and the Advocate," *Journalism Quarterly*, 1975 (4).

［12］ Zhongdang Pan & Gerald M. Kosicki, "Framing Analysis: An Approach to News Discourse," *Political Communication*, 1993 (10).

后　记

　　历经数载终于完成此项工作，心中满怀感激之情。要感谢给予我最大宽容和关怀的业师。要感谢曾让我如沐春风的各位师长，以及那些未曾谋面但我通过阅读知晓其洞见和智慧的写作者。要感谢我所在学院的各位领导和同事以及编辑部编辑们的支持和帮助，使得此项工作能够画上最后的句号。要感谢在完成此项工作中提供帮助的各位领导、朋友，是你们让愿望变为可能，让我能够记录彼时、彼刻我们曾面对的共同问题和各自的选择。能够记录历史片段，使其保留在文字中，能够追问、沉思现实中有限意义的实践，我感到值得。

　　尽管我力争言尽其意，但本书仍有不少遗憾。由于写作、修改等环节持续了较长时间，调查和相关数据获取的时间较早，现在看来这些数据已显得有些陈旧。所幸的是，这些数据真实反映了当时的情况，成为一段历史的见证。虽然稍显陈旧，但数据的说服力和影响力还在，故未作更新。

　　回望此项工作，所经历的多种情绪已经平复，有几个小片段可作为如电影片尾的拍摄花絮来增添一些趣味。

　　一日，在大会上，有位老师对台下的我们说，博士学位论文是你们的学术最高峰。当时我就能举出数个反例，例如爱因斯坦的博士学位论文（有关布朗运动的研究）与此后的相对论并无多大瓜葛，牟宗三说博士毕业仅表明可以吃学术这碗饭，足见此说之非。时过境迁，反而相信五六分。当时有毕业的迫胁和诱惑，大家只得硬着头皮选题、写作、修改、答辩。凭着一股多半出于懵懂的蛮劲和不得不走下去的无可奈何完成了写作，跟跟跄跄地毕了业。毕业后，迫胁和诱惑仍然存在，只是性质和方式发生了变化，如此，又有多少勇气去思考学术问题呢？所需的时间和精力又如何保障和协调呢？

　　又一日，听一位德高望重的老师在课堂上说，如果你拿了一篇论文来，这个说不行，那个说不行，我也说不行，你是不是该怀疑自己适不适合搞学术了？本书写作于读博阶段，但直到现在才完成，其中必有让人失望和遗憾之处，仰仗宽容和忍耐而支撑至此。某日，有老师在讲课时强调，论文必须要回答一个问题。于是，常常检查自己是否有问题意识。中间又有师友提醒，论文的主题很重要，不能从理论到理论，要能观照现实。此后，又有言者说要符合学术规范，APA格式（美国心理学会论文格式）等主流格式（包括注释和参考文献格式）要留意。毕业后，问题、主题、格式三个忧虑虽然仍在，但减轻不少，多了其他的担忧，只能放下执念。

又一日，在地下室打乒乓球，一位老师带着孩子中途加入进来一起打。闲谈中得知这位老师曾留学日本和德国，在美国工作过，刚回国不久。他说他在德国花了七八年时间才获得博士学位。我们问他时间是否有点长，他回答道，"看你怎么看了，以当时的心态，恨不得马上毕业回家。"另一位老师曾在上课时对学生吐肺腑之言："赶快毕业走人！"时过境迁，又想起这位来打球的老师和他的话，不免赞同他看待时间的看法。有些事虽然能如期交差，但该有的时间却少不了。

又一日，向参加督促检查的老师说明研究有诸多困难，对所论之事，不知如何衡量处之。某位老师说当持专业主义的态度。时至今日，仍难践行这位老师的话，似诸事复杂，难以用某一基本态度一一尽之。再说，若非身体力行，不会体悟某种观点或理论，往往言不达意，甚至画虎不成反类犬。画虎类犬之事我也做过不少。清人沈德潜留有名言：有第一等襟抱，第一等学识，斯有第一等真诗。虽然我听到这位老师的话后依旧不知如何着手，但对此论点很是佩服。

又一日，某同学以清代报刊为选题，他说越来越发现他研究的不止于报刊，涉及清代社会诸多方面。例如某报刊登晚清的阅兵犹如老百姓赶集看热闹，可知晚清军队的面貌。我在研究、写作过程中也有这种体验，虽然选题在专业范围之内，但涉及内容涵盖社会、政治、历史、文化、管理、心理学等领域的话题。这些话题中有不少需要我补课学习。从多种学科视角来分析似又有跑题的担忧。

又一日，听闻某实体解散，此前一直听闻的都是它正面的消息，说它是未来的方向，忽然间风向急转，难免诧异之余欲探究一二。打电话告诉某同学，该同学说可以研究研究。对诸多坊间的传闻、解读甚至戏说，我深知许多事难以以个人意志为转移，必是多种因素所致，只是某些因素便于和能够言说以至于让人们形成了"刻板印象"。提醒多种因素的存在和提示"刻板印象"之外的因素应该是有意义的。

又一日，尝试调整书稿结构，分为上下两篇，上篇讲理论，下篇讲实践，此路没走下去。不久，决定干脆分为姊妹两本。忽想起一位令人尊敬的老师曾讲过的故事，说他的著作写好后，有人建议他分为两本来出版，登记成果一般是填数量，这样，成果数量就由"1"变为"2"了，老师未听其建议。后又因多种形势和考虑，我决定还是把书稿还原为一本，经过整合、删减，最终呈现为如今的样子。回想几番尝试，不免心生感叹。

李光庆

2025 年 1 月

图书在版编目(CIP)数据

组织文化涵化研究：基于传媒组织的考察/李光庆著.--北京：社会科学文献出版社，2025.7.--（思雅传媒丛书）.--ISBN 978-7-5228-5008-5

Ⅰ.G219.2

中国国家版本馆 CIP 数据核字第 2025A70U63 号

思雅传媒丛书
组织文化涵化研究
——基于传媒组织的考察

著　　者 / 李光庆

出 版 人 / 冀祥德
责任编辑 / 刘　荣
文稿编辑 / 尚莉丽
责任印制 / 岳　阳

出　　版 / 社会科学文献出版社（010）59367011
　　　　　　地址：北京市北三环中路甲 29 号院华龙大厦　邮编：100029
　　　　　　网址：www.ssap.com.cn
发　　行 / 社会科学文献出版社（010）59367028
印　　装 / 三河市龙林印务有限公司

规　　格 / 开　本：787mm×1092mm　1/16
　　　　　　印　张：13.25　字　数：215 千字
版　　次 / 2025 年 7 月第 1 版　2025 年 7 月第 1 次印刷
书　　号 / ISBN 978-7-5228-5008-5
定　　价 / 99.00 元

读者服务电话：4008918866

版权所有 翻印必究